U0720236

黄永年文集

唐太宗李世民（外三種）

中華書局

圖書在版編目（CIP）數據

唐太宗李世民（外三種）/黄永年著. —北京：中華書局，2025.
8. —（黄永年文集）. —ISBN 978-7-101-17199-0

Ⅰ.K827＝421；K242.09

中國國家版本館 CIP 數據核字第 2025QX1753 號

書　　名	唐太宗李世民（外三種）	
著　　者	黄永年	
叢 書 名	黄永年文集	
責任編輯	李洪超	
裝幀設計	劉　麗	
責任印製	韓馨雨	
出版發行	中華書局	
	（北京市豐臺區太平橋西里 38 號　100073）	
	http://www.zhbc.com.cn	
	E-mail：zhbc@zhbc.com.cn	
印　　刷	河北品睿印刷有限公司	
版　　次	2025 年 8 月第 1 版	
	2025 年 8 月第 1 次印刷	
規　　格	開本/850×1168 毫米　1/32	
	印張 9¼　插頁 2　字數 215 千字	
國際書號	ISBN 978-7-101-17199-0	
定　　價	68.00 元	

前　言

　　黃永年先生離開我們已經十八年多了，今年適逢先生百年誕辰，我們特編輯《黃永年文集》以寄紀念之情。

　　黃先生終其一生從事學術，從早年就讀大學時撰寫多種考訂文字，直至人生最後歲月沉痾纏身仍强支病體整理其師《吕思勉文史四講》（身後方付梓行世），其間雖數歷坎坷，身處逆境而矢志不移，竟日手不釋卷，伏案筆耕，堪稱視學術爲生命的楷模。黃先生稟賦超常，興趣廣泛，其學及於文史諸多領域，並多有不同凡響的創獲；加之記憶强健，文獻稔熟，是故常能成竹在胸，下筆千言，一揮而就，生平所著數百萬言，是一位真正著作等身的學術大家。

　　《黃永年文集》旨在蒐裒先生歷年所撰文史學術論著彙爲一編。黃先生的學術生涯長達六十年，碩果累累，其文散見於多年來的各種報刊，一些論文尤其是早年所撰，如今已難得一見。儘管先生生前，曾有經美國汪榮祖教授代爲選編的《唐代史事考釋》，復有手訂之數種選集，辭世後又有門生、家人編選的幾種論文集，然由於種種原因，如格於篇幅，所收有限；各集時有重複，亦有不同；且經先生手訂之本，由於時間有先後，着眼點有别，文字復時有歧異。而若干早年出版之著作更久絶於市肆，一册難求。故這次編輯《文集》，期於儘量向學界和廣大讀者朋友提供一套全面認識和瞭解黃先生學術思想見解的成果彙集。

　　文集共編爲十四册。一至九册爲各類著作，包括中國古代史研究、古文獻學，以及普及性讀物，可以基本上較爲完整地反映出黃先生的治學領域及一生所從事的學術工作；十至十四册文史論集所收大多爲各類學術論文，分爲國史探賾、文獻鈎沉、文史論考、文史雜論（序跋書評、師友追憶、治學叢談）等，各部分之標題爲編者擬加。考慮到各册字數的平衡，把篇幅較小，且内容性質相近的著作，兩種或幾種併爲一册。同時，爲便于讀者閱讀，給幾種著作配了插圖。

　　需要説明，《文集》所收均爲黃先生單獨完成獨立署名之作，並非先生之所有文字，未予收入者主要有以下幾種情況：

　　一是凡與他人合著，即便大行於世並頗具影響者，此次編選亦只能忍痛捨置。

　　二是非專門的學術著作概不收入。黃先生生性忠介耿直，具有老一輩學人天下興亡匹夫有責的情懷，曾當選爲全國人大代表，參與討論商議國家大事，每每發表真知灼見；學術之餘，先生也偶爾以詩托懷，賦有格律詩若干成集，格調高古，言清志遠；先生又長於治印，諸作2004年中華書局以《黃永年印存》之名刊行，廣獲識者好評。諸如此類，雖然亦有價值，因與文集編輯宗旨相違離，故皆不選。

　　三是師友門生往來書信。雖目前編者存有部分，但因此次編輯時間匆迫，未能較爲全面地徵集搜討，只得暫告闕如，以留待他日。

　　四是若干早期撰寫文字未能檢到，遺憾未得收入；凡未公開發表者則此次亦不予收録。

　　由於若干文章發表後經修訂文字復收録於他處，或標題亦有改變；又黃先生生前曾親自選編過數種論文集，其中所收篇什時有重複異同。此番選録，主要取其内容完整，或後來有重要修改者。

　　已出黄先生多種論著，或爲繁體或爲簡體，先生生前多次表示，因制訂簡化字方案時對於若干前代形義不同之繁體異體歸於同一簡體，有時難於知曉和恢復本字，極易産生困惑，因此對於文史學科，他主張仍以繁體爲宜。此次編輯《文集》遵從黄先生的意願，統一體例，學術類著作論文概使用繁體字。本爲《古代文史名著選譯叢書》所撰的今譯著作，係面向大中學生等普通讀者的普及類讀物，原書即要求使用簡化字，是以仍保持原貌，此爲特例。

　　《文集》編輯出版，得到中華書局原總經理徐俊、原總編輯顧青、副總編輯俞國林的大力支持。中華書局作爲國内一流的文史著作和古籍整理專業出版社，出版諸書以選題精審、校訂嚴密、學術和出版品質俱佳而享有盛名，黄先生生時即對書局贊譽有加，《文集》能够經由中華書局刊行，亦足以告慰先生在天之靈。

　　編務工作主要由黄先生現仍在陝西師範大學工作的諸位門生和再傳弟子承擔。王其禕研究員爲《文集》題籤，蘇小華博士編寫了附録《黄永年先生論著年表》，爲全書增色不少。

　　陝西師範大學國際長安學研究院大力資助《文集》出版。

　　在此一併致以衷心的感謝！

編者
2025 年 4 月

目　録

唐太宗李世民

敦煌千佛洞

唐太宗李世民

李家二郎

　　舊史書上記載：隋文帝開皇十八年十二月二十二日，也就是公元 599 年 1 月 23 日，在雍州武功縣南十八里的渭水邊上，發生了一件新聞。一座大館宅門外出現了兩條真龍，館宅裏傳出夫人生了二郎的喜訊。這位二郎就是後來貴爲唐朝第二代皇帝、史稱唐太宗的李世民。龍呢，整整飛舞了三天纔消失，好像真在慶賀這位真命天子的誕生。

　　儘管記得一本正經，到今天已哄不住一個小學生。龍，地球上根本不曾存在過這種動物，畫在墻壁上、塑在庭柱上，或者春節耍龍燈都可以，誰真見過活龍在飛舞，還爲未來的皇帝誕生歡欣鼓舞呢？就是館宅裏的人，誰也想不到這位二郎將來會做皇帝啊！但今天也不必多責備編造這種神話的史官們，就連著名的大史學家司馬遷編寫的《史記》裏，還不是說漢高祖是龍種嗎？哪個封建帝

唐太宗像

王不想在自己身上加點神秘的光圈,儘管他們出生時和平民老百姓家的一樣,衹是會哭、會要奶吃而已。

不過李世民這個小孩也有其不平凡之處,這就是他有個闊爸爸。這從他被叫作"二郎"就可知道。當時的"郎",就是解放前的所謂"少爺",解放前哪有勞動人民貧苦人家的孩子可稱少爺的。隋唐時候的兒童、青少年要被稱為郎,起碼得有個做官的父親,哪怕芝麻綠豆官也够格。而李世民的父親、祖父、曾祖父……的官職,還遠不止芝麻綠豆,説文雅點,是關中地區(今陝西中部渭河流域一帶)的頭等大官僚、大貴族。

唐高祖李淵像

"王侯將相寧有種乎?"關中李家也並非有史以來就闊氣的。現代歷史學家有人懷疑他們的祖先並不是漢人,是東晉南北朝時入居中原的鮮卑族。不過證據不充分,更有可能和漢人中的趙郡李氏有關係。趙郡李氏是南北朝時候的高門大族,但李世民的上代不算這個高門大族的正統嫡系,衹是族裏流落到柏仁縣定居的破落户,還有可能是鄰近另一家姓李的平民百姓假冒成趙郡李氏。這種假冒高門大族的事情,在南北朝是屢見不鮮的。當然,冒牌貨不會得到正牌趙郡李氏的承認,破落的旁支也享受不到高門大族的餘蔭,要發家衹好打仗立軍功,到北朝時,李世民的曾祖李虎已官拜左僕射,封爵趙郡公,以後又和宇文泰等支持逃到關中的孝武帝,建立了西魏政權,他又成爲最有權勢的"八柱國"之一。人闊了,就想另外高攀更闊的祖宗,正好東晉時候的西涼①皇帝是李暠(hào),抓住同姓這一點拉來當作自己的祖先,再推上去先秦道家姓李名耳的老子,又是現成的始祖。李虎死後,宇文氏取代西魏建立北周政權,追封李虎爲唐國公,這個封爵由李虎的兒子李昞(bǐng)、孫兒李淵相繼承襲。

這位李淵,就是李世民的父親。李世民的母親姓竇,這可不是漢姓而是鮮卑姓,是鮮卑的大貴族。連祖母,也就是李昞的夫人獨孤氏,也是鮮卑大貴族。祇是這時的鮮卑貴族早已漢化了,而我國歷史上的民族,實際上主要不是以血統區分,而是以文化來判定的②。少數民族漢化了,也就成爲漢族,所以説李虎這一系完全是漢族也可以。

唐太祖李虎永陵華表、石虎

李淵年輕時又遇上改朝換代,先是北周滅掉北齊統一北方,接着北周的權臣楊堅又奪取政權建立隋朝,再滅掉了南朝的陳,重新統一中國。楊堅的父親楊忠係"十二大將軍"之

①西涼建都在現在的甘肅省酒泉縣,占有今甘肅省和內蒙古自治區的西部到新疆維吾爾自治區的東部。
②像唐代的大詩人白居易的祖先,很可能是中亞的少數民族。和白居易齊名的元稹,即曾經以自己爲原型寫成《鶯鶯傳》的風流才子,竟是北魏皇室鮮卑拓跋氏的後裔,但當時就都把他們看成漢人,毫無見外之意。

一，本來就和李虎齊名，楊堅的皇后獨孤氏，和李昞夫人獨孤氏是親姐妹。從親戚關係來講，李淵還是楊堅的姨甥。他先做楊堅的親信警衛"千牛備身"，以後歷任譙州、隴州和岐州的刺史。二郎世民在武功誕生時，李淵正離開譙州去隴州上任。

李世民是二郎，哥哥大郎呢，名叫建成，比李世民大九歲。以後母親又生了兩個弟弟、一個妹妹，三郎玄霸沒有長成就死了，四郎元吉比李世民小五歲，妹妹後來嫁給軍人世家子弟柴紹。封建社會的官僚、貴族慣例是多妻，除了竇氏是正式夫人外，李淵還有不少妾，有的是李淵做皇帝前就娶的，有的是當上皇帝再找的。她們又爲李淵生了十八個兒子，他們都比李世民、李元吉小，是一群小弟弟，在政治舞臺上輪不到他們多表現。有表現的是竇氏親生的大郎、二郎和四郎，而且戲劇性地，大郎、四郎成爲二郎李世民的對立面，當然這是後來的事情。在童年，在青少年時代，兄弟之間應該和尋常百姓家一樣同吃同玩，同學習，同打鬧，最多年齡大的要裝得老成些，做出哥哥的樣子罷了。

李家雖是軍人世家，但既已闊了，就不能光靠刀槍弓馬，要學文化。當時的慣例，念書先讀《孝經》、《論語》，再讀《周易》、《尚書》、《毛詩》、《禮記》、《春秋左傳》等所謂"五經"，但不一定都讀全，同時還得學會做詩做文章，這又得讀《文選》①。李世民小時候，大概也經歷了這樣的學習過程。另外，練習寫字也是要緊的功課，李淵自己就愛寫字，對兒子哪能放鬆要求。

光讀書寫字，當個文人是够格了，但準備做大官還不行。當時繼承魏晉南北朝門閥制度盛行以來的老傳統，當大官要文武兼

---

① 這是南北朝時南朝梁昭明太子蕭統選編的文選，到隋唐時極其風行，爲學做詩文者所必讀。

資,或者通俗點說,要文武雙全纔够格,平時要會搞政治、管老百姓,發生戰爭能指揮大軍,甚至親自衝鋒陷陣。在這方面,李淵本身就是個榜樣,他之所以能娶到竇氏夫人,就憑一手好弓箭。原來竇氏夫人的父親竇毅,也

唐代箭鏃

是一個能文能武的大貴族。爲了選女婿,他請人在家裏的門屏上畫了兩隻孔雀,誰能射中孔雀的眼睛,誰就中選。好多闊公子都失敗了,獨有李淵兩箭都中。這個"雀屏中選",後來就成爲被闊人家挑中當女婿的典故,儘管這些女婿並不真像李淵那樣有射孔雀屏的本領。做父親的武藝高強,兒子們自然也都不弱,就李世民來說,弓箭功夫也是很過硬的,"挽弓當挽強,用箭當用長"(杜甫《前出塞》),李世民慣用的箭,據說真比尋常的要長大。另外,打獵也是李世民從小養成的嗜好,這在當時也是練習跑馬挽弓的一種方法,並不單純爲了娛樂。

光會衝鋒陷陣還不行,還要會當高級指揮官,這又要懂兵法。相傳春秋時孫武編寫的而其實是戰國時的著作《孫子兵法》十三篇,是李世民自小熟讀的,讀的是當時流行的曹操的注解本,曹操本身就是一位大軍事家。

當時的貴族習慣早婚。李世民在十六歲①時就娶了個長孫家

---

①我國過去計算年齡都用老算法,即生下來就算一歲,並不要滿了周歲纔算一歲。爲了方便起見,在這本書裏一般不再換算成今天流行的計算法。

的小姐做夫人，比他還小三歲。長孫這一家也源出鮮卑拓跋氏，和李家一樣是關中地區的大貴族。小姐的父親長孫晟（shèng）在隋朝官至右驍衛將軍，祇是死得早，小姐和她的哥哥長孫無忌寄養在舅父高士廉家裏。小姐從小就知書識禮，而且頗有政治才能，是李世民的賢內助。長孫無忌則更是個幹才，以後成爲李世民最親信的助手和宰相。

從太原到長安

人心厭亂,從東漢以後,經過魏、晉、南北朝長達三百好幾十年的分裂戰亂,在楊堅(就是隋文帝)手裏,中國又回復到統一的局面。如果這種局面不再被破壞,那李淵最多再升點官就終其一生,李世民以及李建成、李元吉兄弟最多繼承父業,在楊隋政權下做個刺史或將軍。但是,"時勢造英雄",隋朝後期的大動亂,把李氏父子推向歷史的前臺,讓他們扮演了一場新編劇的主角。

楊堅這個完成統一事業的皇帝,在處理家庭問題、挑選繼承人上,做得並不很高明。隋煬帝楊廣在楊家本和李世民一樣是個二郎,是獨孤皇后親生的第二個皇子,哥哥大郎楊勇呢,也是獨孤親生的,按照我國封建社會立嫡、立長的傳統習慣,皇帝的法定繼承人"皇太子"的頭銜,自然首先落到楊勇的頭上。楊廣不甘心,利用平陳戰役充任統帥的機會,勾結大將權臣楊素等

隋文帝像

隋煬帝像

隋煬帝游幸江都圖

人，哄瞞住楊堅，讓楊堅廢掉楊勇改立楊廣當太子。楊堅一死，楊廣就矯詔把哥哥楊勇害死，穩穩地坐上了皇帝的寶座。楊堅在歷代帝王中算是比較節儉、比較謹慎小心而不肯胡來的。隋煬帝楊廣却是反其道而行之，開運河，打高麗，苛重的勞役、兵役連年不斷，把老百姓壓得實在透不過氣來。要知道，封建社會的農民對繳租稅還不那麼害怕，即使重一點，有時還能咬緊牙關頂過去；服兵役，服勞役，要背井離鄉，甚至一去不回，田地就非荒蕪不可，老婆、孩子非餓死不可。爲了活命，就祇好造反，也就是今天所說的鬧農民起義。當時起義的烽火蔓延到整個黃河中下游地區以至長江流域，許多地主武裝也乘機而起，天下重新大亂。

在這大動亂中，李家父子在幹什麼？隋大業七年（公元611年）在長白山（在今山東章丘東北）開始點燃起起義烽火的時候，李淵又已歷任了兩郡太守①,被姨表弟楊廣調進長安做京官。大業九年,楊廣第二次打高麗,李淵被派到前綫督運糧草。楊素的兒子楊玄感起兵反隋,李淵又被派到弘化郡當留守,給楊廣看守長安的後院。大業十一年,楊廣去太原晉陽宮(在太原郡治所晉陽的離宮)避暑,又派李淵到河東做山西河東撫慰大使。煬帝去雁門(今山西代縣),被北邊少數民族東突厥兵圍困,李淵又出兵解圍。大業十二年,楊廣坐龍船到江都(治所在今江蘇揚州),又任命李淵做太原留守。看起來很想利用這位姨表兄替他效勞盡忠。但是李淵自己的想法就不一樣了,祖上同是當年的重臣,楊家的江山眼看保不住了,李家來取而代之完全够資格。何况這時姨表弟楊廣遠去江都,對中原已無力過問,太原又是當年北齊的軍事重鎮,有糧有兵有裝備,正是個發難起兵做大事業的好據點。於是,讓二十八歲的大郎建成帶着十四歲的四郎元吉留在河東,替他聯絡地方豪强,收買人心。二郎世民祇有十九歲,救援雁門之役雖曾隨軍參戰,並没有真上過戰場,怕不够老練,帶到太原幫助自己辦事。

李世民到太原後,工作做得很出色,結納了晉陽縣令劉文静,此人以後和管理晉陽宮的宮監裴寂,成爲李淵的主要助手。李世民還參加了李淵鎮壓農民軍甄(zhēn)翟兒部的戰役,在他第一次實戰中立了功。

這時候北邊的東突厥不斷南侵,馬邑郡(治所在今山西朔縣)太守王仁恭和太原副留守高君雅戰敗,遠在江都的楊廣,曾派人到太原來追查李淵的責任。結果雖然没有查出什麽大事,李淵却不能不加速自己的行動。正好在大業十三年(公元617年)二月裏,

———

①隋煬帝即位後把州改稱郡,刺史改稱太守。

晉陽古城遺址(位於山西太原市晉源區)

馬邑土豪劉武周襲殺太守王仁恭,聯結突厥要南下奪取太原。李淵就藉口加強防禦,公開爲自己招募、集結兵力,讓李世民直接掌握。到五月十五日這一天,晉陽宮外,由李世民在新招募的兵中挑選五萬精銳,負責戒備;宮裏,李淵假意請站在隋朝一邊的高君雅和另一個副留守王威商議公事,讓劉文靜帶着李淵的親信進宮,誣告這兩個副留守裏通突厥,當場抓起來處斬。李淵自稱大將軍,將太原的新舊部隊,加上投奔來的各路豪傑,一共好幾萬人馬,編成左、中、右三軍。這時候,李建成、李元吉已得到秘密通知,從河東趕來太原,李淵派李建成和李世民分領左、右軍,中軍由李淵直接統帥,開始軍事行動。

首先,要解決太原南邊的西河郡(治所在今山西汾陽),這是李淵向外發展的最大阻礙。於是在六月初,派李建成和李世民帶領左、右兩軍向西河進軍。當時官兵軍紀最壞,農民軍當然不一樣,不過不是正規部隊,也未必有嚴肅的紀律。李建成、李世民要成大事業,就得在紀律上做出樣子來。吃瓜果、蔬菜一律價購,發現戰士竊取了,馬上找到主人把錢補上。老百姓主動給李建成、李世民進獻酒飯,推辭不掉,就和部下分享。這樣,戰士肯出力,老百姓也擁護,不花多大氣力就打進西河城。郡丞高德儒是個無恥小人，當年在洛陽把孔雀説成鸞①，諂媚朝廷升了官，殺了好平民憤，此外據説不殺一人。

打西河祇算牛刀小試，接着要在戰略上大規模行動。楊隋政權的京師是長安，還有洛陽是東都。當時東都已被李密的瓦崗軍包圍，城裏是隋朝的越王楊侗在防守，楊侗不算什麽，瓦崗軍可是農民軍中最强大的一支，和他們打硬仗、爭東都，太不合算。不如把大軍指向西南，渡過黄河進入關中，直取長安。長安是西魏、北周以來的舊都，關中是李家幾代活動的場所，兵源、糧食都不成問題，地勢又可守可進取，而且當時在長安的代王楊侑(yòu)是個十三歲的小孩子，留守的衛文昇、陰世師之流，也不難對付。

這個英明的戰略行動，當然是李淵決定的，李世民、李建成、李元吉以及裴寂、劉文靜等，也一致擁護。李淵任命裴寂做大將軍府長史，劉文靜做大將軍府司馬，封李建成隴西公，做左領軍大都督，封李世民敦煌公，做右領軍大都督，都隨大軍行動；四郎李元吉做鎮北將軍、太原太守，留守晉陽宮。

大業十三年(公元617年)七月四日，軍門口竪起大白旗，宣讀了出師誓言，公開指責楊廣的罪惡，不再承認他的皇帝地位。當然，李淵也不便像農民軍領袖那樣，痛快地讓自己來做皇帝，他表面上還要顧點封建社會的所謂君臣之道，要學魏、晉、南北朝以來慣用的辦法，先擁立一個徒有虛名的皇帝爲傀儡，然後叫這個傀儡把皇帝寶座禪讓給自己。這個傀儡，在誓言裏選定了將由代王楊侑來充當。

三萬大軍離開太原，沿汾水向西南前進，經過西河郡，到達賈胡堡。代王楊侑派來堵截的宋老生部，也來到了距離賈胡堡五十

————————

① 鸞和鳳都是傳説中祥瑞的神鳥，地球上其實並無這類動物。

里的霍邑（今山西霍縣）。可是天不作美，下起大雨來，二十多天不見放晴，糧草已將斷絕。是進呢，還是暫時撤退回太原？部隊裏議論紛紛，甚至流傳出劉武周要乘機引突厥兵南下的謠言。李淵找李建成、李世民和文武官員來商量。李建成、李世民異口同聲地主張前進，攻取霍邑，李淵很高興。正好天晴了，糧草也從後方運來了，於是雙方在霍邑城東展開一場大戰。

　　李淵讓李建成、李世民各率大隊騎兵，繞過隋軍衝到城下，一個堵住東門，一個堵住南門，李淵在正面陣上叫人高喊："已斬了宋老生！"隋軍信以爲真，陣腳大亂，要退進城裏，城門外又布滿了李建成、李世民的騎兵，城上的隋軍放下繩子想把宋老生拉上城，李淵大軍趕上來，把他殺死，一鼓作氣拿下霍邑①。

　　從霍邑再沿着汾水前進，臨汾郡、絳郡（治所在今山西新絳）望風而降，大軍順利地進入河東，到達黃河東岸的龍門縣（治所在今山西河津）。這一帶是李建成、李元吉活動過的地方，有河邊上的居民提供船隻，關中擁有實力的土豪孫華也投奔李淵，並自願來做向導。李淵從左、右兩軍中抽調先遣部隊，隨孫華先從壺口渡河據守西岸，自己帶了李建成、李世民、裴寂沿河南下，圍攻河東郡城，因爲城裏還有屈突通率領的大股隋軍在據守。屈突通守得頑強，一時攻不下，爲爭取時間，李淵毅然率領大軍渡河，派李建成帶同劉文靜等，占領隋朝設在關中的大糧庫永豐倉，並分兵駐防潼關。屈突通跟踪渡河想回救長安，已經進不了潼關，後來被俘投降。

　　再說李淵怎樣攻取長安。他兵分兩路，一路派李世民沿渭河北岸西進，連克高陵、涇陽、武功，再渡過渭河，拿下了盩厔（zhōu zhì。

---

① 上面所說戰鬥過程，根據《大唐創業起居注》。其他舊史書上把李淵寫得幾乎戰敗，全憑李世民捨命血戰纔反敗爲勝，這是後來史官的曲筆。

今陝西周至），來個大迂迴後向東進逼長安；再一路是讓李建成抽調精銳，從潼關直趨長安。李淵自己也親臨前敵指揮，大營安到長安城東春明門的西北。這時候，關中的地主武裝和小股農民軍，看到李淵聲勢浩大，都紛紛前來投靠，連李淵的女兒，也就是柴紹的夫人，都收編到七萬地主武裝和農民軍，并且親自帶了一萬精兵來會攻長安。長安城周圍李淵的大軍，一下子超過了二十萬。

　　這時的長安城，已不是西漢時候的舊城，而是隋文帝建築的新城——大興城。城大極了，周圍是四方的外郭城，城里居中偏北是皇城，皇城北面是宮城，宮城的北面連接着外郭城的城牆。宮城是皇帝、后妃和太子等居住活動的地方，宰相的辦公機構也附設在宮城的南邊。皇城則是政府各個機構的所在地。一般居民包括貴族官僚的住宅，都在皇城以南和皇城、宮城的東西兩邊。從皇城到外郭城城牆，南北向有一條朱雀大街，把居民區平分成兩半，每一半從南到北各有五條街，從東到西又有十四條街，街和街把居民區分割成一塊塊豆腐乾似的住宅區，叫作里，到唐代又改叫坊。今天的西安城，是明代初年建築的，規模也够雄偉了，可是和隋的大興城也就是唐的長安城相比較，比那時的宮城加上皇城大不了許多，衹相當於整個隋唐城的六分之一。可想當年用二十萬人馬圍困這樣的大城，實在並不嫌多。

　　圍城的部隊由李建成和李世民分別指揮，李建成負責城的東、南兩面，李世民負責西、北兩面。外郭城很快被打破，隋軍退守宮城、皇城。李建成的軍頭雷永吉，又從皇城東面的景風門首先登城，迅速全部占領了這個隋朝的都城。頭功被哥哥奪去了，逞強好勝的李世民心頭難免留下一點不愉快的陰影。

不過，打下長安城，終究是歡樂的振奮人心的大喜事。捕殺敵人，維持秩序，也夠李世民、李建成以及準備做皇帝的李淵大大忙碌一陣。打進皇城、宮城是大業十三年（公元 617 年）十一月十一日的事情，到十七日，讓代王楊侑先做上傀儡皇帝，改元義寧。李淵從唐國公高升爲唐王和丞相，一切大權全歸丞相府。第二年三月，楊侑又讓李淵再高升爲相國。不久，楊廣在江都被親信宇文化及殺死的消息傳來，楊隋的天下已徹底完結。楊侑下詔禪讓，五月二十日李淵正式稱帝，改隋爲唐，改元武德。其實這一切都是李淵自己在牽綫，走個合法的過場。

西討北征

从太原起兵到攻取長安，李世民這位青年軍事家，基本上是在父親李淵直接帶領下行動的，沒有機會充分發揮他自命不凡的才能。進入長安後，父親做了唐王、丞相，他也由敦煌公進封秦國公。父親還讓他以右元帥的名義統率大軍出潼關，東窺東都洛陽，但同時行動的還有個左元帥、哥哥李建成。李建成現在是唐王的世子了①，當然一切以李建成爲主，李世民仍然祇算個副手。這次行動没有多大收穫，祇攻取幾個縣城，就班師回長安，原因仍舊是洛陽城外的瓦崗軍太棘手。何況長安西邊的薛舉正加緊東侵，盤據馬邑的劉武周也有南下的消息。大舉進攻洛陽還不是時候。

李淵正式做了皇帝，李世民水漲船高也成爲秦王。這年六月，薛舉入寇涇州（治所在今甘肅涇川），李世民被皇帝李淵任命爲西討元帥，率領劉文静、殷開山和八個總管出長安抗擊。這次，哥哥李建成不再同行了，因爲他已從唐王世子高升成了皇太子。我國封建社會很早形成一種慣例，叫"君之嗣嫡，不可以帥師"（這句話最早見於《左傳》），意思是君主的繼承人不應帶兵出去打仗，

---

① 當時皇帝的法定繼承人叫"皇太子"或"太子"；王的繼承人低一點，叫"世子"。

甚至君主御駕親征時，也讓他在後方留守。這倒不僅考慮到"兵凶戰危"，上戰場難免遇到不測，而且需要他留在京城裏學習治理國家的本領，以便一旦君主去世，可以駕輕就熟地接掌政權。事實上也正是如此，當時李建成正以皇太子的身份，在李淵身邊忙着主持日常政務，除掉軍國大事得由李淵親自過問、決策外，一般性的都由他全權處理。大戰役的統率指揮權，自然落到了威名和李建成相埒（liè）的秦王李世民手裏。這對李世民來說，自然是頗爲高興的事情。何況在李氏父子進入長安不久，薛舉曾派他的兒子薛仁杲（gǎo）領兵入侵扶風郡，被李世民輕易地打敗過。這次率領大軍西征，自以爲必可馬到成功。

哪知薛舉此人並不容易對付。他出身河東地區的軍事世家，父輩移居金城（治所在今甘肅蘭州）一帶，後來成爲當地的豪强，大業末年乘亂在今天的甘肅東部、青海北部割據，自稱秦帝，戰士號稱三十萬，而且利用當地良種戰馬，組成爲數衆多的騎兵，戰鬥力並不弱於唐軍。而李世民畢竟還缺乏指揮大戰役的經驗，防禦欠嚴密，在高墌（zhí）城（今陝西長武北）淺水原被薛舉的騎兵繞到陣後突然襲擊，好幾個總管被俘虜，士兵折損了一大半。李世民收拾殘部撤回長安，高墌城被薛舉攻占。

李淵追究這次戰敗的責任，劉文靜、殷開山被撤職，李世民究竟是親兒子，沒受處分。後來史書都說李世民當時本來采取守勢，要等秦軍的銳氣受挫後再出戰，不巧害上瘧疾，臨時代理指揮的劉文靜、殷開山違背了李世民的旨意，纔弄得大敗虧輸。這顯然是李世民當了皇帝後史官們爲他推卸責任。其實，天下本無常勝將軍，能做到勝多敗少就不容易，初次指揮大戰役吃個敗仗本不足爲奇。

高墌戰役後，薛舉已準備乘勝進取長安。可是歷史真有偶然性,薛舉還没有行動,八月裏就一病不起,兒子薛仁杲即位。此人的才能比薛舉差遠了,李淵決定再讓李世民挂帥西征,薛仁杲派大將宗羅睺(hóu)到高墌城迎敵。吃一塹,長一智。李世民這一次真的深溝高壘、堅壁不出了。不管對方怎

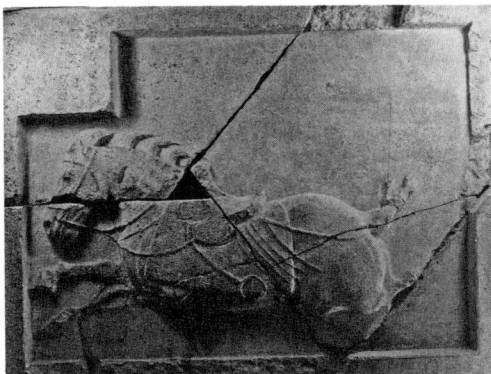

昭陵六駿之"白蹄烏"。李世民
平薛仁杲時所騎戰馬

麽挑戰,部下怎麽請戰,都概不理會,並且公開號令全軍:"敢言戰者斬!"這樣相持了六十多天,秦軍糧食眼看吃盡,有的小部隊支持不下去,還主動投奔唐軍。李世民知道對方軍心動搖,有瑕可乘,就先派一支偏師到淺水原扎營,引誘宗羅睺來進攻。等秦軍主力磨得很疲勞,李世民再讓大隊唐軍加入戰鬥,自己指揮幾十個騎兵從原北出其不意地殺向秦軍。把秦軍擊潰後,李世民又親自帶上二千鐵騎,直取薛仁杲盤據的折墌城(今甘肅涇川東北),逼薛仁杲開城投降。薛仁杲、宗羅睺等被押送長安斬首,戰士萬人都編入唐軍,大大充實了秦王李世民系統的武裝力量。

薛仁杲的剪除,使李唐政權解除了西顧之憂,另一個實力遠不如薛家父子、盤據在姑臧(今甘肅武威)的李軌,不久也被手下的將領抓起來降唐。可是太原的局面緊張起來了。馬邑的劉武周這時聯結宋金剛大舉南侵,進逼太原。在太原鎮守的四郎李元吉,這時已進封齊王,出兵暫時抵擋了一陣,但劉軍勢大,李元吉

昭陵六駿之"特勒驃"。李世民
平宋金剛所騎戰馬

的這點兵力支持不住。李淵派李仲文帶兵救援，不料又戰敗被俘，好容易纔逃脫回來。再派宰相裴寂出馬，仍連吃敗仗。李元吉纔得主動撤離太原。當時李元吉纔有十七歲，上一年二十一歲的二哥李世民都會在淺水原吃大敗仗，十七歲的李元吉在敵衆我寡的形勢下守不住太原，就更情有可原。後來，史書上把李元吉說成膽小無能，實在冤枉。

李元吉、裴寂都回到了長安，抗擊劉武周、宋金剛的重任，又落到秦王李世民身上。這年十一月，李世民帶了關中大部隊渡河，和劉、宋軍較量。當時太原已丟失了，現在的山西省的絕大部分，都已落到劉、宋軍手裏。李世民先把部隊推進到絳州的柏壁（今山西新絳西南），采用對付薛仁杲的深溝高壘、不匆忙求戰的老戰術。另外，讓和劉、宋軍較量過的李仲文堅守住浩州（今山西汾陽），這是敵人從太原運糧到絳州前綫的必經之地，有了浩州就等於切斷敵人的運輸綫。劉武周幾次攻打浩州不下，宋金剛在前綫又無法和唐軍主力作戰。相持到第二年武德三年（公元 620 年）二月裏，這個高明的戰術見效了。宋金剛軍乏糧飢疲，被迫沿汾水北撤，李世民揮軍追擊，在霍邑北面的雀鼠谷追上宋軍，一天裏八戰八捷，宋軍戰死過半，剩下殘部二萬逃到介休。唐軍又兼程趕上，宋金剛祇好在介州城西擺開陣勢，再和唐軍決戰。李世民還是用打薛仁杲的老辦法，讓大部隊在正面和宋軍廝殺，自己帶了鐵騎繞個圈子，到宋軍陣後發起衝鋒，把宋軍徹底擊潰。宋金剛棄軍脫逃，驍將尉遲敬德等率領殘部八千，向李世民投降。

劉武周知道大勢已去，丟掉太原，帶了五百騎兵匆忙逃入東突厥。宋金剛還想串連流散的舊部再幹，但已缺乏號召力，衹好帶一些死黨走劉武周的老路，投靠東突厥。這兩個人在東突厥部落裏又不安分，先後被殺死。

西討、北征兩大戰役勝利結束後，李世民揮戈再上東戰場。

平定山東

　　講東戰場之前，先讓我們打開地圖看一看當時的全國形勢。

　　李淵起兵太原，進入關中，奠都長安，現在的陝西、山西是李唐政權的根據地。經過兩次大戰役，打掉了薛仁杲、劉武周，西、北兩邊暫時不再有後顧之憂。東突厥呢，當然比劉武周、薛仁杲更可怕，但畢竟遠在邊塞，稍緩一點不致影響大局。

　　陝西南邊是四川，這個歷史上常鬧封建割據的地方，在隋煬帝末年倒還不曾發生大動亂。李淵派竇氏夫人的堂侄竇軌進入漢中到達成都，很快穩定了局勢，使四川成爲支援關中的一個後院。從四川東下，雄據長江下游的農民軍首領杜伏威已經降唐，祇剩下並沒有多大實力、在江陵稱帝的梁朝後人蕭銑。而且，當時這些地區還不是全國的重心，這裏在經濟、文化上超過黃河流域，成爲全國重心，是唐朝中期以後以至宋代的事情，當時李唐政權的注意力不會放到這裏。

　　當時，李唐政權注意的是“山東”，這個“山東”並非正式的行政區域，而是戰國、秦、漢以來的習慣稱呼。最初用來指華山、崤山、函谷關以東直到沿海的廣大地區，甚至連長江流域也包括在裏面。到隋唐之際，長江流域一般不算了，今天的山西省在唐人心目中是創業之地，通常也不算，當時的“山東”是指黃河中下游，今天河南、山東、河北三省的地區，有時候也把河北單獨提出來，

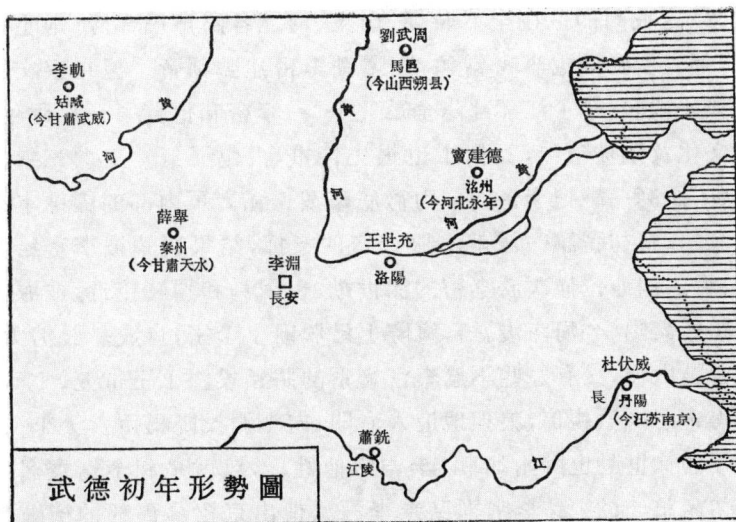

武德初年形勢圖

和山東並稱爲山東、河北。這一帶在當時是全國最富庶的地方，
出物資，出人材。因此早先在這裏的北齊就遠比北周强大，而北
周要强大，就得費盡心機滅掉北齊。現在李唐政權又要走北周的
老路，把山東這片廣大的地區收入版圖。

　　山東地區的政治重心，當然首推東都洛陽。這時候，進入洛
陽的王世充，已經殺掉隋朝的越王楊侗，自己做皇帝，改國號爲
鄭。此人是西域胡人的後裔，上代雖早就入居中原，他本人也已
漢化，但並無多大政治才能。他從江都帶來的江淮兵善用排稍
（shuò），而不精於騎射，在黄河流域大平原上和唐朝擁有的西北
鐵騎較量起來，也明顯地相形見絀。

　　東進更有利的條件，是原先在洛陽城外的瓦崗軍已經銷聲匿
迹。本來，以李密爲首的瓦崗軍在當時所有農民部隊中，是最强

大、最能戰鬥的。在全盛時期，山東、河北各路農民部隊、地主武裝，都表示要推戴李密當領袖，還勸李密建號稱帝。但在宇文化及殺死楊廣、帶了江都部隊全軍北上時，李密和他打了一次硬仗，宇文化及雖被殺敗，瓦崗軍也損失慘重，大傷元氣。王世充乘機出動，偃師一戰把李密的主力徹底擊潰。瓦崗軍內部的團結本來有問題，當初翟讓一派就不服李密的指揮，結果翟讓被李密給殺了；另一個地位僅次於李密的徐世勣，也因爲和翟讓接近，被派出去鎮守黎陽（今河南浚縣），實際上已脫離了李密，自成一股勢力。偃師戰敗後，又有好些不屬李密嫡系的將領投降了王世充。李密祇得帶了少數親信，狼狽地進入潼關，向李淵投降稱臣。後來，在黎陽的徐世勣也歸附唐朝，李淵賜他姓李，這就是和李靖齊名的唐初名將李勣[①]。李密則又乘李淵派他出京招募舊部的機會叛唐，被唐軍殺死。這樣，唐軍在山東的對手，祇剩下洛陽的王世充，比原先瓦崗軍存在時好對付得多了。

　　當然，如果把河北地區也算進去，那還有一個竇建德。此人在農村裏當過里長，父親死了有上千人送葬，大概也是個結交江湖好漢的地方豪傑，後來憑此資本，成爲農民起義軍的首領，建都樂壽（今河北獻縣），自稱夏王。宇文化及被李密殺敗後北竄，是竇建德把他殲滅的。李勣歸附了唐朝，竇建德又南下爭奪地盤，先打下洺州，改爲夏國的都城。又打下黎陽，俘虜了李勣。但是竇建德和王世充也有矛盾，互相爭奪過管領的州縣。如果唐軍進攻王世充，估計竇建德不會馬上支援。

　　這樣，李唐政權就決定了攻取洛陽，進而平定山東的戰略。

---

①當時還叫李世勣，到了唐高宗初年爲避太宗李世民的名諱，又去掉“世”
　字，叫李勣。爲方便起見，這裏提前稱他爲李勣。

在解決了劉武周以後不到兩個月，武德三年（公元 620 年）七月初一這一天，李淵正式下詔東征王世充。統帥當然是一再建立功勛、銳氣旺盛的秦王李世民。齊王李元吉十八歲了，做哥哥秦王的副手。李勣已從竇建德那邊逃回來，考慮到他是山東地區有影響的軍事人材，也讓他參加東征，成爲僅次於秦王、齊王的重要將領。此外還動員了大批有作戰經驗、有智謀的文武官員帶兵隨軍。駐守山東有戰鬥力的唐軍，也紛紛向洛陽移動。真是猛將如雲，謀臣如雨，比西討、北征的格局大不相同。

　　戰役的第一步是掃清外圍，派勇將羅士信拿下距洛陽三十里的慈澗，史萬寶挺進龍門（洛陽南），黃君漢攻占回洛城（洛陽東北，黃河南岸）。王世充控制的一些州縣，看到形勢不利，也紛紛降唐，李世民帶着大部隊進駐到洛陽城北的北邙山，扎下連營準備攻城。

　　俗話説："困獸猶鬥。"洛陽城裏的王世充多少還有點兵力，自然不甘束手就擒，在洛陽城西北的青城宮擺下陣勢，和唐軍對峙。王世充親自出馬，對秦王李世民説："隋朝滅亡了，你們李家在關中做皇帝，我在河南做皇帝，我沒有向西出兵侵犯你們，你們却舉兵東來，這是幹什麼？"李世民叫秦王府的宇文士及回答他："四海都要歸順大唐，就你在頑抗，爲此我們就得來！"王世充口氣軟下來了，要求罷兵講和。宇文士及回答得乾脆："我們奉大唐皇帝詔書取東都，沒有叫我們講和。"大概也算是先禮後兵吧，當天雙方收兵回營，以後纔多次交鋒。李世民挑選了一千多最精銳的鐵騎，一式黑衣黑甲，編成左、右兩隊，由秦王府親信驍將秦叔寶、程知節①、尉遲敬德、翟長孫統帶。每次戰鬥拼殺，李世民都披上黑

①本名饒金，也就是《説唐》等舊小説裏的程咬金，不過他實際上比舊小説裏描寫的更勇猛。

甲親自帶隊當前鋒,把敵人殺得望風披靡,叫苦不迭。

一次是李世民帶了尉遲敬德和五百黑甲鐵騎巡視戰地,王世充親自指揮上萬人馬突然殺過來,把黑甲鐵騎團團圍住。原先瓦崗軍的大將、後來投降王世充的單雄信挺槊直取李世民,尉遲敬德大喝一聲,一槊把單雄信刺傷落馬,保護李世民突出重圍,李世民和尉遲敬德再帶着黑甲軍向鄭軍衝殺。這時候,宿將屈突通帶着大隊唐軍趕到,結果是上千鄭軍被斬殺,鄭軍大將陳智略,和王世充的嫡系六千江淮排稍兵被俘,王世充和少數殘卒逃進洛陽城。

一次是屈突通、竇軌帶隊伍在城外行動,和王世充大部隊碰上,唐軍措手不及,眼看要吃虧。李世民帶了黑甲鐵騎衝殺過來,鄭軍被殺、被俘損失了六千多,騎將葛彥璋也被唐軍活捉,王世充逃回城裏。

再一次,李世民移軍青城宮,壁壘還未立定,王世充又帶了二萬人馬出城作戰,李世民派屈突通率步兵五千渡水迎擊,吩咐他一接觸就縱火放煙,一時烟霧騰騰,李世民帶着黑甲鐵騎衝進鄭軍大陣。不料衝殺得太猛了,脫離了大隊,身邊祇剩了一員戰將丘行恭,騎的戰馬颯露紫又被一箭射中要害。丘行恭下馬拔箭,眼看颯露紫不行了,趕快把自己的戰馬讓給李世民,步行揮舞長刀開路,跟李

昭陵六駿之"颯露紫"。丘行恭正在拔箭

世民一起和大隊會合。王世充這邊也拼命死戰,反復衝殺了好半天,纔不支而敗退,李世民乘勝追擊到洛陽城下,俘斬的鄭軍又是七千多。

王世充一再損兵折將,不敢再出兵野戰,祇好閉城困守。李世民督軍四面圍攻,最緊張時,十多個晝夜攻打不息。城上鄭軍則向城下施放大砲、弩箭。這時候還不懂得利用火藥來製造火砲、火槍,所謂"大砲",其實是一種機械式的拋石機,拋的大石塊重至五十斤,可飛出二百步遠。箭也特別長大,箭鏃(zú)像把大斧頭,用八張弓連在一起,撥動弩機發射,能射出五百步以外。靠這些利器,對攻城的唐軍還可以勉強抵擋一陣。嚴重的問題是,城中的糧食本來有限,仗打了幾個月,已吃得差不多。王世充的兒子、鎮守武牢(今河南汜水)的王玄應,帶了幾千人馬把糧食運往洛陽城,又被李世民派戰將李君羨中途邀擊,王玄應棄糧隻身脫逃。消息傳開,洛陽城裏更惶惶不可終日。一匹絹祇能換到三升穀子,一升鹽竟要十匹布纔能換,老百姓連樹皮草根都吃光了,祇好用澄過的泥土和點米屑做餅充飢,吃下去身重腳軟,倒斃在街道上的不知其數,甚至連做官的都病倒餓死。面對這種危局,當然無法再支撐下去,唯一的希望就盼雄據河北的夏王竇建德趕快前來救援。

前面說過,竇建德本來和王世充有矛盾。當唐軍開始壓境時,王世充曾向竇建德求救,竇建德祇是敷衍了一下,派個使者到李世民那邊去勸說退兵,被拒絕後也不采取什麼行動。相反,卻調重兵南下周橋(今山東曹縣東北),吞併了另一支孟海公的農民軍,用來擴充自己的實力。他想讓王世充和唐軍兩敗俱傷,以便乘機從中漁利。

現在,洛陽的戰局已呈現一面倒的形勢,不是兩敗俱傷,而是

眼看唐軍就要吞没王世充，唐軍的鋒芒下一步可不輪到夏王頭
上？不如乘鄭軍還未完全覆没，同他們聯合起來，把最可怕的敵
人李世民打退再説。這時候的夏王寶建德還是够威風的，調集已
收編的孟海公部，和屯聚在兖州已經向他投降的農民軍徐圓朗
部，由自己統一指揮，步騎一共十多萬，號稱三十萬，水陸並進，浩
浩蕩蕩殺奔洛陽前綫。

　　這是唐軍圍攻洛陽的第二年武德四年（公元 621 年）三月裏
發生的事情。情況起了變化，秦王李世民、齊王李元吉以及謀臣
宿將們趕快商量對策。穩重一點的像屈突通等人認爲，夏軍聲勢
浩大，如果留下來繼續打，那將兩面作戰，腹背受敵，不如暫時撤
圍退守新安，等有機會再進兵。薛收、郭孝恪等人表示反對。郭
孝恪主張立刻進據天險武牢，把夏軍頂住。薛收認爲，如果撤退
讓夏、鄭兩家協力，今後更不好解決。李世民贊同他倆的意見，他
果斷地説："王世充兵折糧盡，上下離心，用不到再花多少氣力就
能打下來。寶建德新破孟海公，將驕卒惰，也没有什麽可怕。我
們應該進據武牢，這等於扼住寶建德的咽喉。寶建德如敢冒險爭
鋒，我取之甚易；如果他狐疑不戰，那不到十天半個月王世充就得
崩潰，我們拿下東都，然後集中力量消滅寶建德，這豈非一舉兩
克！"這用今天的軍事術語來講，就叫"圍城打援"。圍城的任務由
齊王李元吉分帶屈突通等部承擔，李世民和李勣率領精鋭進據武
牢天險，組織打援。

　　戰局基本上按照李世民的安排在進展。寶建德的大軍開到
成皋（今河南汜水），看到唐軍已據守武牢，無法挺進，祇好在板渚
築起營壘，和唐軍對峙。夏軍幾次出擊，都被李世民的黑甲鐵騎
打敗。王世充在洛陽城裏聽到夏王救兵入境，想來個裏應外合，
搜羅殘兵敗將，開城出戰，結果中了齊王李元吉的埋伏，軍士陣亡

八百，還有一千多人加上大將樂仁昉被李元吉俘虜。嚇得王世充從此再也不敢有所舉動，龜縮在洛陽城裏，痴等夏王的消息。這樣，李世民在武牢的部隊，就不再有後顧之憂，這是李元吉的一大功績。

相持了二十多天，夏軍帶的糧食快吃完了，夏將張青特從後方運糧來接濟，李世民派王君廓帶騎兵抄襲，連張青特統統被活捉。竇建德焦躁起來，五月初一這一天，他調動全軍攻打武牢，夏軍布成一個長達二十里的大陣，敲着鼓吵吵鬧鬧向武牢進逼，李世民叫部隊不要理睬，祇管好好休息，等敵軍累了再動手。

果真，夏軍等到中午，還不見唐軍出戰，士兵又飢餓又疲乏，紛紛坐倒下來，有的還搶着找水喝，陣勢亂了。唐軍這邊呢，飯吃飽了，休息得也够了，在河邊上放牧的戰馬也及時趕到。一聲號令，唐軍跳上馬背，像暴風雨似的向敵陣衝殺過去，頓時塵土飛揚，刀光閃耀，夏軍招架都來不及。李世民自己帶了程知節、秦叔寶幾員勇將，卷了大旗一直衝殺到敵陣背後，然後把大旗揚起，敵軍以爲已被唐軍前後包圍，立即全綫崩潰。唐軍窮追三十里，斬殺敵軍三千，俘虜五萬。竇建德被槍刺中受傷，逃到牛口渚躲藏起來，結果被唐軍搜出活捉。

李世民把竇建德押送到洛陽城下，王世充知道再没有指望，祇好開城投降。接着，竇建德殘部獻上河北州縣歸降，徐圓朗也舉兗州降唐，山東地區宣告平定。

這年七月，唐軍凱旋。秦王李世民身披黄金鎧甲，意氣飛揚地坐在大戰車上，接着是齊王李元吉和李勣以下二十四員大將，帶着隊列齊整的上萬騎兵，在鼓吹聲中開進長安城。王世充、竇建德也被押來行獻俘禮。李淵考慮到竇建德在河北還有影響，下令斬首。王世充則貶爲庶人，放逐去四川，還没有動身，就在長安

昭陵六駿之"拳毛騧"。李世民
平劉黑闥所騎戰馬

城裏被冤家殺死。

　　不久,竇建德的將領劉黑闥果真打着竇建德的舊旗號起兵,他和東突厥勾結,不到幾個月又占領了河北各州縣。這年十二月,李世民再一次自請出征,齊王李元吉也同行。第二年三月,劉黑闥被打敗逃入突厥。李世民、李元吉收兵回長安。

　　這時候,李淵已派堂侄趙郡王李孝恭和名將李靖滅掉割據江陵的蕭銑。以後長江下游的杜伏威舊部輔公祏反唐,也被李孝恭、李靖擒殺。其餘一些無關大局的割據勢力,或是降唐,或是被唐撲滅。除了邊境少數民族有的還和李唐政權對抗外,中國基本上又得到統一。

父子兄弟之間

戰爭的烽火逐漸熄滅，統治者之間的矛盾又尖銳起來，給李唐政權製造了不安定的因素。

我們不必爲李世民這位有成就的歷史人物隱諱，在製造不安定因素方面，他應該負主要責任。

他還年輕，平定王世充、竇建德這一年還祇有二十四歲，一系列赫赫戰功把他抬到崇高的地位，難免目空一切，有點飛揚跋扈起來。弟弟李元吉祇是自己打仗的副手，哥哥這幾年坐在長安朝堂裏很少上戰場，大半個天下是秦王用血汗換來的，他們卻要坐享其成！更不樂意的是父親已經五十好幾了，一旦發生變故，即位君臨天下的將是當上了皇太子的哥哥，自己祇好俯伏稱臣，這實在太不是滋味。何況，表叔楊廣雖然結局不好，那是給他胡弄壞了，他早年可不也是個二郎嗎？後來還不是因爲平陳立了功，取代大哥楊勇當皇太子當皇帝。再早一點，南北朝時候不是嫡長子當上皇帝的，就更多啦，他們的才能、功勛哪一點比得過我秦王？這些念頭，很自然地會經常在李世民腦海裏起伏回旋。

客觀上給李世民創造了不少條件，這也是兩晉南北朝以來的舊傳統，就是皇子們不光可以帶兵，還常常擁有兵權，形成半獨立的武裝集團。這也不是當時的皇帝糊塗，不搞軍事上的中央集權，而是因爲當時的皇帝本是門閥大貴族捧上去的，這些大貴族都擁有强大的軍隊,甚至還有數量可觀的、不屬國家軍事編制的私兵,皇帝爲了搞平衡,祇好讓自己的兄弟、兒子、侄兒手裏也有點兵。唐朝建國後也是這麼做的。秦王有他的秦王府,齊王也有齊王府,這些王府不像後世那樣祇住人,祇是王和家族的住宅,而且還是王的正式辦公機構。王府可以招募、編組軍隊,"秦府兵"、"齊府兵"等名稱當時是公開的、完全合法的,連皇太子李建成也編組了一支直屬東宫的"長林兵"。其中尤其是"秦府兵",托秦王李世民的福,在打薛仁杲,打劉武周,打王世充、竇建德等幾次大戰役中,迅速地壯大起來。這不僅是因爲在這些大戰役中"秦府兵"一直充當主力,像在洛陽城外殺出威風來的,就是李世民直接編組、統帶的黑甲鐵騎,而且在一連串的勝利中還吸收補充了大量的戰士和將領。就將領來說,尉遲敬德這位勇冠三軍的猛將,就是從劉武周、宋金剛部隊裏投降過來的。和他齊名的秦叔寶、程知節,本是瓦崗軍的驍將,是李密手下最能打的"四驃騎"中的兩員,在李密失敗時先投降王世充,在李建成和李世民第一次進窺洛陽時又都投到了李世民麾下。和他倆一起投到李世民麾下的,還有吳黑闥和牛進達,很可能就是"四驃騎"中另外的兩員。再晚一點,從王世充那邊投過來成爲秦府幹將、李世民親信的,還有張公謹、劉師立、李君羨、田留安等一大批人。還有一些人像段志玄、錢九隴、樊興、李安遠、公孫武達、張士貴等雖然並非降將,也都是跟隨李世民打王世充,而成爲秦府系統將領的。有一些宿將謀臣,像屈突通、宇文士及、蕭瑀、封德彝等,也是因爲參加東征而成了李世民一邊的人。以上這些人,除了蕭瑀、封德彝不會上陣打仗外都是武將。還有文的,當時秦王府、齊王府都合法地設立了文學館,館裏養了許多博學多聞的高級文人當學士,最有名的就是以杜如晦、房玄齡爲首的"秦府十八學士"。其中像房、杜

段志玄像

虞世南像

等是早就跟隨李世民的,大經學家陸德明、孔穎達,大書法家文學家虞世南等七人,是李世民打王世充、竇建德時搜羅來的。李世民的幾次出征,尤其是東征王、竇,平定山東這一次,確實給秦府大大地擴充了實力。

　　實力擴充了,想奪取權力就更有了資本。而且這幾次搜羅來的文武人材,對李世民的思想也有很大影響。切莫認為"秦府十八學士"祇是單純的文人,單純給秦王講點文學、經學和書法,實際上是幫着出點子的高級智囊團,幫李世民用心計來取得皇位的繼承權。主子當上皇帝,大家一起高升,這是他們的最大心願,否則老跟個親王有什麼前途! 武將呢? 尉遲敬德、秦叔寶、程知節之流,說穿了都是亡命之徒,哪個主子對自己親,給自己好處,就替哪個主子賣命。他們當然盼着主子秦王能變成皇太子、皇帝,携帶自己做高官，發大財，即使貼上性命也算不了什麼。

　　但是當上了皇太子的李建成和齊王李元吉，也並非無能之輩，並非糊塗蟲。就軍事上來説，從太原起兵到進軍關中這一階段，大郎李建成和二郎李世民一樣都打得很好，而且李建成幾乎從來没有吃過敗仗，不像李世民那樣在淺水原栽過大筋斗。齊王李元吉丟失過太原，但前面已説過，他那時纔十七歲，以後充當李世民的副手出征洛陽就打得很漂亮，而且從武藝來説，恐怕還比李世民略高一籌。文治上，李元吉没有機會表現，李建成則應該是有一套的，他當皇太子留在長安主持日常政務這一段，連專幫李世民講話的舊史書也無法謗毀，可見是個懂政治、會治理天下的材料，起碼在當時經驗要比年紀小得多的李世民豐富。這兩位皇子對秦王府的活動不會無動於衷。就李建成來説，自己堂堂的嫡長子，當上皇太子是名正言順的事情，弟弟秦王立了點戰功，就把自己擠下去，這可辦不到！李元吉呢？當了秦王的副手，對這位二哥的飛揚跋扈，是看在眼裏的，你是個秦王，我也是個齊王麼，不過比我大了五歲，當了二哥，就那麼處處占先，將來真當上皇太子、皇帝，還不知怎樣呢？倒是建成大哥寬厚多了，做了皇太子也不拿架子，你想擠掉他，我偏站到他一邊，看你是不是擠得成！

　　兄弟之間拉幫結派鬧矛盾，做父親的李淵怎樣來處理？本來，都是自己的寶貝兒子麼，記得二郎世民小時候生病，自己還和他媽媽一起到草堂寺求佛菩薩保佑，二郎的病好了，大家高興得趕快出錢刻了座佛像還願。可是現在他羽毛豐了，連我這個爸爸、這個誰都不敢不尊敬的大皇帝，都慢慢地不在他眼裏了。不錯，在讓二郎當"陝東道大行臺"的時候，曾下過詔書，叫他在所管轄的地方，可以用秦王的"教"①直接下命令，不用向自己請示可否，那是爲了要經略山東，讓他好便宜行事啊！可現在山東州縣祗憑他的"教"辦事，連我下了詔敕都不頂用了。老皇帝李淵真是越想越生氣。有一次和最親信的裴寂在一起，講到這位二郎，歎口氣説："此兒典兵既久，在外專制，爲讀書漢所教，非復我昔日子也！"這"讀書漢"就是房玄齡、杜如晦之流。李淵認爲二郎是被這些人教唆壞的，他不懂在權欲的驅使之下，即使沒有人教唆，也很容易走上這條路。這不是一個人的品質好壞問題，而是我們今天所説的封建地主階級的本性所決定的啊！

　　當時皇太子、齊王和秦王都設法到後宮活動，在老父親的妃嬪中做工作。當時最得寵的尹德妃、張婕好都經常在李淵面前替太子、齊王説好話。秦王的王妃長孫氏，本來也是很會籠絡人的，在老皇帝的妃嬪面前經常裝出一副恭順的模樣，對老皇帝也就是老公公，更能曲盡孝道。無奈李淵對二郎世民已經失去了信心，信任的、喜歡的祗有建成和元吉，在矛盾鬥争中明確地站在李建成、李元吉一邊，再活動也無法把局面倒轉過來了。

―――――――――

①當時規定，秦王、齊王下的命令叫"教"，以區别於皇帝的詔敕。

血濺玄武門

　　李建成、李元吉的公開反攻，是從武德五年（公元 622 年）下半年開始的。

　　前面說過，這年三月裏李世民、李元吉把劉黑闥趕進了突厥，四月裏李世民、李元吉班師回朝，六月裏劉黑闥又借了突厥兵卷土重來。這次，李淵沒有再派李世民而改派李元吉和李建成出征，十月齊王李元吉重返前綫，十一月，皇太子李建成以統帥的身份，率領大軍到河北和劉黑闥周旋。據記載，李建成這次是采納了他的親信謀士太子中允王珪（guī）、太子洗馬魏徵的建議，主動向李淵提出讓自己出征的。王珪、魏徵勸建成乘此機會在軍事上建立功勛，提高威信，同時還可以把河北地區納入自己的勢力範圍，招納當地的英豪來擴充東宮的實力。這也符合李淵的意願，他正想支持東宮和齊府，來壓一壓秦府的氣焰，於是破除了太子不遠征的慣例。

　　李建成、李元吉這次出兵十分順利，他們玩了點政治手腕，沒有對敵人一味鎮壓，衹要不是劉黑闥的死黨，俘虜了也寬大釋放，讓他們回家鄉務農。這種收買人心的辦法可真見效，劉黑闥在河北地區很快被孤立起來。對劉黑闥的主力，則出動大部隊窮追猛打，打得劉黑闥連戰連敗，最後在館陶被唐軍徹底打垮，劉黑闥本人也被舊部捆送給唐軍殺掉。這是武德六年正月的事情，離開李建成出兵還不到兩個月時間，使大家認識到這位皇太子的才能並不亞於秦王李世民。

在以後的兩三年裏，東宮、齊府的實力迅速膨脹起來，洛陽雖然仍爲秦府的死黨張亮控制，河北地區則已成爲東宮、齊府的外援。在長安，東宮兵、齊府兵的數量和戰鬥力合起來大大超過了秦府。李建成、李元吉還不滿足，還要拆秦府的墙脚。辦法先是收買，這本也是秦府慣用的手法，這時候東宮、齊府用同樣的手法收買秦府尉遲敬德、段志玄、李安遠等勇將。尤其是尉遲敬德，李元吉是領教過他的武藝的，據說李元吉擅長在馬上使稍，有一次當場比試，纔交手李元吉的稍就被尉遲敬德奪過去，一連奪了三次。收買這號勇將，就得花上一大車金銀寶器。無奈敬德不識相，堅決不幹，段志玄也拒絕收買。但被收買脫離秦府的或者怕李世民垮臺主動離開秦府的，爲數總還不少。

收買是暗的，明的還有一套手法，把秦王府裏的人調到外地去做官，一去又是一大批，等於叫秦王府散伙。對鐵心緊跟李世民的大謀士，"十八學士"中爲首的杜如晦和房玄齡，則讓李淵出面，把他倆斥逐出秦府。這一切反正都有李淵這個老皇帝在支持着，主持日常政務的皇太子李建成，也有權這麼幹，李世民有什麼辦法。

到了武德九年（公元 626 年）五月，李建成、李元吉利用突厥入侵的機會進一步收拾李世民。李建成推薦李元吉充任統帥帶大軍北征，李淵當然同意，李元吉就親自點了秦府勇將尉遲敬德、秦叔寶、程知節、段志玄的名，命令他們統統隨軍。還把秦府兵的花名册子要到手，挑選其中的精銳，編進自己的部隊。秦府兵眼看就得徹底瓦解。

李世民到了生死關頭，慌忙召集最信得過的少數死黨在秦王府密商。這時大謀士房玄齡、杜如晦已被皇帝斥逐出秦王府了，

長孫無忌像

李世民叫舅爺長孫無忌把他倆找到，他倆不敢違背詔敕，李世民拔出佩刀交給尉遲敬德，硬把他倆叫了回來。

正當這伙人在盤算謀畫、舉棋不定的時候，李世民突然得到通知，六月四日這天一早要去大內①臨湖殿，由皇帝親自處理他和李建成、李元吉之間的矛盾糾紛。這當然是李建成、李元吉甚至是老皇帝對李世民的最後措施，好一點也得剝奪李世民的一切職權，挂着個秦王的空爵位，老老實實地在長安閒住，壞一點的就更不堪設想。堂堂的秦王豈能就此束手待斃，不如還他更毒辣的一手，立即對李建成、李元吉來個肉體消滅。什麼親哥哥、親弟弟，殺哥哥、弟弟的事情在過去多得很呢！爲了保存自己，爲了奪取政權，什麼也在所不惜。

要動手就得搶在去臨湖殿之前，緊要的是選擇好下手的地點。臨湖殿在大內西北角北海池、南海池之間②，而大內的東鄰

①當時長安宮城裏皇帝住的地方還祇叫大內，正式命名爲太極宮，是後來的事情。
②北方因爲水少，往往把不大的湖也叫"海"或"海池"。今天北京的北海、中南海也就是這樣叫起來的。當時大內也有三處海池，北海池、南海池都在大內西北角，東北角還有一個東海池。

就是太子居住的東宮。李建成這天清早去大内,最方便的路綫是
先出東宮的北門,沿城墻向西到達玄武門,進了玄武門,再向西就
可直達臨湖殿。李元吉經常住在齊王府裏,但他和李建成一鼻孔
出氣,這天早上肯定會先去東宮同李建成一起進大内,也許頭天
晚上就先住在東宮裏。這就好辦,由李世民、長孫無忌挑選武藝
高强的少數死黨,在四日這天,更早地在玄武門裏邊找個地方隱
蔽起來,等李建成、李元吉進了玄武門,就包圍上去下毒手。玄武
門不是有禁軍把守嗎? 禁軍的指揮部——屯營不也在玄武門外
嗎? 不要緊,大内裏本有給秦王、齊王臨時居住的宮殿,秦王、齊
王經常帶着警衛、挂着弓刀從玄武門出出進進,禁軍誰也不敢過
問一聲。何況禁軍首腦敬君弘本是太原起兵時的老人,和李建
成、李元吉平素沒有什麼往來,不是他們的黨羽。敬君弘手下的
常何,在建成出征河北時倒曾隨軍打過仗,但又接受過李世民的
私人饋贈,起碼不會幫着李建成跟秦王爲難①。至於維持京城治
安的雍州牧,本來就是秦王挂名兼領着的,長孫王妃的舅父高士
廉是雍州治中,有實權,讓他帶同吏卒,並把囚犯放出來,統統拿
上武器,支援城裏的行動。這時候,被秘密通知參加行動的高士
廉、侯君集等死黨,已陸續來到秦王府,聽候李世民分配任務,空
氣真是緊張到萬分。李世民還感到沒有把握,心很虛,要燒灼龜
甲來占卜一下吉凶②。正好一個死黨、以力氣大著稱的張公謹趕

①這裏所講的選擇玄武門内行凶的理由以及禁軍的態度,和一般説法不一
　樣,是我根據可靠的史料加以分析後纔弄清楚的。我另外寫有文章,這裏
　不再細説。
②用烏龜的腹甲燒灼後看裂紋的形狀,是商代就通行的占卜吉凶的方法,到
　唐代這種迷信活動還未斷種。李世民雖然高明,畢竟是個封建社會的人
　物,要求完全擺脱這類迷信活動是不現實的。

到,拿起龜甲朝地下一摔,説:"還卜什麼! 卜了個凶兆難道罷手不幹?"

六月四日早晨,皇太子李建成和齊王李元吉在談笑聲中,並馬進入玄武門,他倆事先已清楚,在臨湖殿上的秦王將得到什麼結局,所以顯得那麼輕鬆愉快,毫無半點戒備之心,連警衛也不曾帶一個。進了門纔向西拐,突然一陣馬蹄響,秦王李世民和長孫無忌帶着尉遲敬德、侯君集、張公謹等九名秦府死黨,衝上前來。李建成、李元吉情知不妙,撥轉馬頭向東加鞭快跑,想跑到御賜齊王的武德殿找警衛,後面十一騎緊緊趕上。李元吉連忙拉出弓,搭上箭,心慌了,就是射不成。這邊李世民的弓弦倒響了,一支長箭對準李建成嗖地飛過來,正中要害,李建成立即墮馬死去。很快李元吉又中了一箭,跌下馬背,李世民趕過來要下手,馬被樹枝絆住,也狠狠摔了一交。李元吉翻身起來,和李世民肉搏拼命,弓已奪到手,聽背後尉遲敬德一聲大喝,趕快丟開就跑,尉遲敬德的馬更快,追上一箭,射死了李元吉。

門內出了大事,玄武門外邊的東宮、齊王府死黨不會絶無所知。很快,東宮、齊王府的大隊人馬來到玄武門外,要禁軍讓他們進去救主子。敬君弘這位禁軍首腦還沒有弄清楚情況,祇是職守攸關,哪能隨便放這麼多武裝部隊進入皇帝所在的大內。東宮、齊府兵不容分説,一擁而上,敬君弘和另一員守將呂世衡當場被斫殺,常何跑得不知去向。幸虧秦府兵也趕到了,同禁軍一起在玄武門外和東宮、齊府兵展開一場混戰,東宮、齊府兵人多勢衆,秦府兵、禁軍支持不住,東宮、齊府兵馬上要衝進玄武門。在現場行凶的張公謹跑過來把大門閉上,死死頂住。很快,李建成、李元吉兩顆人頭在城樓上挂起來了,東宮、齊府兵一看主子已死,希望破滅,祇得紛紛逃散。

唐高祖的獻陵

　　在這同時，也對李淵采取行動，尉遲敬德殺氣騰騰地挺起長矛，一直跑到臨湖殿。李淵和裴寂等宰相大臣正等得不耐煩，看到尉遲敬德這副模樣，都驚呆了。尉遲敬德說："秦王以太子、齊王作亂，舉兵誅之，恐陛下驚動，遣臣來宿衛。"下文自然不用細說了，李淵被迫下了手敕，叫所有軍兵都受秦王統轄號令。六月九日，立李世民做皇太子，大小政事都歸皇太子處理，皇帝不再過問。八月八日，皇帝下詔傳位於皇太子，二十九歲的李世民做了皇帝，太子妃、也就是原先的秦王妃長孫氏成爲皇后。新皇帝李世民也尊老皇帝父親李淵爲太上皇，把西苑裏自己住過的弘義宮改名爲大安宮，請太上皇搬出大内，住進去養老。第二年正月，皇帝李世民改元貞觀。貞觀九年，太上皇李淵以七十高齡病死在大安宮，被謚爲大武皇帝，廟號高祖，因此後來寫歷史書的人就都稱他爲唐高祖。

　　李建成的五個兒子和李元吉的五個兒子統統被處死，女的一概没入後宮當奴婢。李元吉的王妃楊氏長得漂亮，成爲皇帝李世民的妃嬪，很受寵愛。貞觀十年長孫皇后死後，李世民還想立她

做皇后，被魏徵勸止住。這一切，你說殘酷不殘酷，這就叫封建社
會啊！如果李建成、李元吉成功了，秦王李世民的妻兒還不是同
樣的命運。如果李建成、李元吉再鬧矛盾，發生火併，還得有一家
遭受這樣的命運。這決不是誰的秉性嚴酷或寬慈的問題。

　　好了，玄武門的血迹已經衝洗乾凈了，統一戰爭也早勝利結
束了。現在得看李世民、也就是有名的唐太宗怎樣做皇帝，怎樣
出現歷史上的"天可汗"和"貞觀之治"。

雪　恥

在漢族周圍,在我國邊境,向來是少數民族活動的地區。少數民族的老百姓和漢族的老百姓是友好的,但是他們的統治者除了壓迫自己的老百姓外,還要侵犯、奴役其他民族包括漢族在內的老百姓,甚至這些民族的統治者,這和漢族的統治者也會欺侮少數民族和他們的統治者一樣。祇有到今天各族人民自己當家做主,有了正確的民族政策之後,纔永遠不會重演這種互相欺侮、互相侵犯的悲劇。

從漢族來説,歷史上的侵略往往來自北方。南方也有少數民族,但多數是從事農耕的,即使處在奴隸社會,他們的奴隸主想搶點漢人來當奴隸耕田,爲數也不會很多。因爲他們居住、生活得很分散,力量不大,倒是漢族統治者欺侮他們的事情,發生得更多一些。西邊呢,狹義的西域包括今天的新疆維吾爾自治區和中亞地區,分布着不少有水草可種植的小緑洲,少數民族就在這些小緑洲上,分別建立起自己的政權,種糧食,種西瓜、葡萄,通過所謂"絲綢之路"做買賣,也不喜歡打仗侵略。祇有北方,覆蓋着大片大片的沙漠,有點水草也祇適宜放羊牧馬。因此生活在這裏的少數民族都以遊牧爲生。他們從小就會騎馬,男的都是騎馬打獵的好手,也是衝鋒陷陣、能征慣戰的勇士,一旦出了個有本領的部落首領,能把其他小部落聯合起來,就有足夠的力量向南邊的農耕

突厥石人

地區侵略。遠的不說，從戰國、秦、漢算起，先是匈奴，再是鮮卑，再是柔然，到南北朝後期柔然不行了，又是突厥，一個接一個地給以漢族爲主的中原老百姓以及統治者很大的威脅。

北朝的北周、北齊，首先吃了當時還在奴隸社會的突厥的苦頭，對付不了，就對突厥大筆地賄賂，希望突厥幫助自己來打擊對方。當時突厥的首領佗鉢可汗①就曾狂妄地說："祇要我在南邊的周、齊兩個兒子孝順，我還怕短少金寶財帛！"這種局面到隋統一後纔扭轉過來。隋文帝楊堅在突厥最高首領沙鉢略可汗大舉南下時，曾派兵分道出塞把他打退。接着，另一個阿波可汗和沙鉢略發生矛盾，逃到西邊和達頭可汗聯合起來鬧獨立，突厥分裂成東、西兩個政權。東突厥的沙鉢略爲了取得隋朝支持，轉而向楊堅稱臣。以後東突厥又內亂，沙鉢略的兒子突利可汗戰敗投隋，隋文帝封他做啓民可汗。啓民可汗回去取得了政權，和南邊總算和平相處了一個時期。隋末中原大戰亂，很多漢人北投東突厥，東突厥在啓民可汗的兒子始畢可汗手裏又强大起來，戰士號稱上百萬。好多北方的封建割據者甚至農民軍首領，像劉武周、梁師都、薛舉、王世

①"可汗"是北方少數民族首領常用的稱號。

充、竇建德等，都先後向東突厥借過兵，向始畢可汗稱過臣，接受過賜予的狼頭纛①，封個"定楊可汗"、"大度毗伽可汗"之類的稱號，不管他們這麼做是被迫還是自願。

太原起兵時李淵父子遇到的難題，也是怎樣對付東突厥。爲了避免東突厥在背後搗亂，避免進軍長安時腹背受敵，李淵也曾讓二郎世民和世民的親信劉文靜跟突厥拉關係，而且被迫地也和劉武周等人那樣向始畢可汗低頭稱臣。李世民則和始畢可汗的兒子什鉢苾結盟爲兄弟。稱臣對準備做中國大皇帝的李淵講起來，當然是奇恥大辱，但"好漢不吃眼前虧"，爲了成大事，恥辱衹好暫時忍受。劉文靜被派去見始畢可汗，回來報告了可汗支持李淵的條件："由可汗派二千騎兵隨同唐公李淵的大軍進攻長安，進了長安后土地、老百姓歸唐公，財帛、金寶則要送給突厥。"也真够苛刻。

長安的財帛金寶是要送一些的，可哪能都送給突厥，始畢可汗慾壑難填，在武德二年（公元619年）竟帶兵入侵太原，他中途病死，突厥兵纔退走。繼承始畢可汗的是他的弟弟處羅可汗，處羅死了，繼承的是弟弟頡利可汗。頡利的侄兒、始畢的兒子什鉢苾則成爲突利可汗，在頡利手下專管東邊各部族。這幾位可汗也多次出兵侵擾過北邊的州縣。

到武德七年（公元624年），頡利、突利竟大舉南侵，李淵派齊王李元吉和當年跟突利結過兄弟的秦王李世民去抵敵。因爲敵衆我寡，硬打不是辦法，李世民機智地利用了頡利、突利叔侄之間的矛盾，施展了一次反間計。他帶了小隊騎兵上陣先和頡利對

———————————

①古代把大旗叫作纛（dào），狼頭纛是在大旗上加個狼頭。因爲突厥民族以狼爲圖騰，當時也把這種狼頭纛，賜給臣服的漢族首領。

話，責備頡利爲何無故南侵，表示要打的話，唐軍已有充分準備。接着又到突利陣上，向突利拉盟兄弟關係。頡利不明底細，生怕突利和李世民勾結起來對付自己。李世民又派人再次做突利的工作。頡利最後還是想要打，突利已不肯幹。頡利祇好和唐軍講和，接受金帛後退兵。

　　武德九年（公元 626 年）六月，發生了玄武門政變。前面説過，在這次政變之前，準備讓齊王李元吉當統帥出兵抵禦突厥。政變成功，李世民當上了皇太子、皇帝，到八月裏頡利真的帶着突利一共十幾萬人馬大舉南下，武功、高陵、涇陽都受到突厥鐵騎的蹂躪。京城長安戒嚴，李世民動員大小將領統統帶兵上陣，在渭水的便橋之南和突厥大軍對峙。做了皇帝的李世民仍舊親自出馬找頡利對話，責備他不守信約。頡利看到唐軍的聲勢也很浩大，沒有敢動手，同意講和，和李世民在便橋再一次訂立盟約，得了金帛退兵。

　　一次次戒嚴、抵禦，送金帛講和，中原的統治者和老百姓實在被東突厥騷擾得無法安生。要國泰民安，非把這個災難消除掉不行。

　　正好，第二年貞觀元年（公元 627 年），東突厥内部發生一連串問題。先是接連下大雪，凍死不少賴以爲生的牲畜，到處鬧饑荒。頡利却不管好歹，仍舊一味向各部族橫征暴斂，弄得民不聊生，薛延陀、回紇等部紛紛叛離。頡利叫突利帶兵討伐，吃了敗仗，被頡利痛打一頓，扣押了十多天。突利氣極了，心一橫，索性投靠南邊的盟兄唐朝皇帝，在貞觀三年，真的向李世民遞了降表。頡利出兵打突利，突利就帶了部落逃到長安。

　　這麼好的機會怎能放過。就在貞觀三年（公元 629 年）十一月裏，李世民調動十多萬人馬，派大將李靖、李勣以及柴紹、薛萬徹等分任各道行軍總管，由李靖統一指揮，大舉進攻東突厥。

　　李靖六十歲了，他是當年隋朝名將韓擒虎的外甥，是平定過長江中下游在統一戰爭中立過大功的老軍事家，精通孫吳兵法①。這一次他采取了出其不意、攻其不備的戰術，不辭勞苦地親自帶領三千精騎，在貞觀四年（公元 630 年）正月從馬邑出發，夜襲頡利牙帳所在的定襄城（今内蒙古清水河縣），頡利想不到唐軍來得那麼快，先逃到砂磧口，接着又逃進陰山北邊的鐵山。李勣指揮的另一路大軍從雲中（今山西大同）出發，到白道（今内蒙古呼和浩特西北）找上突厥兵，也打了一個大勝仗。

　　頡利慌了，想來個緩兵之計，派人見李世民請求降附，還説準備親自入朝。李世民表示同意，下詔叫李靖派兵迎頡利來長安。這時李靖、李勣兩軍，已在白道會合，商量下一步的行動。李靖弄清楚頡利是假投降，想等草青馬肥時遠遁到大砂磧以北，主張不能放鬆，應該乘機立即直搗鐵山，活捉頡利。這年二月，李靖軍出動，李勣軍跟上，到陰山俘虜了一千多帳突厥人。正巧起了大霧，唐軍就在大霧裏繼續奔襲頡利牙帳。頡利認爲唐

李勣像

①《孫子兵法》和《吳子》是我國古代著名的軍事理論著作，通稱“孫吳兵法”。

軍不會來了，李靖的先頭騎兵到了牙帳七里外，他纔知道，跳上快馬就逃。逃不及的突厥人，被斬殺上萬，十多萬人成爲俘虜，二十多萬牲畜也都成爲唐軍的戰利品。這時，頡利手下還剩上萬人，正想越過砂磧，李勣的大軍已出現在磧口。頡利帶了幾個親信北逃，到三月裏在荒谷中被抓住，其餘統統投降。唐軍凱旋，頡利被押送到長安。

當年向突厥稱臣的恥辱，統統洗雪了，李世民高興極了，大赦天下，大酺①五日，讓老百姓共同歡慶這次偉大的勝利。宮廷裏也熱鬧起來，在凌煙閣舉辦大宴會，皇帝、太上皇、親王、妃嬪、公主、大臣都到場。太上皇李淵身體還硬朗，親自彈琵琶，皇帝李世民在音樂聲中起舞，大臣們輪流敬酒，高呼萬歲。

慶祝過了，剩下的是怎樣處理俘虜來的和表示降服的東突厥人，還有突利可汗投奔時帶來的東突厥人。送到長安的頡利可汗好辦，對少數民族的可汗、酋長們，李世民一向主張寬大爲懷，先讓頡利和家屬住進太僕寺，給予優厚的生活待遇，以後準備外放他到虢州去做刺史。因爲州內多獐鹿，可以讓這位突厥首領閑着打獵消遣，免得鬱鬱寡歡。頡利不願，就留他在京城做右衛大將軍，還賜給田地住宅。麻煩的倒是頡利、突利管領的上十萬突厥人，應該怎麼安置，李世民讓大臣們發表意見。有的主張用强制的辦法，把他們統統遷到現在的河南、山東一帶，分散在各州縣安

---

① "大酺(pú)"，有時也簡稱爲"酺"。"酺"本是民間聚會吃喝的意思，封建社會爲了防止老百姓有不軌活動，禁止無故聚會吃喝，但遇國家大喜慶時，就開禁讓老百姓吃喝幾天，樂一樂。這種做法，在秦、漢時代已有了，到封建社會後期平時聚會吃喝已不算犯法，大酺幾天的事情纔少起來，以至消失。

家落戶，學着種地、織布，讓他們同化成內地的農民。魏徵主張索性把他們都放回故土，認爲和老百姓雜居，會像西晉時"五胡"那樣發生變亂。更多的如溫彥博等人，則主張把他們遷到邊塞附近，保存他們的部落組織，由政府設置軍事機構管理，讓他們替國家捍邊出力。李世民采用後一種主張，

《資治通鑑》卷一百九十一

……吾接位日淺，國家未安，百姓未富且當靜以撫之。一與虜戰，所損甚多，則吾未可以得志矣。虜結怨旣深，懼而脩備，故卷甲韜戈，啗以金帛，彼旣得所欲，理當自退，志意驕惰，不復設備，然後養威伺釁，一舉可滅也。將欲取之必固與之，此之謂矣。

《資治通鑑》中有關唐朝攻滅突厥的記載

在突厥故土的南邊邊塞附近，設置了羈縻州，讓酋長們充當羈縻州的刺史或都督，管領他們原來的部落。東邊突利原來統轄過的地方，設了四個羈縻州，西邊頡利統轄過的地方，設了六個羈縻州，上面再成立軍事機構定襄、雲中兩個都督府，作爲這些羈縻州的總管。突利當時已是中央的右衛大將軍，封上北平郡王，這時帶了部落到故土順州出任都督。後來，李唐政權對其他少數民族用兵時，這些東突厥部落真還出過力。

當然，這種羈縻政策，仍舊不是平等對待少數民族的政策。把頡利打跑後繼續窮追，非把人家全部殲滅俘虜不可，今天看來也是做過了頭的。但總比把別的民族打敗了統統弄來做奴隸，甚至大批殘酷屠殺，要文明得多。一個封建皇朝，一位封建皇帝，能做到這一步，平心而論已經很不容易。

前面講過，突厥可汗的聲勢曾經是不可一世的，現在居然很

快被唐朝皇帝所俘虜、所征服，而且這種恩威兼施的一套，也使西北的其他少數民族心悦誠服。於是他們的可汗、酋長，都尊稱李世民爲“天可汗”！

治天下

　　邊塞的戰火暫時熄滅了，讓我們
來看看内地的老百姓，看李世民怎樣
來統治好這些老百姓。

　　當時的黄河中下游一帶，經過十
多年的大戰亂，已弄得十分荒涼殘破。
大業初年，隋朝全盛時期，全國除了少
數民族以外，登記到户籍簿上的就有
八百九十萬户，到唐建國初武德年間，
却祇剩下二百多萬户，還不到隋朝的
四分之一①。無怪乎在討論如何處理
降附的突厥部落時，有人主張安插到
現在的河南、山東當農民，大概就有用
來充實户口的意思。當然這不是個辦
法，被否定了，要富庶起來祇有靠老百
姓自己努力，同時政府還該拿出有效

唐太宗像

----

①當時的户籍簿是作爲徵收賦税的依據的，因爲有逃避賦税這一原因，所以
　户籍簿上的户數、人口數總比真實數字要少許多，像今天這樣比較精確的
　人口統計數字，在封建社會裏是不可能有的。

的政策。

　　在封建社會裏，封建統治階級總得壓迫剝削農民，李世民這位封建大皇帝當然也跳不出這個大框框。但是在大框框裏也可以有點小辦法，就是不要對農民剝削得太狠、壓迫得太凶，隋煬帝楊廣不就是做得太凶狠，引起老百姓武裝叛亂，最後亡了國嗎？李世民對這個表叔的一生，是十分清楚的。他和大臣們談論如何治理天下時，經常把他這個表叔隋煬帝作爲鑒戒。

　　李世民曾對大臣們説："往昔初平京城，宮中美女珍玩，無院不滿，煬帝還嫌不足，徵求没個完，加上他東西征討，窮兵黷武，百姓不堪其苦，結果隋朝滅亡了。這都是我親眼看到的。我現在所以整天這樣孜孜不倦，祇是想要清静，使天下無事。"有位大臣王珪，也對他説："古時帝王爲政，都志尚清静，以百姓之心爲心，近代帝王則祇知損害百姓來滿足自己。"李世民君臣們在這裏説的"清静"，當然不是《老子》這本書裏所説的"清静無爲"，不要去管老百姓，而是主張加在老百姓頭上的兵役、徭役減輕一些，讓老百姓能够生活得下去，切不能像隋煬帝那樣祇顧自己鋪張享樂，向老百姓誅求、剝削得没有底，否則就會反過來使自己滅亡，什麽也剝削不成。李世民君臣經常喜歡引用的"君者舟也，庶人者水也，水則載舟，水則覆舟"這幾句話①，就是講的這個道理。這當然仍舊是站在封建統治階級立場上説話，爲封建統治者自己打算，不是真像王珪所説的"以百姓之心爲心"。但和隋煬帝那套做法比起來，總高明一些。它對封建統治者有好處，老百姓在客觀上也受到點它的好處。

―――――――――

①這幾句話見於《荀子》的《王制》篇裏，意思是君主好比是舟船，百姓好比是河水，水能托起舟船，也能把舟船掀翻。

　　在武德年間，老皇帝李淵當政時，就想推行"均田制"。這是北魏以來的老制度，北齊、北周、隋朝都推行過。武德七年（公元624年）頒布的《均田令》規定：年滿十八歲的男子，由政府授田一百畝，其中八十畝是"口分"田，死後要歸還政府，二十畝叫"永業"田，死後可以傳子孫；六十歲以上的老人以及殘廢人、長期有病的人，永業田二十畝，口分田減少爲二十畝；死了丈夫的婦女，永業田二十畝，口分田減少爲十畝，這些人如果是户主，還可增加口分田二十畝。當然，這套辦法是不可能真正實行的，天下的土地哪能分授得那麼平均？而且有的地主占了幾百畝，甚至成千上萬畝地，政府能把它没收來分給無田少田的農民？這樣做豈不是在消滅地主階級，這成什麼封建政權。事實上無非是承認現狀，在各人各户的私有田地上，加個"永業"、"口分"的名稱而已。永業田不必繳還政府，多到成千上萬畝也没事。少的或者貧無立錐之地的，政府可以分給一些無主的荒地，没有無主荒地或不夠分，也就管不了許多。不過，這麼做對發展生產多少總有點好處。經過戰亂，原來的田主死掉了，黃河中下游大地主被農民軍殺死的更多，無主荒地在一些地方有的是，分授給無田少田的農民，不光可以恢復生產，還增加了國家的賦税收入。當然，這套制度是在李淵手裏制定的。現在有些教科書，把它説成李世民的功勞，是不對的。但它確實給李世民治理好天下、恢復生產，創造了條件，而且李世民本人也繼續在這麼做。像貞觀十一年（公元637年）暴雨成灾，就下詔把一些離宫别館的土地，分給洛陽的受灾户耕種。

　　賦税，尤其是徭役、兵役，不能再像隋煬帝時候那麼苛重了。武德二年（公元619年）頒布了歷史上稱作"租庸調"的賦税法，規定年滿二十一歲成丁的男人，每年向國家繳納粟二石，叫作租；繳納絹或綾、絁等絲織品二丈，如果繳布要二丈四尺，繳綾、絹之類的,附加三兩絲綿,繳布的附加三斤麻,這都叫調;庸,就是徭役,規定成丁的男人一年服役二十天,不需要服役時一天折繳三尺綾、絹,服役時間增加十五天就免調,增加三十天,調和租都免掉①。以上這些纔算是對國家的"正供",另外零星的稅收、雜差還有一些,但比隋煬帝時動不動徵發幾十萬、上百萬老百姓,來替他開運河、築長城,總算寬厚得多了。

　　到李世民手裏,還好多次找機會予以減免賦稅。例如,武德九年(公元 626 年)八月他剛做上皇帝,就讓關內各州和附近六個州免掉二年租,通天下還都給復(免租稅、徭役)一年;貞觀元年(公元 627 年)六月,山東大旱,免掉一年租賦;貞觀四年十月皇帝去隴州,岐州、隴州免掉一年租賦,等等。當然,這類減免在過去各個朝代也常有,武德年間李淵當皇帝時,也這麼做過。而且真得到好處的,衹有地主和自耕農,租種地主土地的佃户並没有得好處,加上里正②從中搗鬼,恐怕連自耕農得到的好處也有限,但究竟比隋煬帝時衹有橫徵暴斂,很少減免,總要强得多。

　　再說兵役,自從西魏創設了"府兵"制,隋代繼續執行,這衹是讓一部分農民編進軍府兼服兵役。隋煬帝却把軍府和服兵役的人無限制增加,弄得"掃地爲兵",打高麗一下子就動用兵力一百十三萬。李淵做皇帝後,深知不能這麼胡來,衹在關中地區重設了少數軍府。到李世民時,天下統一,軍府(當時叫折衝府)在關

---

① 這種"租庸調"當然還有不合理的一面,每個人負擔相同,但每個人擁有的田地却多寡不一,田多的富户固然無所謂,田少的窮人就繳不起,衹好偷偷地離開家園,跑到他鄉謀生,成爲所謂"逃户"。到武則天掌權時,"逃户"越來越多,成爲嚴重的社會問題,這是後話。
② 舊社會的保甲長之流。

中以外當然還得設置一些，總起來也不過六百多個。編進軍府充
當府兵的農民，一律免掉"租庸調"，平時照常耕種，打仗或到京城
輪流擔任警衛時，纔暫時離開家園。其他没有名列軍府的更廣大
的農民，就可以不再承擔兵役。偶爾要組織在邊疆的大戰役，也
改用臨時招募的辦法，不作硬性强制。這樣，農民就可以比較安
定地在土地上勞動，用李世民的話來説，這是"不誤農時，使百姓
自在地種田"。

　　安定社會秩序的另一個辦法，是减輕刑罰，古人説得文雅點，
叫"慎刑"。隋朝初年制定的刑律本來比較寬平①，到煬帝想用嚴
刑峻法來鎮壓老百姓，結果弄得"人不堪命"，起來造反的反而更
加多起來。李世民吸取教訓，堅決不再來這一套。他的父親李
淵，叫裴寂等制定的唐律，已比隋煬帝時候寬平了，基本上恢復到
隋初的格局。李世民則叫人再加修訂，在很多地方進一步改重爲
輕。例如，原來規定要處絞刑的某些罪，改成流放服勞役；原來規
定要大辟也就是斬首的某些罪，判處也酌量减輕，總之决不隨便
亂殺人②。真要殺，在手續上也作了嚴格的規定，都得由宰相、各
部尚書和四品以上的重要官員討論决定，决定了還得經過五次復
奏纔能執行，以免出現冤獄，把人錯殺。有時候按照刑律的條文
雖應殺，但又情有可原，李世民吩咐要把案情上奏，經過仔細研究
後再處理。"死者不可再生，用法務在寬簡"，這是李世民的原則。
據記載，貞觀四年（公元 630 年）這一年裏，全國衹判處了二十九
個死刑犯。這也許有點夸張，但當時老百姓生活在比較緩和的氣

---

① 當然這種寬平衹是站在封建統治階級立場上的寬平。
② 這個唐律到高宗永徽年間，又經長孫無忌等修訂，並加了解説，就是流傳
　到今天，而且在國際上頗有聲譽的《唐律疏議》。

氛裏,不再擔心嚴刑峻法,總應該是事實。

慎刑法,輕賦役,這是爲恢復發展生產創造條件,要農業生產發展得更快一點,還得興修水利。根據史書記載,貞觀年間興修的大小水利工程,就有三十多起。其中如觀音陂灌溉田畝一百頃,雷塘和勾城塘灌溉八百頃,使糧食增產可以得到保證。

因爲經過戰亂,戶口數字大大下降,在發展生產的同時,還得獎勵增殖人口。在貞觀元年(公元 627 年),李世民就下了個叫地方官勸勉民間嫁娶的詔書,規定男的年滿二十,女的年滿十五,就可以結婚。還鼓勵鰥(guān)夫、寡婦再婚,并且把老百姓是否婚姻及時、鰥夫、寡婦再婚的人數是多還是少,戶口是增加還是減少,作爲考核刺史、縣令政績的一個標準。另外,生了男孩的,有時還給予物質獎勵。如貞觀三年,下詔賞賜孝義之家和年八十以上老人的同時,還規定當年婦人生了男孩的,一律賜粟一石。因爲當時的生產主要是農業,男的多了,就增加農業生產的勞動力。

農業生產最怕天災,而貞觀元年到三年之間,偏偏連年有天災,連年鬧災荒。貞觀元年六月,山東諸州大旱;八月,關東和河南、隴右沿邊諸州霜害秋稼,關中也鬧饑荒,發生賣兒賣女的事情。貞觀二年,天下到處鬧蝗災,河南、河北大霜成災,鬧饑荒。貞觀三年,關中諸州鬧旱災,其他廣大地區鬧水災。李世民對此極爲重視,作出了種種救災的措施。一是前面説過的減免山東地區貞觀元年的租賦。再是在貞觀二年四月下詔叫天下州縣都設置"義倉",規定不管是誰的田地,每畝繳納二升粟、麥或粳稻,存貯到義倉裏,鬧災荒時就開倉救濟災民,或者借貸給災民作爲種子,秋收後再償還。根據史書記載,開義倉救荒的事情在貞觀年間就有好多次,説明設置義倉在當時確實對老百姓有點好處。貞觀二年蝗蟲成災那一次,李世民親自到禁苑看莊稼,抓了幾枚正

雨中耕作圖(敦煌唐代壁畫)

在吃莊稼的蝗蟲，說："人以穀爲命，而汝食之，是害於百姓，百姓有過，在予一人，爾其有靈，但當蝕我心，無害百姓!"說罷，把蝗蟲吞下了肚子。當然，我們今天懂得，對待害蟲衹有發動群眾把它消滅，李世民這種認爲蝗蟲是上天降災，要用自己的心臟來代替莊稼受災的做法，是迷信的、不明智的，甚至很可能是故意做個樣子給老百姓看。但是封建社會的老百姓知道了，也真可能被感動，多少能起點穩定人心的作用。

　　休養生息，度過困難，到貞觀四年(公元 630 年)居然就迎來了大豐收，過去逃荒的人都重新返回家園。以後又連年豐收。即使再發生點天災，像貞觀七年八月山東、河南三十州發大水，貞觀八年七月山東、河南、淮南又發大水，貞觀十一年七月洛陽發大水淹死六千多人，九月陝州、河陽黃河泛濫，貞觀十二年冬到十三年五月，又乾旱少雨，却再也不會重演賣兒女逃荒的慘劇了。從米

"貞觀"聯珠印

價來看，貞觀初年鬧灾荒時，一匹絹①祇能換到一斗米。貞觀四年以後，一斗米祇要四五文錢，有時祇要三文錢，一匹絹可以買到粟十幾石②。從長安東到海邊，南去嶺南，路上可以不用帶乾糧，到什麼地方都能吃上飯。戶數呢？前面説過，武德年間已祇剩二百多萬，到貞觀末永徽③初，僅僅二十多年，就增加到三百八十萬。可見中國老百姓即使在封建社會，也有强大的生命力，同時也讓大家在這裏看到了李世民治理天下的功績。

這就是歷史上所説的"貞觀之治"，從某種意義來説比"天可汗"這個稱號更光彩的"貞觀之治"。

①當時絹不光可以做衣服，還和錢那樣用來作爲貨幣進行交換，至於金銀在當時祇算貴重物品，可以饋贈賞賜，可以做金銀器皿和種種裝飾品，不作爲貨幣。
②當時粟和米的比價一般是 3 比 5。
③永徽是李世民的兒子唐高宗李治剛即位時用的年號。

用　人

　　"一朝天子一朝臣"，這句話在封建社會多少是説對了的。不要講改朝換代了，就在一個朝代，新皇帝即位後也常把老皇帝的人掉換。因爲他自己周圍也有一批人麽，這些人圍着他圖個什麼？高明的皇帝也是這麼做的，不過他同時還要考慮，用的人是否有才能。有才能，即使過去不是自己人，而現在可以成爲自己人的，照樣要用；否則，即使是自己人也不便重用。李世民即位後，就是這麼做的。這也是能够出現"貞觀之治"的一個原因。

　　用人，最緊要的自然是要用好宰相，這是替皇帝出謀劃策，協助處理國家大事的關鍵性人物。李唐政權建立後，承用隋朝的辦法，設立了尚書省、中書省和門下省①。尚書省的長官是尚書令和輔助尚書令的尚書左僕射(yè)、尚書右僕射；中書省的長官是中書令，有二名，不分左右；門下省的長官是侍中，也有二名，不分左右。以上這些都是正式的宰相。他們的分工，按照規定是：中書令秉承皇帝的意旨，草擬詔令；侍中加以審核，認爲不合適，可以批駁退還；尚書令、左右僕射則領導尚書省下面的吏、民、禮、

①在古代，"省"是政府機構的名稱，元代纔在地方上設立"行中書省"。到明、清，"省"就成爲一級地方行政區劃，一直沿用到今天。日本人當年向唐朝學習，到今天仍舊用"省"來稱中央各部門，而沒有改用其他字眼。

兵、刑、工六個部①，承受詔令處理日常政務。武德年間，做過尚書令的，祇有秦王李世民，但他實際上經常帶兵出征，祇算是挂個名。其他宰相中，地位最高的是裴寂，其次是和李世民關係密切的劉文靜。劉文靜做了不到一年，就和裴寂鬧矛盾，被處死。到武德九年玄武門之變前夕任宰相的，在裴寂以下還有蕭瑀、封德彝、陳叔達、宇文士及、楊恭仁一共六個人，李世民曾加授過中書令，李元吉加授過侍中，仍都是挂名。

　　這個老班子中，裴寂是李淵的親信，李世民當然不能讓他繼續執掌大權，祇是礙於太上皇的面子，不便馬上破臉，直到貞觀三年（公元 629 年），纔找個罪名，將他貶出長安。楊恭仁長期在地方上當總管，和秦王府沒有什麼特殊關係，李世民上臺不久讓他轉任雍州牧，以後又外放洛陽當洛州都督，發揮他當地方官的特長。封德彝則據説既和李建成、李元吉有聯繫，又對李世民表示忠誠，是個兩面討好的圓滑官僚，地位不會動搖，貞觀元年老病死去。陳叔達在李淵面前替李世民説過好話，蕭瑀、宇文士及都跟隨李世民打過仗，宇文士及還做過秦王府的官，參與過玄武門政變，也都應該留任。

　　當然，更緊要的是把最親信的秦王府親信，經過玄武門政變考驗立了大功，而且確有政治才能的人補進班子，掌握實權。先是補房玄齡、高士廉，再是長孫無忌，再是杜如晦。杜如晦做了兩

①六部的長官是尚書，如吏部的就叫吏部尚書，禮部的就叫禮部尚書，他們的品級也很高，在唐初和中書令、侍中同級。每個部裏都分設四個司，司的長官郎中和員外郎各一名。另外還在尚書令、左右僕射之下，設尚書左丞、右丞各一名，協助分管這六部二十四司。這種設立六部的辦法，一直沿襲到清末纔廢止。

年就病重去世，做得長的是房玄齡和長孫無忌。另外在李世民在位的二十三年中，任用的宰相按時間先後，還有杜淹、李靖、王珪、魏徵、溫彥博、戴冑、侯君集、楊師道、劉洎（jì）、岑文本、李勣、張亮、馬周、褚遂良、許敬宗、高季輔、張行成、崔仁師。其中有的做了幾年就罷職，或調任其他官職；還有的調職、罷職以後，過幾年又重新任命爲宰相。這些在當時是常見的事情，不足爲奇。

與房同心功勳炳煥
玄齡善謀如晦善斷

杜如晦像

　　房、杜、長孫、高士廉等大名人不用介紹了，要考慮的是杜淹以下十八個人的來歷，憑什麼被李世民擺到相位上。

　　杜淹、侯君集、張亮，都是秦王府的舊人，侯君集是玄武門行動的九幹將之一，張亮則替李世民控制洛陽出過大力，屬於李世民的死黨。但侯君集在李世民上臺後祇做右衛大將軍，當宰相是貞觀四年（公元 630 年）的事情。張亮更晚，貞觀十七年侯君集被殺後纔當上，都是後來發覺確有文武才能方被選用。杜淹當宰相比他們早，是因爲他文化高，通曉朝廷典故，李世民上臺後用得上。戴冑是因爲懂得法律，會處理行政事務，在貞觀四年被提升成爲宰相，也都不是憑藉秦王府的老關係。李世民對賞功和用人這兩件事，還是能夠分別清楚的。秦王府的舊人和支持自己出過大力的人，尤其是武德九年六月四日冒生命危險幫自己成大事的,當然都得重賞。在政變成功後三個月,也就是李世民正式當上皇帝的第二個月,就欽定四十三人爲功臣,分別賞賜他們食邑從一千五百户到三百户不等①,其中除少數武德年間已立過大功外,站在李世民一邊尤其是玄武門政變中立了大功的秦王府死黨有三十一人,占了總數的百分之七十二。這些死黨和秦王府舊人中有才能的,像房、杜、長孫、高士廉、杜淹、侯君集、張亮,可以先後重用當宰相,其餘不具備宰相才能的一個也不讓當。武的像尉遲敬德、秦叔寶、程知節等功勞大,列入四十三功臣名單,尉遲一千三百户,秦、程各七百户,但考慮他們衹是勇將,不能任大將,除掉給個崇高的某衞大將軍②之外,也一直不讓他們獨當一面指揮大戰役③。這種不濫用功臣的辦法,應該説是十分明智的。

　　大名鼎鼎的魏徵,還有一位王珪,本來都是皇太子李建成的死黨。李建成通過平定河北,來擴張勢力,是王珪、魏徵幫他出的點子。照常情李建成被殺後,他倆即使不被清除,也不會起用。衹是因爲魏徵家住内黄,早期參加過瓦崗軍,在山東地區是大有影響的人物,王珪也有才能,現在願意爲李世民效勞,就都予以重用。魏徵被派到河北地區,現身説法地安撫李建成、李元吉安插在那裏的黨羽,又和王珪一起,被任命爲諫議大夫,使李世民可以多聽到點從另一種角度提出的好主意,不致被當年的秦王府親信所包圍甚至蒙蔽。最後他倆都當上了宰相。

-----

①這時的所謂食邑若干户,衹是由政府每年按若干户應出的賦税數字,來賞賜被封邑的人,已不像秦、漢時候那樣,真的指定那些縣作爲封邑。
②唐代十二衞大將軍都是正三品,而中書令、侍中一開始也不過正三品。
③程知節出任大總管打西突厥賀魯,是在高宗初年,當年的名將已大都去世了,結果果真打得很不成功,回來後被免職。

李靖、李勣，都是武德年間戰功卓著的大將。李勣曾跟隨秦王李世民平定山東，却不是秦王府的人物；李靖和秦王府更少交往。但當時中央也需要懂軍事的專家，而且還考慮到李勣在山東地區的影響，李世民先後讓他倆當上宰相。

溫彥博是太原人，哥哥溫大雅，先跟李淵，是《大唐創業起居注》的作者，後來成爲秦王府親信。溫彥博則和秦王府沒有關係，是因爲他在武德時被東突厥俘虜過，熟悉對方内情，在處理少數民族問題上很有辦法，又善於言辭，"聲韵高朗，進退雍容"，這纔提升爲宰相。楊師道是楊仁恭的弟弟，又是李淵的女婿，文筆好，做的詩很受李世民欣賞，是以文化人身份進入宰相班子，並非憑裙帶關係。

劉洎、岑文本、馬周、褚遂良、許敬宗、高季輔、張行成、崔仁師這八位，都是貞觀年間纔露頭角的新人。他們都不是關中或太原、河東人，因爲這些地區够得上人材的，都早被李淵、李世民看上吸收到身邊了，就連山東地區資格老一點的文人、戰將，也被

李靖像

褚遂良像

十八學士圖（局部）

李世民、李建成弄進秦王府、東宮，像魏徵又從東宮轉到李世民手下。這時候再選拔賢能補充宰相班子，就得到籍貫是山東和長江中下游地區的人中去物色。長江中下游，也就是過去東晉南朝統治地區的世家士族，本以文學見長，王、謝等大士族大世家腐朽了，中等的還出人材，劉洎、岑文本、褚遂良、許敬宗，就都出身於這裏的文學世家。褚遂良的父親褚亮還是秦王府十八學士之一；褚遂良則以書法見長，後來成爲政治鬥爭的能手。劉洎、許敬宗在政治上也各有表現，他倆先後都成爲褚遂良的對立面。另外馬周、高季輔、張行成、崔仁師的籍貫都是山東地區。山東地區的世家士族比長江中下游的腐朽得還厲害，但還要擺臭架子，像崔、盧這兩大家族就不肯和差一點的人家通婚。李世民對此最討厭，所以選拔的馬周、張行成、崔仁師都出身貧寒，高季輔的父兄也祇當過縣令，當宰相都憑自己的本領。其中像馬周，祇是代中郎將常何寫了一份建議，就受到李世民賞識，從一個祇做過州助教、還丟了官的人，一帆風順地擢升到宰相。

爲了破格用人，李世民在制度上也作了一點改革。因爲他自己做過尚書令，別人不便再做了，就把左、右僕射作爲尚書省的最高長官①,加上中書令、侍中各二名一起,是六名法定的宰相。但李世民不一定讓宰相滿員,有時候却又讓超員,辦法是要任命爲宰相的不都讓做左右僕射或中書、侍中,有一些祇是加上"參與朝政"、"參知政事"、"參知機務"、"專典機密"、"同中書門下三品"等名義,讓他們做宰相的實際工作。有的日後再正式任命爲侍中、中書令,不再任命也無所謂,誰也不會否認他們的宰相地位。這就比原先一定要用僕射、中書令、侍中的名義,既靈活且又實際。因爲僕射是從二品,中書令、侍中是正三品,二品、三品在唐代已是很高的品級,有些要提拔的新人,有了這個辦法就可以讓他們以低一些的品級做宰相工作,對破格用人大有好處。另外據記載,唐代一開始,三省長官是完全分別辦公的,以後在門下省設置了政事堂,讓他們在一起商議政務。這很可能也是李世民的新措施,因爲增添的非三省長官,祇是"參與朝政"、"參知政事"等等的宰相,不設政事堂叫他們上哪去辦公。

　　中央政權最關鍵的是宰相,地方上治理得好不好還得靠各州的長官——刺史,有的州要兼管軍事則叫都督。貞觀時期的刺史、都督中,有一些是大有來頭的,當過宰相的可以外放充任刺史、都督,有些軍事要地的都督、刺史,還讓三品的諸衛大將軍去充任,當然還有不少是由一般的文官升任。任命刺史、都督的工作,李世民親自抓,親自提名,并且把刺史、都督的姓名寫在屏風上,辦了好事就在姓名下面記一筆。此外,還幾次派人以黜陟(zhì)使、巡察使等名義,分頭到地方檢查刺史的工作。貞觀八年(公元 634 年)派的黜陟使,是李靖、蕭瑀、王珪等重要人物。貞觀

---

①可能李世民還有個用意,認爲尚書令祇有一名權太大,不如左、右兩僕射可互相牽制。

二十年派黜陟使，還規定了戶口是否有流散，庫藏是否有耗減，是否有點吏豪族在欺壓老百姓等六條，作爲衡量刺史好壞的標準。好的就有可能升陟，特別壞的應予罷黜。

當每個朝代開國的時候，用人是不會成問題的，因爲總有一大批在打天下或奪取政權中經過鍛煉考驗的人材，祇要加以選擇，不用非其才就可以。但人要衰老、要死亡，以後選用些什麼人，就不太好辦。都由皇帝親自挑選吧，李世民雖自信有此本領，能夠親自挑選刺史、都督，親自任用新人來當宰相，但傳到子孫後代，就未必有此能耐，交給管人事的吏部全權辦理，更不放心。有一度，他想仿照古代分封諸侯在領地世襲的辦法，對刺史也實行世襲制。貞觀十一年（公元 637 年）下詔，讓他的小兄弟荊王李元景等二十一個親王，以及長孫無忌等十四個功臣，世襲刺史。結果這種開倒車的辦法遭到很多大臣包括被指定世襲者的反對，拖到貞觀十三年，祇好再下詔停罷。比較合適的辦法是推行科舉制，不靠上代的權勢，不像魏晉南北朝那樣用“九品中正”的辦法讓地方上評議誰是人材，讓選拔人材的權力實際上掌握在世家士族手裏，弄得“上品無寒門，下品無世族”，而是不管是世族還是寒門老百姓，都憑自己的真本事參加考試，考上的纔有可能做官，以至做到宰相、刺史

科舉考試圖。此圖爲宋代人所繪，反映了唐宋科舉考試的場景

等大官。這種辦法在隋代已開始試行了，因爲到隋代，過去的世家士族已日漸衰敗，對這種不利於自己的新興科舉制度已沒有能力抵制。到唐代更進一步把科舉制度健全起來，由京師和州縣的學校選送生徒，到長安參加尚書省舉辦的考試。另外不是學校出身的，也可以自己報名，作爲"鄉貢"，經州、縣送到尚書省，參加考試。這種考試有好多種名目，經常舉辦的有秀才科、明經科、進士科、明法科、書科、算科，可以由生徒和鄉貢的人自己選擇一種應考，而出路比較好、應考者較多的是進士科和明經科。對這種從社會各階層中選拔統治人才的辦法，李世民是很重視的。據説，有一次進士科發榜，李世民看到考上的進士們從榜下魚貫而出，高興地對身旁的人講："天下英雄入吾彀（gòu）中矣！"後來唐代的重要政治人物，幾乎絕大多數是科舉出身。人們懷念李世民的功績，還常常把這位太宗皇帝説成是科舉制的創始人。

求諫與納諫

今天有些人認爲封建社會什麼時候都由皇帝一個人說了算，所謂封建專制麼！其實並非如此。皇帝周圍還有宰相、大臣以及其他幫皇帝出主意的人，他們從封建統治階級的利益和他們這個統治集團的利益出發，對重大政務商量出他們認爲比較好的辦法，供皇帝采納。有時候皇帝想了辦法，也得讓他們講講看法，皇帝做了錯事他們也得提意見，他們講得對、提得對，皇帝有時會接受。當然這並不能算集體領導，因爲最後決定權還在皇帝。皇帝比較主觀的，甚至是昏庸蠻橫的，既不聽取別人意見，別人也怕給他出點子、提意見，就叫作暴君、昏君。頭腦清醒、虛心一點的，能聽取意見采納好辦法，自己錯了也容許人家提出來，並接受改正，就叫能“納諫”。有的更主動徵求別人的好意見，就叫“求諫”。我國歷史上能納諫以至求諫的皇帝，還是有一些的，李世民則做得比較突出。當然，無論求諫、納諫，目的都無非是爲了鞏固封建統治，穩住皇帝的寶座而已！

李世民上臺不久就主動求諫，他對身邊的大臣說：“人要知道自己的臉是什麼樣子，必須有鏡子，君主要知道自己有什麼過失，就得有忠臣。如果君主自以爲高明，臣下又不進諫匡正，哪能免得了危敗！結果是君主失國，臣下也不能夠保全其家。隋煬帝暴虐，臣下人人鉗口不言，做了錯事也沒有人給指出，結果失國亡身,臣下虞世基等也同時被誅殺。前事不遠,公等看到朕做的事情不對,必須對朕極言規諫。"有一次又説:"君主用了邪臣,天下就治理不好,正臣遇到了邪君,也同樣治理不好。祇有君臣遇合像魚水一般相得,海内纔得太平。朕雖不明,希望諸公經常匡救。"當時諫議大夫王珪在旁邊,他説:"臣聞'木從繩則正,后從諫則聖'①。所以古代聖君必有諍臣七人②,諍諫不聽就以死相争,一個接一個,非讓君主接受不可。陛下願意聽取諍諫,臣一定知無不言。"李世民聽了很高興,下詔規定,宰相到大内商議國家大政時,要讓諫官跟隨進來,有意見同樣可以提出,皇帝保證虚心聽取。

李世民的長相很威嚴,臣下見了他,往往很害怕,手足無措,有話説不出來。他注意到這一點,儘量表現得和顏悦色。有一次,他對身邊的大臣説:"朕看到臣下奏事時,常緊張得語無倫次,平常奏事都如此,更談不上諫諍了。因此朕對諍諫的,即使説得不合朕心,朕也不見怪,如果責怪,那人家更害怕,還有誰敢開口。"

有些奏事是書面的,條數很多,李世民就貼在墙壁上,經常看着、考慮着。他對大臣説:"朕所以如此孜孜不倦,是爲了要把下面的看法了解清楚,有時考慮到三更天纔就寢。朕也希望公等用心不倦,使朕感到滿意。"

這些都是李世民在反復求諫。現在再講些納諫的事情,看李

①這兩句話出於僞《古文尚書》的《説命》上篇裏,當時認爲僞《古文尚書》是真的。這裏的"后"是王的意思,並非后妃。
②諍,是直言規勸。這裏是引用《孝經》中《諫諍》章裏的話,原文作"昔者天子有諍臣七人,雖無道,不失天下",王珪引用時和原意有點出入。

世民怎樣接受臣下的諍諫，尤其是敢於直言不諱的魏徵對他的
諍諫。

　　有一位鄭家的小姐，長得特別美，長孫皇后建議把她聘來當
妃嬪，李世民同意了，還下了詔書。魏徵知道這位小姐已經許嫁
給陸爽，趕忙進諫阻止。李世民這纔醒悟，準備中止禮聘，讓這位
小姐去和陸爽結婚。有人提出不同意見，認爲這位小姐還未嫁出
去，而且詔書已下了，也不宜中止。陸爽本人也上表説，和鄭家並
無婚約，是外邊人不清楚在亂講。李世民猶豫起來，再問魏徵，魏
徵指出："這是陸爽怕陛下將來找麻煩，纔故意上表陳説啊！"於
是，李世民重下了個敕，説："今聞鄭氏之女，先已受人禮聘，前出
文書之日，事不詳審，此乃朕之不是。"斷然收回了成命。

　　貞觀四年(公元 630 年)，李世民下詔重建洛陽宮裏的乾元殿，

唐太宗主明臣直(明《帝鑑圖説》)

以備巡幸。有個官職不算太高的給事中張玄素上書諫止。諫書中還講到隋煬帝，説隋煬帝初造此殿，大木從豫章（治所在今江西南昌）采伐，光一根柱子就要用二千人拉，拉到洛陽花掉錢數十萬。現在經過多年戰亂，老百姓還没有恢復元氣，人力物力遠非隋朝全盛之日可比，却要大興土木，豈非比隋煬帝還做過了頭。李世民看了，故意問張玄素：“卿以爲我還不如煬帝，何如桀、紂？”張玄素回答得很乾脆：“此殿如果真的興建起來，和桀、紂一樣結局。”李世民回心轉意，對房玄齡説：“今玄

魏徵像

素上表，洛陽確實也未宜修造，所有作役，宜即停之。”并且賞賜張玄素絹二百匹，魏徵爲此很高興，説：“張公遂有回天之力！”

從貞觀四年起連年豐收，出現了太平景象，地方官爲了討好李世民，請求李世民到泰山行封禪大禮。這是皇帝夸耀自己功德的一種措施，歷史上像秦始皇、漢武帝，都曾操辦過。朝廷上的許多文武官員也很贊同，又是魏徵起來諫阻。李世民不高興了，説，難道朕的功不高，德不厚？魏徵解釋説：“陛下功德確實很高很厚。但隋末以來天下多年動亂，陛下剛把它治理好，户口還未恢復，倉庫還未充實，從長安到山東去封禪泰山，一路上千乘萬騎，老百姓負擔得了嗎？譬如久病之人經過治療纔有點好轉，還瘦得僅存皮骨，却叫他去背上一石米，一天走上一百里，能行嗎？”李世

民認爲説得有道理，中止了這次豪舉。

　　有一次，宰相房玄齡、高士廉在路上遇見管理建築的少府監竇德素，問他宮裏近來蓋了些什麼房子。竇德素認爲這是皇帝叫蓋的，宰相不該問，報告了李世民。李世民也不高興，對房玄齡、高士廉説：“卿管好南衙①的事情就行了，宮裏蓋一點房子，干卿何事！”房玄齡、高士廉認錯拜謝，魏徵又不答應了，説：“臣不懂陛下爲什麼責備玄齡、士廉，也不懂得玄齡、士廉爲什麼要拜謝。玄齡等既是宰相，就是陛下的肱股耳目，宮裏蓋房子爲什麼不讓知道？陛下做的事如果對，宰相應該幫助陛下來完成；不對，即使宮裏蓋房子的小事，也應奏請陛下停罷。這纔是君使臣、臣事君的正道啊！”李世民聽了很慚愧，承認自己不對。

　　乾元殿的重建，經張玄素諍諫中止了，但後來還是派人把洛陽宮整修了一番。有個芝麻官、從八品的陝縣縣丞叫皇甫德參

隋唐洛陽宮城應天門遺址

的，上書説：“修洛陽宮，是勞人；收地租，是厚斂；婦女流行梳高髻，是受宮裏的影響。”李世民看了很生氣，對房玄齡等説：“這個縣丞要國家一個人也不役使，一斗租也不收，宮人都不留頭髮，這纔稱心！”準備治以訕謗

---

① 尚書省等宰相辦公機構都在朝廷的南面，當時通稱爲“南衙”。

之罪①。又是魏徵起來諫阻，說："這個縣丞的話，是激切了一點，但漢代賈誼給皇帝上書中，說什麼時勢可爲痛哭者一，可爲長歎息者六，不是也很激切嗎？不激切，就不能打動人主之心。這怎麼能説是訕謗呢？請陛下考慮。"李世民認爲有道理，不僅不怪罪皇甫德參，還賞賜帛二十段以資獎勵。

長孫皇后生的長樂公主，李世民很喜愛，要出嫁了，李世民準備把嫁妝辦得特別豐厚，比當年出嫁他的妹妹、李淵的女兒永嘉長公主②時增加一倍。魏徵知道後又進諫，他引用了當年漢明帝封皇子的故事。漢明帝説過，"我的兒子怎能跟先帝的兒子比"，封的縣數比光武帝的兒子、明帝自己的弟弟受封時少了一半。然後，他對李世民説："陛下現在這麼做，和漢明帝比起來，恐怕大大不如吧！"李世民接受意見，連長孫皇后也很同意，派人送錢四百緡(mín)③、絹四百匹，作爲魏徵敢直言諍諫的賞賜。

對臣下的諍諫，尤其是魏徵一次又一次直言不諱地諍諫，秉性要強好勝的李世民，有時也感到受不了。有一次退朝後回到宮裏，很氣憤地説："總有一天把這個田舍翁④殺掉！"長孫皇后問殺誰，李世民説："魏徵經常當文武百官的面叫我下不了臺，非殺不可。"長孫皇后趕忙向李世民祝賀，説："皇上英明，臣下纔能直言，魏徵之所以敢直言，正是因爲陛下英明啊！"李世民這纔轉怒爲喜。

---

① 訕，譏笑；謗，誹謗，對皇帝説來都是大不敬的事情。
② 封建社會皇帝的女兒叫公主，姐妹叫長公主。
③ 一千文錢爲一緡。
④ "田舍翁"，古代人口頭上常用的名詞，用今天的話來説就是"鄉下老漢"。因爲魏徵不是出身世家士族，所以李世民罵他田舍翁。

唐　花鳥人物螺鈿銅鏡

但這種對直言諍諫的厭倦情緒，日子久了總容易流露出來。尤其是到了貞觀中後期，朝臣們怕引起李世民不高興，敢直言諫諍的越來越少，更談不到李世民主動求諫了。貞觀十六年（公元642年），魏徵病故後，李世民對這位最敢直言的大臣倒很懷念，説："以銅爲鏡①，可以正衣冠；以古爲鏡，可以知興替；以人爲鏡，可以明得失。現在魏徵不在了，我的一面人鏡失掉了。"其實，人鏡怎麼會没有呢？就看你李世民自己了。天下太平，五穀豐登，自以爲功德巍巍，什麼都比別人行，當然不想再多聽逆耳之言。這也是封建帝王的必然結局吧！

①我國過去都用銅鏡，開始用玻璃鏡是近代的事情。

興儒學與抑佛道

政治上穩定了，統治鞏固了，經濟也得到恢復、發展，還有一件大事，就是抓文化。

中國封建文化的主流，就是春秋末年孔老夫子開創的儒家學說。當時中國社會正從封建領主制向地主制轉變，原先被封建領主中掌管宗教的祝史們所壟斷的一點知識學問，開始解放出來爲新興的地主階級所享有。孔子就是在解放知識學問上作出巨大貢獻的大教育家、大思想家，他把這些古老的知識學問，改造成爲適合新興地主階級所需要的學說。到戰國百家爭鳴的時候，孔門後學把孔子的學說發揚光大，就形成和墨家、道家、法家等相並存、相競爭的儒家這個大學派。墨家興盛過一個時候，法家學說更成爲秦始皇的靈魂，西漢初年推行過一段道家"無爲而治"的政治，但終於不是儒家的對手。因爲儒家的一套確實比其他各家更有利於中國的封建統治，而且在儒家學說的發展過程中，還不斷地吸收了法家、墨家等學說中有用的東西，像百川匯成江河那樣，成爲中國封建文化的主流。經過漢武帝的"罷黜百家，獨尊儒術"，各個朝代包括少數民族進入中原後建立的政權，幾乎一致崇儒尊孔。儘管他們的崇儒尊孔有時出於形式，所尊的孔子被神化後，也已經不完全是春秋時孔老夫子的本來面貌，他們統治老百姓也沒有完全遵照儒家的教導，有時對儒家學說中的糟粕却津津樂道。

　　前面説過,李世民從小讀的是儒家經典,"秦府十八學士"中的陸德明、孔穎達更是對儒家研究有素的大名人,因此李世民上臺後的崇儒尊孔,是理所當然的事情。不過,他比有些帝王高明,崇儒尊孔没有停留在形式上、口頭上,而是想真正遵照儒家的學説,對老百姓施點"仁政",來鞏固他的統治。他和大臣們討論過這個問題,曾公開説:"朕所愛好的祇有堯、舜、周、孔之道①。這像鳥有翼、魚有水一樣,失掉了就得滅亡,是一刻也不能離開的。"慎刑法,輕賦役,救荒賑災,以至任用賢能,求諫納諫,等等,實際上都是李世民遵照儒家學説所施的"仁政"。

　　當然,形式也是需要有一點的。當時政府在京城裏辦了幾所供貴族子孫學習的最高學府,有三品以上官員子孫學習的國子學,五品以上官員子孫學習的太學,七品以上官員子孫學習的四門學。武德年間,太學裏行祭祀大禮時,是以周公爲先聖主享,孔子祇能在旁邊配享。貞觀二年(公元 628 年),李世民接受房玄齡等人的建議,擡高孔子的地位,在國子學裏建立孔子廟堂,讓孔子作爲先聖主享,孔子的大弟子顔回配享。貞觀四年,下詔讓全國的州學、縣學裏,都修建孔子廟。貞觀十一年,下詔尊孔子爲宣父,在孔子家鄉兗州修宣尼廟②。通過這些辦法,來表明朝廷的崇儒尊孔,擴大影響。

　　對這幾所最高學府,李世民也親自過問。他多次臨幸國子

---

①戰國時儒家大師孟子認爲孔子之道是上承堯、舜、周公。因此後人也把儒學説成"周、孔之道"或"堯、舜、周、孔之道"。
②孔子名丘,字仲尼,所以把給他修的廟叫宣尼廟。

學,聽祭酒、博士①講授討論。他給國子學添蓋學舍一千二百間,國子學、太學、四門學裏的學生名額,增加到三千二百多人。連駐屯玄武門的禁軍,他都請博士給講授儒家經典,學得好的同樣可以參加科舉考試。風氣一傳開,外地的讀書人都抱着經典來到長安,還有高麗、百濟、新羅、高昌以及吐蕃等少數民族的首領,也派子弟進國子學學習,多的時候聽講人數竟達到八千多。難怪史書上要説當時"儒學之盛,古昔未之有也"!

儒家傳下來的經典很多,在南北朝、隋、唐時候,最重要的有《周易》、《尚書》、《毛詩》、《禮記》、《春秋左傳》五種,當時通稱爲"五經"。其中《周易》也叫《易經》,本是西周、春秋時講占卦的東西,經戰國時儒家加進了哲理化的解釋。《尚書》也叫《書》或《書經》,是殷商、西周、春秋時的政府文告,還有一些是戰國至秦漢時人的擬作,到魏晉時又有人假造了許多篇夾雜進去,後人稱這假造的部分叫僞《古文尚書》②。《毛詩》本叫《詩》或《詩經》,是西周、春秋時的詩歌,在春秋時的貴族宴會上,常被配上音樂來演唱,後來經漢代一位姓毛的老先生作了注解,因此叫《毛詩》。《禮記》的所謂"禮",本是西周、春秋時,流行在貴族間的禮儀以及風俗習慣,戰國、秦、漢的儒家,對它作了種種講解,寫了許多論文,到東漢時纔匯總成現在看到的《禮記》。《春秋左傳》的《春秋經》,是春秋時魯國編年史《春秋》的删節本,戰國時成爲儒家經典後,

---

①當時,國子學、太學、四門學等,都由國子監領導,祭酒是國子監的長官,地位很高,是從三品,從品級上講僅次於正三品的中書令、侍中、六部尚書。國子學、太學、四門學都分別設博士二至三人,正五品,負責教學工作。

②這僞《古文尚書》,到宋代纔引起學者的懷疑,清代初年有位學者叫閻若璩的,寫了一部《古文尚書疏證》,纔斷定是出於魏晉時人假造,此後就把這假造的部分,稱爲僞《古文尚書》。

説删節出於孔子之手，還有人搜集了大量史料，給它作了解説，成爲《左傳》①，把兩者合到一起就叫《春秋左傳》。大概孔子當年教學生時祇是用過《詩》和《書》的真政府文告部分作爲教材，也講禮，但當時還没有《禮記》、《易》和《春秋》，在記載孔子言行最詳細可靠的《論語》裏，可一句也没有提及。把這些經典都和孔子拉上關係，是孔子身後戰國、秦、漢時儒家們幹的事情。但經過歷代學者的解説，這些經典確實成爲傳授儒家學説的主要教材。遠的不説，在唐代，國子學、太學、四門學的主要教程，就是學這些經典，州縣學裏的學生，也得學這些經典。至於科舉考試，明經要考經典不用説了，進士科也經李世民規定，把經典作爲考試項目②。因此，崇儒尊孔辦好國子學、太學的同時，李世民還得抓這些經典的整理工作和解説工作。

　　先説整理工作。"五經"不是現成的嗎？爲什麽還要整理？這是因爲讀的人太多，講解的人也太多，而當時還没有發明雕版印刷，大家輾轉抄寫解説，在文字上出現了不少差錯，很需要作一番校勘整理，讓讀書人得到比較合用的標準讀本。貞觀四年（公元 630 年），李世民把這個工作交給顏師古去完成。顏師古是秦府十八學士中顏相時的哥哥，北齊大學問家顏之推的孫兒，家學淵源，把"五經"中相沿已久的錯誤改正了不少。李世民很慎重，再請許多學者來審核討論，有些學者提出不同看法，顏師古可以隨口講出這是根據晉、宋以來的哪個古本，繁徵博引，使學者們不能不心服。李世民也十分高興，在貞觀七年將這套新校定的"五

---

① 在戰國、兩漢時，對經典的解釋通稱爲"傳"，和史書裏給個人寫的傳，是兩回事。
② 進士科以考試詩賦文章爲主是後來的事情。

經”正式頒行全國，作爲標準
讀本。

　　但工作還没有做完。因爲
這些經典除了正文之外還有注
釋。就“五經”來講，遠的不説
了，南北朝、隋、唐流行的注解
就有好多種。《周易》在北方流
行東漢末鄭玄的注，南方流行
曹魏時王弼的注。《尚書》北方
也流行鄭玄的注，是没有加進
僞古文的，南方流行加了僞古
文的僞托西漢人孔安國的注。
《毛詩》、《禮記》倒南北一致，都

孔穎達像

用鄭玄的注。《春秋左傳》北方用東漢時賈逵、服虔的注，南方流
行西晉時杜預的注。注以外在南北朝流行疏，也叫義疏、講疏，這
是既解釋正文又解釋注的一種内容更繁富的解經專書，“五經”都
有，也是各講一套，各有優劣。初學的人要統統閱讀實在太吃力，
很有需要把這些注疏徹底清理一番，重新作出新的解説。於是，
李世民又請當年秦府學士、現任國子監祭酒的孔穎達來主持這項
工作。孔穎達是冀州衡水人，但在經學上倒没有地域觀念，而是
兼通南北，而且認爲南方經學比北方更進步更優越。他決定用南
方流行的《周易》王注、《毛詩》、《禮記》鄭注、《尚書》孔注、《春秋左
傳》杜注，作爲經注的標準本，再把南北朝人、隋人給這五種經注
所作的義疏、講疏加以整理改寫，在顔師古等經學家的協助下，到
貞觀十六年(公元 642 年)，“五經”的新疏全部寫成，一共一百八
十卷，進呈給李世民，被賜名《五經正義》。參與編寫的太學博士

馬嘉運認爲還不盡完善，李世民下詔再叫修訂以示審慎。但孔穎達已年老請求退休，到高宗李治即位後在永徽四年（公元 653 年）纔修訂完畢正式頒行。宋以後所謂《十三經注疏》中的《五經注疏》，就是把這《五經正義》加上經注匯編起來的。用今天的水平衡量，這《五經正義》當然不能令人滿意，這不僅誤用了僞《古文尚書》，而且正義和注的某些解釋也不盡符合經文的原意。不過它畢竟把唐以前的經學作了一次總結，今天我們研究經學，研究儒家學説，研究古代的文史哲，還不能離開《五經正義》這個資料寶庫。李世民以及孔穎達等可尊敬的學者們真爲中國學術文化幹了大好事。

玄奘取經圖

　　李世民的尊儒學就説到這裏，下面再講這位大皇帝怎樣抑佛道，講他爲什麼要抑佛道。

　　佛教也稱爲釋教，因爲它開創於印度的釋迦牟尼。它在漢代傳進中國，到南北朝、隋、唐時成爲影響最大、信徒最多的一大宗教。當時出現了好些教派，有的是純粹印度貨，更多的已經中國化，甚至是中國佛教徒自己所創立。信徒中也分幾等幾樣，夠水平的是欣賞佛教的哲理，因爲佛教儘管和其他任何宗教一樣，都講唯心主義，但講得既圓通，又精深，很合封建社會高級知識分子的口味。他們有的在家當佛教徒即所謂居士,有的還出家當了和尚,像到印度學習的玄奘,就成爲唯識宗這個佛教宗派的大師,連印度的佛教徒都公認他是佛學最高權威。玄奘回到長安時,當官的和老百姓自動夾道歡迎、瞻仰,幾十里間處處香煙繚繞。難道這麼多人都懂得高深的佛學? 當然不懂,他們無非是想拜了佛,瞻仰了玄奘這樣的高僧,可以給自己帶來幸福,譬如死了可以不下地獄,不當餓鬼,不變畜生。請看洛陽龍門從北魏到隋唐的官員、老百姓出錢雕造的佛像上,不就常常公開刻着"爲某某敬造釋迦像一軀,即令解脱三塗惡道①,一切衆生,咸蒙祈福"之類的昏話。雕造佛像,蓋佛寺,供養不知多少萬不事生產的和尚、尼姑,自然要耗費掉大量的資財、人力。而且,和尚又概不承擔賦役,無形中也使國家直接受到損失。至於道教,比起佛教來,影響倒還小一些。這是土生土長的本國貨宗教,始創於東漢。東晉南朝的許多士大夫,包括大書法家王羲之,都是它的信徒。北方經過革新派領袖寇謙之和北魏太武帝拓跋燾提倡,也盛行起來。以後居然和佛教、儒學分庭抗禮,甚至有儒、釋、道三教的説法。其實,這些道教徒無非表面上打着先秦時道家老子的旗號,骨子裏是繼承了中國的原始宗教思想,加上秦漢時候方士裝神弄鬼的一套,又吸收了點佛教的東西,畫符籙(ㄌㄨˋ)、煉仙丹是他們拿手玩意。當然,也有些農民起義領袖,以及某些叛亂者,利用道教來宣傳、組織過群衆,但佛教也曾被這樣利用過,一般佛教徒、道教徒還是不反政府,不會在這一點上引起封建統治者的疑忌。

針對上面的情況,李世民在興儒學的同時,對佛、道兩家采取了抑制政策。抑制不同於禁止,在群衆中有一定基礎的東西,是

①佛教把地獄、餓鬼、畜生三者,稱爲"三塗惡道"。

大秦景教流行中國碑

很難用行政命令把它禁絕的。過去北魏太武帝拓跋燾信道滅佛，北周武帝宇文邕連佛、道一起滅，結果本人一死，佛、道還不仍舊昌盛起來。李世民不想再這麼蠻幹，他容許信教自由，包括南北朝時候從波斯傳進來的火袄教，貞觀時傳進來的基督教支派景教，都容許在長安、洛陽建立寺院，何況佛寺和道觀，更何況道教假托的創始人老子李耳，也被他們李家拉來當作了始祖，李世民還在傳說爲老子故鄉的亳（bó）州修了個大大的老君廟。因此，無論信佛、信道，他一概不予干涉，官員中像當過宰相的蕭瑀，失寵後要求出家當和尚，他都馬上批准。民間凡所建佛寺，雕造幾尊佛像，他更概不過問，當年父親李淵也爲保佑二郎健康造過佛像呢，衹要不借此聚衆鬧事就可以。而且爲了收買民心，他自己還下詔給邠州、汾州、氾水等七個當年打過大仗的地方，建佛寺立碑銘，來超度敵我雙方陣亡將士的亡靈。但是，無論信佛、信道，都不能超過了對儒學的尊崇，因爲儒學是維護李家統治的精神支柱，信佛、信道決不能突破儒家那套政治理論體系。李世民在貞觀五年（公元631年），明確地宣言：“佛道設教，本是爲行善事，難道可以使僧尼、道士等妄自尊崇、坐受父母之拜？這樣做是損害風俗，悖亂禮經，應立即禁斷，仍讓百姓致拜於父母。"不准他們祇顧宗教而違背了尊敬父母的孔門遺訓。對從印度回來的玄奘，李世民在欣賞他的學問、才能的同時，曾多次希望他還俗做官，到自己身邊參與朝政，虔誠的佛教大師玄奘當然婉言謝絕。李世民請玄奘撰寫《大唐西域記》，目的也不是爲了了解中亞、印度的佛學，而是讓玄奘提供情報。可見在李世民這位崇儒尊孔者的頭腦中，政治的重要是大大超過了宗教。

在佛、道之間，李世民又是揚道抑佛。貞觀十一年（公元 637 年）曾下詔規定在文字上、在宗教活動上，道士、女冠（女道士）應在僧、尼之前。這無非是爲了尊崇自己的始祖老子李耳而已。還有一次，道士秦英指責和尚法琳撰寫《辨正論》攻擊老子，李世民把法琳逮捕放逐，也祇是出於同樣的理由，別無其他原因。

修史作樂講書法

在文化方面,李世民還做了不少事情。這裏衹能就李世民特別感興趣,而且確實有影響的講幾件。

先説修史。重視歷史記載,本是我國的一個好傳統。至少在春秋時候,諸侯國中文化高的,已在按年、按月、按日地記載所發

唐太宗像

生的大事。保存到今天的,如經過删削的魯國的《春秋》,是世界上現存的最早的編年史,比古希臘所謂歷史之父希羅多德所寫的那部歷史,還要早幾十年。而且已經很少迷信色彩,和希羅多德的滿紙神話迥然不同。到大史學家司馬遷寫了著名的《史記》,班固寫了《漢書》①,紀傳體的史書又取代編年史,成了"正史"。所謂正史,是説它的體裁比較全面,包括編年史性質的

①所謂"書",也就是史,《漢書》就是西漢這個朝代的史,別無其他含義。

“本紀”，有影響的人物的“列傳”和少數民族以及鄰國的“列傳”；完備一點的，還有各式各樣的“表”，和專題記述禮樂、職官、天文、地理、財經、圖書之類的“志”。因此它的内容比其他任何體裁的史書要詳細①。在唐以前已經寫成的正史，除《史記》、《漢書》外還有《後漢書》、《三國志》、《宋書》、《南齊書》和《魏書》。另外，《晉書》也已寫了好幾種，互有短長，人們不甚滿意。至於南朝的梁、陳，北朝的北齊、北周，加上剛剛滅亡的隋朝，都還没有大家公認的紀傳體史書。李淵在武德四年（公元 621 年），曾下詔要修這幾部紀傳史。大概因爲當時大家忙於統一戰爭，工作没有抓起來。到貞觀三年（公元 629 年），李世民重新下詔并且指派内行來進行這項工作。

　　正像請顔師古整理“五經”，請孔穎達主編《五經正義》那樣，指派來纂修這幾部前朝歷史書的，確實都是够水平的史學家、大内行，而且無論資料和參考書也都搜集得比較齊備。《周書》由令狐德棻主持，岑文本、崔仁師協助，岑、崔二位以後都做到宰相，岑以文學著稱，崔也是科舉出身，令狐德棻則早年就“博涉文史”，關心收集圖書資料，纂修時有隋牛弘的《周紀》等，作爲藍本。《北齊書》的纂修者是“四海名流莫不宗仰”的李百藥，他的父親李德林寫過北齊的紀傳史，在此基礎上再參考隋王劭的編年體《齊志》，來纂修《北齊書》。《梁書》、《陳書》的纂修者姚思廉也和李百藥一樣，父親姚察修過梁、陳兩朝的紀傳史，臨終遺命姚思廉把它續成。姚思廉續修時，還參考了謝炅等寫的梁史和顧野王寫的陳史。《隋書》則由政治活動家魏徵主持，他參加過瓦崗軍，對隋朝的治亂得失自然很熟悉。另外，還讓魏徵和房玄齡作爲纂修工作

①因爲本紀和列傳是任何一部正史都有的，不像志、表有的有，有的無，所以這種體裁的史書，就通稱爲紀傳體或紀傳史。

的總監。到貞觀十年(公元 636 年)這五部紀傳史都修成,進呈給李世民。餘下志的部分因爲沒有藍本,編寫不容易,再過二十年到高宗顯慶元年(公元 656 年),纔寫成由長孫無忌進呈,叫作《五代史志》,附在《隋書》裏面。《晉書》則是《隋書》等五種紀傳史完成後,在貞觀十八年纔開始纂修,因爲祇是在原來多種《晉書》的基礎上增訂、重修,比較容易一些,貞觀二十年就完成了。主持纂修《晉書》的是房玄齡和褚遂良,令狐德棻、許敬宗等參加執筆,李世民還親自給晉宣帝、武帝和陸機、王羲之四篇紀傳,寫了評論①。後來把整部《晉書》都題作"唐太宗文皇帝御撰",想來是要抬高此書的聲價。

平心而論,這幾部紀傳體正史確實是寫得不壞的。而且李世民抓這項工作也是很及時的。如果不抓或再過些時候抓,資料散失,熟悉隋朝史事以至周、齊、梁、陳舊事的人也死完了,困難就不知會增加多少。現在總算能把這幾朝的歷史事實基本上保存下來,好讓今天的史學工作者重新運用歷史唯物主義的觀點來研究,這就是李世民和纂修者們的一大功勞。至於觀點有問題,那根本不值得大驚小怪,哪一部舊時代的史書不是站在封建地主階級立場上撰寫的呢?

修前朝史書的同時,李世民還叫人及時纂修本朝的歷史。當然,按照慣例,一個朝代的史書,要到這個朝代滅亡後由下一朝代的人來纂修。但是如果這個朝代不作準備,不隨時記錄,到下一個朝代憑什麼作爲纂修的依據呢?這種記錄、纂修本朝史的工作,唐以前的許多朝代都做過,到唐代則在制度上規定得更完善。

---

①在本紀、列傳後面評論,一般稱爲"論曰"或"史臣曰",這四篇因爲是皇帝御撰,所以稱作爲"制曰"。

先是由起居郎等每天把皇帝的重要言行和國家大事記錄下來，編造"起居注"①送到國史館。在皇帝死後，館裏的史官根據起居注和皇帝的詔令，編纂成這個皇帝的"實錄"。實錄和起居注一樣，也是編年體，另外還由史官纂修紀傳體的本朝史——當時通稱爲國史。我們現在了解唐代的事情，可以看《舊唐書》和《新唐書》，而《舊唐書》、《新唐書》纂修時，都是以唐人所修的國史、實錄爲依據。《舊唐書》中有很多部分，還是直接抄録唐人的國史②。

貞觀年間史館纂修的國史有幾十卷③，實錄則修成了李淵的《高祖實錄》和李世民自己的《今上實錄》各二十卷。實錄要皇帝死後再修，李世民活着怎麼讓修起實錄來呢？這有個原因，就是李世民在重視修史的同時，還存着私心，生怕國史、實錄的記載有不利於自己的地方。當年玩陰謀在玄武門殺哥哥、殺弟弟，逼父親李淵讓位，這些事情當然史館裏不會如實寫，因爲領導史館的，正是自己最親信的宰相，而且參與過陰謀的房玄齡麼，但寫得不好仍會有損於自己聖明天子的形象，於是在貞觀十四年（公元640年）提出要看國史。國史照慣例是不讓皇帝看的，因爲皇帝可以看，史官就不敢如實記載，但這時已顧不得了。房玄齡揣摩李世

①前面講到的《大唐創業起居注》就是現存的一種起居注，記載李淵從太原起兵到長安奪取政權，這三百五十七天所發生的大事。因爲李淵稱了帝，這段大事記纔能有"起居注"之稱。
②讀者如果對史學感興趣，需要進一步了解實錄、國史和《舊唐書》、《新唐書》的情況，請看我寫的另一本小書《〈舊唐書〉與〈新唐書〉》，也收在《祖國叢書》裏，1985年已由人民出版社出版。
③到高宗顯慶元年（公元656年），再由宰相長孫無忌和史官令孤德棻把這些國史整理成武德、貞觀兩朝史八十卷，正式進呈。

民的心意,把實錄趕快編起來,不光有《高祖實錄》,連《今上實錄》也編到貞觀十三年,一並送呈御覽。結果,李世民對玄武門之變的寫法還感到有毛病,親自定了調子,叫重新修改。至於國史,大概因爲來不及編好,没有送呈,但編定的時候當然和實錄是一個調門。

在文化事業上,李世民還抓過音樂和舞蹈。這在古代往往結合起來,成爲所謂樂舞,不光李世民,幾乎各個朝代的帝王對它都感興趣。不過,當時的樂舞有一個特點,經過南北朝已從少數民族地區和國外傳進了不少新東西,像隋代宫廷的九部樂中,除掉内地原有的燕樂和清商外,其餘西凉樂、扶南樂、高麗樂、龜兹樂、安國樂、疏勒樂、康國樂,一看就知道是外邊傳進來的。貞觀年間這九部樂在宫廷演奏,貞觀十四年(公元640年)滅掉高昌後,帶

唐人繪《宫樂圖》

回當地樂工,又增加了高昌樂,一共有十部①。更有意思的是,李世民還利用龜茲樂編排了"七德舞",利用西涼樂編排了"慶善樂"。據說,當年李世民做秦王時,打敗了劉武周,戰士們就編了秦王破陣的樂曲演唱,以示慶祝。到貞觀元年,李世民大宴群臣,就讓龜茲樂部正式上演"秦王破陣樂"。貞觀七年又把它改名爲"七德舞",李世民叫魏徵、虞世南、褚亮、李百藥等給它改寫歌詞,自己設計了破陣舞圖,由懂音樂的呂才按圖訓練樂工演奏,大鼓聲中奏起龜茲樂,一百二十名被甲執戟的樂工,跳的跳、刺的刺,好不威武!"慶善樂"是貞觀六年李世民駕幸他誕生地武功舊宅時叫呂才編排的。當時,李世民也大宴群臣,在宴會上做了一首詩,呂才就把它作爲歌詞,配上樂舞。因爲舊宅已改爲慶善宮,所以這套樂舞賜名爲"功成慶善樂",也簡稱"慶善樂"。"七德舞"是武舞,"慶善樂"是文舞,六十名樂工穿寬大的紫衣紫裙,在閒雅的西涼樂聲中徐徐起舞,來表示李世民的文治。可見,李世民這位大皇帝是頗會利用文藝來擴大政治影響的。這種做法有時也真起點作用,玄奘在印度時,當地最有權勢的戒日王和鳩摩羅王都曾提到"秦王破陣樂",玄奘自然在這些國王前把本朝大皇帝李世民歌頌了一番。

李世民自己的音樂舞蹈水平不知道怎樣,儘管他在慶祝平定東突厥的宮廷宴會上,曾經興奮得起舞。

對另一項藝術——書法,李世民確實可以稱得上是個大内

①西涼指現在的甘肅西部地區,高昌在今新疆吐魯番,龜茲(qiū cí)在今新疆庫車縣一帶,疏勒治所在今新疆喀什市,康國在今烏兹別克斯坦撒馬爾罕,安國在今烏兹別克斯坦布哈拉,扶南在今柬埔寨,高麗在現在的朝鮮半島北部和我國吉林省南部、遼寧省東部。

行,這和他的家庭教育和社會影響都很有關係。因爲從魏、晉以來,寫好字這件事,幾乎成爲士大夫以至貴族大官僚必須具備的本領,連東晉、南朝的好些皇帝,都以書法擅名。李世民的上代固然是純粹的軍人,但政治上有了地位,就得練點書法,以免字寫得不成樣子鬧笑話。所以李淵的字已經頗有點名氣,李世民在父親的熏陶下,後來又和十八學士中以書法擅名的虞世南研究探討,很快地成爲真正够格的書法家。他讓虞世南和另一位書法家歐陽詢,在弘文館教授怎樣寫正楷書。貞觀二年(公元 628 年),還在國子監設置了書學。他自己則愛寫行書、草書,崇拜東晉時以行草著稱的王羲之,在給新修《晉書・王羲之傳》所寫的評論裏,把王羲之的行草捧成"盡善盡美",明確表示在古今書法家中是自己摹仿追求的唯一對象。他憑御府的財力、勢力到處搜求王羲之和其他古今書法家的墨迹,到貞觀六年清理裝裱時,已有一千五百一十卷之多,可還不滿足,虞世南老病去世之後又叫褚遂良替他繼續收集王羲之的墨迹,並承擔鑒別真偽的工作。據説,王羲之的得意傑作《蘭亭序》墨迹,就是在貞觀時被李世民派人從一位老和尚手裏騙來,弄進御府的。現在流傳有唐人的臨摹本,供大家欣賞。不過,有人懷疑原作本來就是僞造的,李世民上了當,也有人認爲真的不假。不管是真是假,從藝術上來講寫得確實好,説明李世民的鑒賞能力還是很高的。李世民自己寫的字,今天已看不到真的墨迹了。《淳化閣帖》裏刻過他的幾封書信,字又都走了樣①,太原晉祠有《晉祠銘》,當年李世民用行書寫了刻在石碑

①《淳化閣帖》是北宋淳化年間收集名人字迹等刻墨拓的我國第一部所謂
　"法帖",不過刻得並不好,還收了不少假貨,現在見到的《淳化閣帖》又都
　是從翻刻本拓出來的。

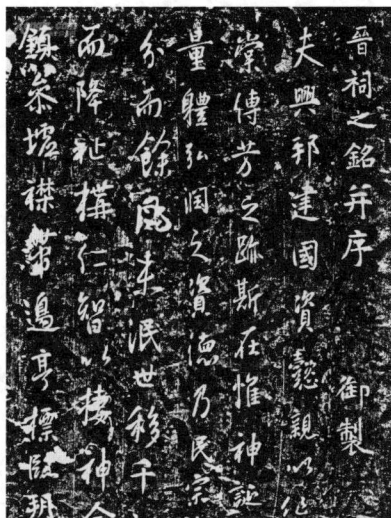 

《晉祠銘》　　　　　　　　　《溫泉銘》

上，經過多年風霜椎拓，也已缺損模糊。幸好，光緒末年在敦煌發現了一個《溫泉銘》的殘卷，是李世民臨幸臨潼溫泉宮時寫了刻在石碑上，唐人墨拓下來裱成卷子的，行書寫得真漂亮，很有點龍飛鳳舞的氣概①。附帶説一點，在石碑上寫刻行書，過去是沒有的。因爲總認爲行書不嚴肅，必須要寫規規矩矩的正楷書。李世民以皇帝之尊，纔第一個破了例，這也可以算是他在應用書法藝術上的一點創新。

①可惜這個《溫泉銘》殘卷被伯希和弄到法國巴黎去了，我們現在看到的祇
　是影印的本子。

邊疆的戰爭

　　自從東突厥降服後，邊疆平靜了一個時候。但很快地吐谷(yù)渾、吐蕃、薛延陀等少數民族又強大起來，有的已經出兵侵擾唐朝的州縣，還有個高昌，依仗西突厥想和唐朝對抗。這一切作爲天可汗、唐朝皇帝的李世民自然不能容忍。好在内地經濟已經恢復，用點府兵、部族兵再臨時招募一些，已有足夠的力量來對付，不致損傷中原的元氣。至於給這些地方的老百姓帶來多少災難，在李世民看來當然是次要的事情。

　　首先，是對付吐谷渾。吐谷渾是生活在青藏高原上的少數民族，在武德年間還曾幫助唐朝打過割據涼州的李軌，這時要向外發展，就不斷侵擾鄰近的州縣。李世民十幾次派使者去宣慰勸阻，沒有用。貞觀八年(公元 634 年)十二月，就任命已經六十五歲的老將李靖爲行軍大總管，統率侯君集、李道宗等六個總管的兵馬，包括東突厥等降服過來的部族兵，大舉進攻吐谷渾。第二年閏四月，李道宗軍初戰告捷，吐谷渾可汗慕容伏允逃入沙磧。李靖兵分兩路，自己率領薛萬均、李大亮等軍走北路，打過積石山和黃河發源地附近的星宿川(都在今青海省内)，到達吐谷渾的最西境。南路侯君集、李道宗急行軍二千里，越過荒無人烟、盛夏降霜的高原地區，人吃冰，馬啃雪，到五月在烏海(今青海東境)追上伏允，擊潰吐谷渾主力。伏允準備西逃于闐(今新疆和田一帶)，李靖指揮少數民族的大將契苾何力和薛萬均輕騎追襲,殺死吐谷渾軍好幾千,擄獲牲畜二十多萬,連伏允的妻兒也被俘,伏允被自己的隨從所殺。吐谷渾擁立伏允的嫡子慕容順做可汗,李世民照例采取寬大措施,下詔封慕容順爲西平郡王,仍讓他做可汗管理吐谷渾部落。但是,不久吐谷渾內部又發生變亂,慕容順被殺,兒子諾曷鉢年紀小,即位後大臣互相爭權,李世民再派侯君集出兵支援,封諾曷鉢爲河源郡王和烏地也拔勒豆可汗。後來諾曷鉢還入朝長安,請求通婚,李世民也同意。他捨不得親生女兒,挑了個宗室的小姐,封做弘化公主,在貞觀十四年二月送到吐谷渾,和河源郡王成親。

現在再講吐谷渾的西南鄰居,生活在西藏、青海高原上的吐蕃。這個少數民族興起得比較晚,和內地一直少往來。貞觀初年出了個年輕有爲的贊普①名叫松贊干布,實力強大起來,在貞觀八年(公元 634 年)派使者帶了許多金寶、財物,到長安請求娶唐朝公主爲妻。也許李世民還看不上這個後起的少數民族,沒有同意。松贊干布很不高興,在貞觀十二年八月,出兵攻擊已經降服唐朝、得到李世民支持的吐谷渾,同時給李世民寫了信,強橫地說:"若不許嫁公主,當親提五萬兵,奪爾唐國,殺爾,奪取公主。"接着果真發動大軍二十萬,進迫松州(治所在今四川松潘)。李世民豈是容易嚇倒的,也立即派侯君集爲行軍大總管,帶領牛進達等三個行軍總管、步騎五萬,直奔松州城下展開反擊戰。唐軍人數雖少,都是百戰精銳,而吐蕃兵究竟未遇過大敵,牛進達軍一次夜襲,吐蕃戰士就損傷了一千多。松贊干布不敢再打下去,退兵派使者到長安謝罪,並且獻黃金器千斤,再一次懇求賜婚公主。

①吐蕃把自己的領袖叫贊普,等於吐谷渾、突厥稱領袖爲可汗。

《步輦圖》。描繪唐太宗接見吐蕃使者的情形

　　李世民此時知道這位青年贊普也不容易對付，同時這年二月裏已經賜婚吐谷渾諾曷鉢，索性也同樣找位宗室的女兒，加封爲文成公主，來滿足松贊干布的懇求。這下子松贊干布高興了，在貞觀十五年正月，派宰相禄東贊到長安來迎接這位公主。李世民也派現任禮部尚書的宗室李道宗送公主入蕃，並且代表李世民主婚。松贊干布知道了，趕快親自來到河源，以女婿之禮恭迎代表大皇帝的李道宗。文成公主帶來的嫁妝也很豐厚，大車上是莊嚴的佛像，大隊騾馬背上是耀眼的珍寶，氣派的衣服，綉着獅子、鳳凰的錦緞墊帔(pèi)，色彩鮮明的綢帛，還有金玉書櫥，裏面裝滿了各式各樣的書籍，有經典，還有醫藥和工藝的著作。還怕高原生活艱苦，帶來了各種吐蕃人從未見過的新奇食物、飲料，還有高原沒有的蕪菁種子。松贊干布大開眼界，決心要用先進的中原文化來改變吐蕃的落後面貌。回去後，專門仿照唐朝的式樣，給文成公主建築了城郭宮室，自己脱掉粗陋的裘皮，改穿送過來的綢緞唐裝，還派貴族子弟到長安國子學去學習《尚書》、《毛詩》等漢文經典。從此，吐蕃境内從生活方式到生産技術都發生了變化，

松贊干布和文成公主像

和吐蕃相鄰的唐朝州縣，也獲得一段時間安寧。這次政治婚姻真
給唐、蕃雙方都帶來了很大的好處。直到今天，吐蕃的後裔藏族
人民還對這位文成公主懷着敬意，她的塑像仍舊供奉在布達拉
宮裏。

　　這次和親以後，松贊干布對唐朝一直很尊敬。貞觀二十二年
（公元648年）唐朝派使者王玄策去天竺即現在的印度，歸途遭到
中天竺王劫掠，松贊干布發兵協助王玄策把中天竺打敗。李世民
逝世後，松贊干布極爲悲痛，表示全力支持新皇帝高宗李治，李治
也同意他和文成公主的請求，贈與蠶種和釀酒、碾米、製造紙墨的
工匠。吐蕃重新入侵給唐朝造成許多困難是松贊干布和文成公
主逝世以後的事情。

　　在松州戰敗吐蕃，松贊干布遣使謝罪、求婚以後，李世民又把

兵鋒指向高昌。高昌在今天新疆吐魯番，統治者麴（qū）氏本是漢人，北魏時已在這裏建國，貞觀初年國王麴文泰到長安朝貢過，以後轉而投靠了當時稱雄西域的西突厥，阻塞了西域到長安的通道。李世民派使者責問，麴文泰却傲慢地説："鷹飛於天，雉竄於蒿，猫遊於堂，鼠安於穴，各得其所，豈不活邪！"李世民再遣使叫他入朝，他仍托病不予理睬。於是，李世民決心讓猫來捕鼠，鷹來抓雉，在貞觀十三年（公元 639 年）十二月，也就是吐蕃已經謝罪請婚之後，再任命侯君集爲行軍大總管，率領副總管薛萬均和東突厥部落等步騎數萬，向高昌進軍。前面講過，在西域緑洲建立的小政權本來兵力有限，等到唐軍已經穿越沙磧，大隊人馬出現在磧口時，麴文泰既驚又怕，發病死去。貞觀十四年八月，唐軍進圍高昌都城，麴文泰的兒子新即位的麴智盛開城投降，被送至長安做個左武衛將軍、金城郡公。高昌舊地則被李世民改爲西州，按中原建置正式設置了州、縣，因爲這裏漢人本來就不少，和吐谷渾、突厥等的情況不同。另外還在這裏設立了軍事機構安西都護府，進一步進取西域對付西突厥。

交河故城遺址。貞觀十四年（640），
置安西都護府於此

西突厥當時占有漢代烏孫的故地，在今天天山山脈以北、伊犁河以南一帶從事遊牧，我國現在的新疆維吾爾自治區，以及印度、巴基斯坦、阿富汗以北，咸海以東，巴爾喀什湖以南的廣大地區，都成爲它的勢力範圍。貞觀十八年（公元 644 年），李世民任命安西都護郭孝恪爲行軍總管，統率三千步騎西進，拿下臣服西突厥的焉耆。貞觀二十一年，又任命少數民族將軍阿史那社爾爲行軍大總管，契苾何力爲副總管，和郭孝恪等統帶十多萬人馬西征。第二年再次拿下重新叛附西突厥的焉耆，繼續向西又拿下龜兹。龜兹西邊、天山南路，還有兩個重要的小國于闐和疏勒，疏勒早已歸附唐朝，于闐王也在阿史那社爾的軍威下，入朝長安。貞觀二十三年正月，李世民把安西都護府遷到龜兹，在都護府統一管轄下，又在龜兹、焉耆、于闐、疏勒分設了四個軍鎮，使唐朝的勢力一直推進到現在的帕米爾高原。西突厥可汗自知不敵，二月裹就派使者入朝長安，不敢再跟唐朝對抗搗亂①。

　　西邊的戰爭講完了，再看李世民怎樣對付北邊的薛延陀。薛延陀本來和回紇、拔野古、同羅等，都是附屬於另一個少數民族鐵勒的部族，在金山一帶活動。鐵勒衰亡後，曾先後依附西突厥、東突厥，東突厥投降唐朝南遷後，現在蒙古人民共和國②以及更北的廣大地區，就很快地被薛延陀所占有，回紇、拔野古、同羅等部都歸它統治。貞觀十五年（公元 641 年），薛延陀真珠可汗發動二十萬人馬南下，想吞併降附唐朝的東突厥部落。李世民派李勣等四個行軍總管分兵迎擊，薛延陀軍撤退，李勣追擊。經過一場激戰，薛延陀軍三千多被殺，被俘五萬，一萬五千匹戰馬也全部被唐軍擄獲。真珠可汗衹好派使者謝罪，並援例求婚。李世民本來倒答應了，後來又藉口拒絕，生怕真珠可汗利用唐朝女婿這個身份，

①到高宗李治時，西突厥又起兵侵唐，唐軍反擊，經過多次戰鬥，終於把西突厥滅掉，天山南北路全部歸附唐朝，由安西都護府統治。
②編者注：1992 年改稱蒙古國。

提高他在回紇等部中的威信。貞觀十九年，真珠可汗死去，兩個兒子火併，拔灼殺死哥哥突利失可汗，自立爲多彌可汗，又乘李世民進攻高麗之機南侵。哪知李世民早有準備，派兵協同東突厥兵迎敵，第二年年初把多彌打敗。多彌本來不得人心，這時回紇等部都紛紛離散。李世民進攻高麗失敗後，也已回到長安。到六月份，就派李道宗、阿史那社爾、契苾何力、執失思力、薛萬徹等，分道北征。多彌可汗和親屬統統被回紇殺死。薛延陀餘衆逃回到金山老家，立真珠可汗的侄兒咄摩支爲首領，去掉可汗的稱號，表示要歸順。李世民派李勣帶兵前往撫慰，又把咄摩支帶回長安，做右武衛大將軍。回紇、拔野古、同羅等十一部，也都派使者到長安朝貢。貞觀二十一年，李世民在這十一部的活動區，用羈縻州的老辦法，設置了六個府、七個州，讓他們的首領充當府都督、州刺史，上面再設立軍事機構燕然都護府作爲總管。

　　最後講一講李世民怎樣打高麗。高麗地處朝鮮半島北半部，北境直抵今天我國的遼寧省東部和吉林省南部，半島南邊還有新羅和百濟。隋文帝時曾出兵打過高麗，失敗了，隋煬帝又先後三次徵發大軍攻打。第一次幾乎全軍覆沒，後兩次由於楊玄感起兵反隋和各地農民起義，也草草收兵。照道理，李世民應該吸取前朝的教訓，尤其是隋煬帝因爲打高麗引起農民起義，終於亡國的教訓。何況高麗在李唐建國後，多次派使者到長安，從未侵擾過唐朝的州縣，不像前面所說的突厥、吐谷渾、吐蕃、薛延陀等，或多或少給中原造成過威脅，還有必要出兵反擊，儘管硬要人家降服直至滅掉人家做得太過分。但李世民不聽親信褚遂良、張亮、尉遲敬德等一再忠告，硬是要出兵打高麗，抓了兩條理由：一條是高麗的大臣泉蓋蘇文殺掉老王另立了新王，從封建道德來説叫"弑君"，是大逆不道，天朝大國應該去討伐；再一條是泉蓋蘇文發兵打新羅，新羅來求救。其實都是藉口，真實原因很可能是想乘人家內部有問題，像滅掉東突厥、吐谷渾、薛延陀那樣輕而易舉取得成功，以顯示"天可汗"的威風。於是在貞觀十八年（公元644年）冬天，派李勣從陸路、張亮從海道兩路進軍，第二年年初李世民親自統率大軍和李勣、張亮會師。哪知在泉蓋蘇文領導下高麗內部很團結，唐軍每打下一個城市，都得消耗很多兵力。最後圍攻安市城（今遼寧蓋縣東北），從六月圍到九月，雖然打敗了高麗的十五萬救兵，安市城仍

薛仁貴榮歸故里。薛仁貴曾參與唐太宗親征高麗

無法攻克。這時天氣已轉冷，運糧又困難，李世民祇好下令退兵。回來的路上風雪交起，泥潦沒腳，死掉戰士好幾千，戰馬幾乎全部喪失，到十一月纔狼狽地進入幽州（今北京一帶）。可以回顧一下，這位大皇帝除當年討伐薛舉淺水原一戰失利外，二十多年來哪一仗不是穩操勝算，連受他驅使的李勣、侯君集之流，都立了赫赫戰功；現在御駕親征，居然重蹈隋煬帝的覆轍，實在心有不甘。貞觀二十一年、二十二年又先後派李勣、薛萬徹出兵，失敗了一次再來一次，執拗到連房玄齡臨死時的勸阻，都置之腦後。什麼納諫求諫一概顧不得了，一直到病危之前，還叫江南打造大船，作再次親征的準備。讀者替他惋惜嗎？要記住，他畢竟祇是個封建時代的人物，而且還是個封建帝王啊！

兒子們

李世民一生,除掉高麗沒有打下始終不甘心外,還有一件不樂意的事情,就是長孫皇后沒有給他生好兒子。

唐太宗像

兒子是有的,除妃嬪給他生了十一個兒子,祇比父親李淵的妃嬪少生七個外,長孫皇后親生的就有三個;武德二年(公元 619 年)李世民二十二歲時,就給他生了個大兒子,因爲生在大内裏賜給秦王居住的承乾殿,就起名叫承乾;第二年又連生了個李泰①,當時秦王已有不少妃嬪,在李承乾出生不久分別給他生了二個兒子,所以排起來李泰成了李世民的第

---

①《舊唐書》的《李泰傳》説李泰死於高宗永徽三年,即公元 652 年。倒推上去他就得生於公元 618 年即武德元年,比大哥李承乾出生還早一年,怎麼可能?因此我推測《李泰傳》的永徽"三年"應是"五年"之誤,這樣他的生年就成爲武德三年,做李承乾的弟弟正合適。

四子;第三個李治來得最遲,貞觀二年纔出世①,在這以前妃嬪們
又生過四個兒子,到李治已是第九子。

　　按照慣例,李世民武德九年(公元 626 年)剛做上皇帝後,就
立李承乾做皇太子。李承乾當時纔八歲,聰明活潑,李世民很喜
愛。貞觀九年(公元 635 年)太上皇李淵死了,李世民照儒家的禮
法守孝,日常政務交給十七歲的皇太子李承乾處理,居然很能識
大體。以後,每逢李世民有事外出,都讓李承乾在長安留守監國。
不幸的是腿不知怎樣出了毛病,慢慢地走路都有些困難。這就給
弟弟李泰提供了機會。

　　生長在秦王府裏的李泰,當然和哥哥李承乾一樣,從小就受
到完備的封建教育,權力、地位、名譽這一套深深印入了腦海。尤
其是父親李世民當上皇太子、皇帝的事情,使他不能無動於衷。
自己也是皇后親生的第二個皇子麽,爲什麽不能像父親那樣君臨
天下呢? 如果哥哥什麽都比自己强,那也祇好忍住這口氣,現在
成了個瘸子,歷史上有過瘸皇帝嗎? 但是,現在已經海內承平了,
沒有王世充、竇建德之流好讓他去征討、立戰功,打吐蕃、打高昌
也輪不到他這個未成年的皇子出馬,祇好先在文的方面給自己樹
點聲譽,擴大點政治影響,而且自己從小愛好文學,對此道也正是
内行。這時,他已被封爲魏王了,按慣例魏王府裏也和當年秦王
府、齊王府那樣,可以有文學館,可以自己招用學士。李泰就叫學
士蕭德言、顧胤等人替他編寫成一部綜述古今的大型地理書《括

---

① 《舊唐書》裏把李承乾説得如何"好聲色",如何"慢遊無度",甚至把他學習
　父親的納諫也説成是裝樣子給人看,這都是李治即位後史官故意給他潑
　的污水,好以此來抬高李治,使李治當上皇帝成爲理所當然,衆望所歸。

地志》①，在貞觀十五年（公元 641 年）進呈給父親李世民，大受贊賞。另外，再學習父親的老辦法，拉攏一夥人作爲魏王府的死黨。像韋挺本是當年李建成的親信，對太子和諸王之間的鬥爭最有經驗，像杜楚客是當年秦王府大謀士杜如晦的親弟弟，還有房遺愛是另一個大謀士房玄齡的兒子，柴令武是李世民妹夫柴紹的兒子，這兩個青年人還都是李世民的女婿，來頭既大而且都不是安分之徒。通過他們再結納朝廷的許多文武官員，形成了一個政治小集團。

　　太子李承乾腿雖不行，人並沒變傻，何況還有當年玄武門之變中伯伯、叔叔人頭落地的教訓。他趕忙也結集一夥力量，拉了幾個死黨，來和魏王府對抗。其中大人物有玄武門九幹將之一、當時打吐谷渾滅高昌立了大功的侯君集，有杜如晦的兒子、李世民的另一個女婿杜荷，有李承乾的叔父、李淵的第七子漢王李元昌。另外，東宮裏還養着好多亡命之徒和刺客。

　　一開始，李承乾學父親的老辦法，祇想對和自己爭當繼承人的魏王李泰下手，布置刺客紇干承基等去暗殺，没有成功，就把矛頭轉過來對準父親李世民。貞觀十七年（公元 643 年）三月，李世民第五子、外任齊州（治所在今山東濟南）都督的齊王李祐起兵叛亂，李承乾對紇干承基説："東宮西墙翻過去就是大内，我們要動手方便得很，哪用像齊王那麽胡幹。"誰知紇干承基和李祐有過往來，李祐失敗後受牽連，被抓進監獄，他想立功免死，把李承乾説的話和準備進大内收拾李世民的密謀，統統揭發出來。李世民大吃一驚，立即把李承乾扣押，交給宰相長孫無忌、房玄齡等嚴加審問。李承乾一一招認，還在李世民面前流着泪説："臣貴

───────────

①原書有五百五十卷，後來失傳了，現在看到的是把其他古書裏引用的《括地志》原文搜輯出來重加編排的本子，連原書的十分之一還不到。

爲太子,更何所求？祇是魏王要謀算臣,臣爲了自安,纔聽信了壞人的話,昧了良心想圖謀不軌。"李世民心想也對,又轉過來審查魏王府,發現李泰玩的花樣也夠可怕。這一下,真把這位大皇帝氣昏了,原來兒子們好樣不學,偏把自己和李建成、李元吉的那一套學到了家。如果讓他們得逞,自己豈不和父親李淵同一個結局。好在大權還在自己手裏,誰要背着自己另搞小集團,都讓他得不到好下場！這真是祇許自己當年奪權,不許兒子今天仿效,説穿了還不是一切都爲了自己的權勢,誰要妨礙,就得叫誰讓路。

太子李承乾和魏王李泰都完了,長孫皇后親生的祇剩了封爲晉王的李治,這年李治纔十六歲,比二十五歲的李承乾、二十四歲的李泰小得多。小也有好處,想高升的文武官員都投靠魏王府和東宮,誰也不想到晉王府裏去找未成年的小孩子。這正合李世民的胃口,他決心立這個没有小集團的晉王當皇太子。但没有小集團也有個壞處,將來上了臺,會缺少心腹,得不到有力支持。這也好辦,由李世民用自己的親信大臣去輔佐這位新太子,代表自己的意志,對新太子、未來的小皇帝既支持又監護。

於是,封建政治家李世民作了一場精彩的表演。他在上朝時,把李治帶在身邊,等文武百官退出時,光把宰相長孫無忌、房玄齡留下來,再外加褚遂良和李勣。褚遂良是李世民新提拔的親信,李勣則是在李靖老病退休以後,地位最高的將領,雖不怎麼親信,得到他的支持也有好處。這時,李世民歎口氣説:"想不到我三個兒子、一個弟弟幹出這樣無恥的事情①,我活着也没有什麽

---

① 三個兒子除了李承乾、李泰之外還有一個在齊州反叛的李祐,一個弟弟是跟李承乾一起要收拾自己的漢王李元昌。

樂趣!"順手拔出佩刀往身上刺,長孫無忌等趕快上前,把刀奪下來,問李世民究竟有什麼吩咐,一定遵旨照辦。李世民說:"我要立晉王!"長孫無忌馬上接口說:"謹奉詔,有異議者,臣請斬之。"李世民對李治說:"你舅父答應了,還不趕快拜謝!"

於是,這年四月一日,李世民正式下詔宣稱皇太子李承乾有罪,廢爲庶人(平民)。漢王李元昌、侯君集、杜荷等黨羽,統統處死。七日,下詔立晉王李治爲皇太子。十日,加授司徒長孫無忌爲太子太師,司空房玄齡爲太子太傅,兵部尚書李勣爲太子詹事並提升爲宰相①。十四日,魏王李泰降爲東萊郡王。死黨杜楚客廢爲庶人,房遺愛礙於房玄齡,不便處理。柴令武、韋挺也都没事,其餘統統貶逐到嶺南。以後,李泰也貶到鄖鄉縣,李承乾貶逐到黔州。究竟是自己的兒子,和侄兒不一樣,不忍心像當年對李建成、李元吉諸子那樣斬盡殺絶。

後來,李世民又想立第三子吳王李恪,是隋煬帝的女兒楊妃給他生的兒子,據說才兼文武,李世民常說他跟自己很相似。但爲什麼廢李承乾時不立他,後來纔想立呢?應該是李世民對李治又產生了懷疑。事情出在貞觀十九年(公元645年),李世民打高麗失敗後回來,心情不好,行軍又辛苦,中途發病長了個癰疽(yōng jū),看上去頗有點危險。留在定州(治所在今河北定縣)輔佐太子李治監國的宰相劉洎是個有野心的人物,準備李世民一有三長兩短,馬上擁立十八歲的李治做皇帝,自己獨攬朝政,把平時合不到一起的大臣統統翦除。褚遂良知道了,向李世民檢舉揭發,李世民自然不能容忍,結果劉洎賜死,李治也脱不掉和劉洎等

①唐代的太尉、司徒、司空爲"三公",在唐初由宰相升"三公"還都是宰相,以後纔變成崇高的榮譽性空頭銜。

背着李世民搞小集團的嫌疑。幸好長孫無忌衹剩了李治一個親外甥，爲保持將來的權力，不願換個和自己素無關係的李恪，於是秘密進言勸阻，李治的皇太子這纔保住。但因此李治又和哥哥李恪結上冤仇，即位後借房遺愛、柴令武等的謀反案子，把他牽進去統統處死。

昭　陵

　　"人生七十古來稀"，唐代大詩人杜甫的這句詩今天已經不適用了，活到七十歲已是極平常的事情。但古代封建社會裏的衛生醫療條件遠不能和今天相比，杜甫自己在當時不算短命，也衹活了五十九歲。何况他的先帝李世民，從打天下、搶皇帝，到治理國家、對付少數民族，三十年來確實消耗掉不少精力，平時過的又是宮廷裏那種不健康的生活，儘管錦衣玉食，身體應該還不如杜大詩人。

唐太宗像

　　貞觀十七年（公元 643 年）廢立皇太子，貞觀十九年打高麗失利，接着又發生劉洎準備擁立李治的事情，一連串不如意，使李世民感到迅速地在衰老。好容易治癒了幾乎致命的癰疽，貞觀二十一年四月裏又得了風疾，雖然還不算嚴重，但心煩怕熱，大內住得厭煩，叫人把終南山的廢宮修葺成翠微宮，住進去養病。住到七月底，又嫌翠微宮占地太小不便活動而搬回大內。折騰了大半年，到十一月

底纔有所好轉。不過已不能像過去一樣天天上朝，祇好改成三天
一次聽政。

　　當年又没有專治腦血管病和維護健康的有效藥物，貴族上層
分子最愛用的補藥，都是所謂金石之藥，像硫黄、鐘乳之類的礦
物。最早魏晉人吃的"寒食散"，也叫"五石散"，就是硫黄、鐘乳、
紫石英等五種礦物研碎調製起來的金石之藥。以後道教徒們煉
丹藥，自吹煉成了可以點鐵成金，吃下去可以不死甚至白日成仙
飛昇，也還是這類貨色。今天這種鬼話當然没人相信了，在古代
尤其宋以前，是頗有市場的，因爲吃得好確實會使四體不勤的貴
人感到壯盛有精神，儘管礦物毒性發作起來，有可能把人弄成殘
廢，調劑得不合適還會馬上叫人送命。生活在封建社會的李世
民，再英明、再有才能，同樣免不了染上這種惡習，尤其是年老體
衰後，更想依賴金石來延年益壽。貞觀十七年曾經賞賜鐘乳來獎
勵直言進諫的大臣，可見他自己也吃，而且認爲很有效。貞觀十
九年長癰疽，也很可能是藥物的毒性在發作。可是，李世民仍舊
執迷不悟，還嫌國産的金石藥不理想，貞觀二十二年五月，召見了
一名印度中天竺國名叫那羅邇娑婆寐的方士，相信了他"壽二百
歲，有長生之術"等鬼話，派使者到各地采集奇藥異石，讓他來替
自己煉延年藥。第二年初煉成了，吃下去身體反而更壞。到三月
裏，李世民支持着病軀，到顯道門外接受最後一次朝見。過不了
幾天，就宣布由太子李治上朝聽政，自己在四月裏再到翠微宮養
病。拖到五月裏，藥毒大發，腹瀉不止，御醫們束手無策。李世民
自己也已知道走到了生命的盡頭。

　　但是爲了唐朝政權，爲了下一代，爲了他畢生辛苦經營的事
業不致由此在中國大地上消失，他在病危中還要作一系列的安
排。宰相中房玄齡已經不在了；妻舅長孫無忌久經考驗，自然没

有問題；褚遂良資歷淺一點，却多次揭發過像劉洎等人的陰謀，對自己够得上忠心耿耿；祇有李勣究竟不算自己的親信，放在宰相位置上有點不放心，於是一道詔書讓他到邊遠的疊州去當都督，借重這位軍事專家去監視强大起來的吐蕃①。臨終的時候，祇留長孫無忌、褚遂良和太子李治在身邊。李世民躺着，語言艱澀地對長孫無忌、褚遂良説："卿等忠烈，朕所深知，當年漢武帝托孤霍光，劉備托孤諸葛亮，朕的後事都交付卿等。太子仁孝，卿等必須盡誠輔佐，永保宗社。"又看了看李治，説："有無忌、遂良在，國家之事，汝可毋庸擔憂。"還考慮到褚遂良能力超過長孫無忌，對褚遂良説："無忌盡忠於朕，朕有天下，多是此人之力，卿輔政以後，勿令讒毀之徒損害無忌。"又叫褚遂良代他草寫遺詔。不一會就氣息漸微，與世長辭。曆書上記着這天是貞觀二十三年五月己巳，也就是五月二十六日，換算成今天的公曆是公元 649 年 7 月 10 日，傳統算法享年五十二歲，用公曆、按今天的算法，祇有五十歲零五個半月。

然後，翠微宫裏、大内裏、朝廷上照例要忙亂一陣子。先是二十二歲的太子李治即位，再是給先帝李世民上謚號"文皇帝"，上廟號"太宗"。然後排起了隆重的儀仗，把遺體安葬進昭陵。

昭陵在長安西邊醴泉縣（今陝西禮泉）九嵕（zōng）山的最高峰上，是李世民生前親自選定的地點。貞觀十年長孫皇后死後，

①史書上説是李世民怕李治於李勣無恩，故意先由自己把他貶出去，再讓李治把他召回當宰相，好使他成爲李治的親信。這應是李治即位召用李勣後，史官故意編造的，用來説明皇帝和先皇帝之間在用人上並無分歧。

就先葬進陵裏。這時把李世民的靈柩送進地下的玄宮①，和她合葬到一起。玄宮裏照例陳設了生前用過的衣飾、器具和大量金寶、珠玉，東西厢還排列着放置石函的石床。石函的鐵匣

昭陵外景

裏，珍藏着李世民最心愛的法書名畫，著名的《蘭亭序》據説也在裏面②。地面上的氣勢當然更雄偉，陵園的周圍長達六十公里，有垣墻圍遶，中間有祭祀用的獻殿，有供李世民靈魂活動的寢宮。垣墻北面也和大内一樣叫玄武門，門外陳列着降服或親附“天可汗”李世民的十四位少數民族首領石像。前面講到過的突厥頡利可汗、吐谷渾烏地也拔勒豆可汗、吐蕃贊普松贊干布、高昌王麴智盛，以及焉耆王、于闐王，都在其中。門内東西兩邊陳列李世民打天下時犧牲了的戰馬的石刻浮雕，有平薛仁杲時的白蹄烏，平宋金剛時的特勒驃，平王世充、竇建德時的什伐赤，平竇建德時的青騅（zhuī），平東都時的颯露紫，平劉黑闥時的拳毛騧（guā），也就是後人通稱的“昭陵六駿”，用來宣揚李世民的戰功。陵園外圍，還先後陪葬有妃嬪、皇子、公主、將相大臣文武百官以及少數民族將軍等，一共一百五十六座墳墓。如果李世民地下有靈，也有這些

①皇帝陵墓裏安放靈柩的地方，做成宮殿的形式叫“玄宮”，現在也稱爲“地宮”。

②據説，唐亡時昭陵被盜發，其他書畫都取走，衹漏下了《蘭亭序》，日子一久，紙張起化學作用就化爲烏有。

昭陵六駿之"什伐赤"　　　　昭陵六駿之"青騅"

人像生前那樣給他擺出內廷外朝的排場①。

　　當然，還是前面説過的"一朝天子一朝臣"。李治即位後，不願接受舅父長孫無忌和褚遂良的監護，過不了幾年，就和父親的遺妾，當時已成爲他妃嬪的武氏合謀，把這兩位托孤重臣貶逐謀害。武氏做了皇后以後，又從李治手裏奪取大權，終於改唐爲周，自己當上了則天皇帝。李世民生前的人事安排，幾乎全部落空。但是，經濟還是不斷發展的，國勢還是興隆的。到李世民的重孫李隆基(唐玄宗)在位的時候，還出現了超越"貞觀之治"的"開元盛世"②。經過一次農民大起義之後，中國社會會有上百年的發展繁榮，這已成了客觀規律，誰來當政做皇帝也是無法改變得了的。

　　對李世民本人呢？隨着時間的推移，他的缺點、毛病，包括玄

①現在昭陵的地面建築早都不存在了，石像剩了三個座子，六駿中的颯露紫、拳毛騧在民國初年被不肖之徒盜賣給了美國人，陪葬墳墓多數也早已被平掉，一部分殘存的墓碑和建國後發掘出來的墓誌陳列在昭陵博物館裏。
②"開元"是李隆基的年號。

武門之變和一切散發着血腥氣味的東西，逐漸被人們淡忘，人們記住的是他的功績。開元時史官吳兢根據《太宗實錄》，把李世民的嘉言懿行匯編成一部《貞觀政要》，作爲學習做好皇帝的教科書。唐代後期出了個比較勤政的皇帝唐宣宗李忱，人們就稱贊他是"小太宗"。甚至在李隆基晚年爆發了"安史之亂"，安禄山叛軍在靈寶戰敗官兵時，還出現了幾百隊打着黄旗的昭陵鬼兵和叛軍戰鬥的神話，還説後來發現昭陵的石人、石馬都流着汗，人們希望李世民在天之靈來呵護大好河山！

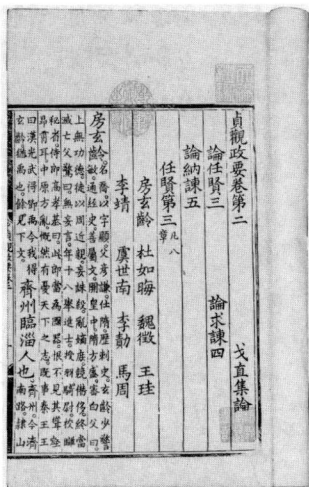

《貞觀政要》書影

　　最後，讓我給讀者抄録大詩人杜甫在叛軍敗退、長安收復後經過昭陵所寫的詩篇《行次昭陵》，作爲這本傳記的結束：

　　　　舊俗疲庸主，群雄問獨夫①。
　　　　讖（chèn）歸龍鳳質②，威定虎狼都③。
　　　　天屬尊《堯典》④，神功協《禹謨》⑤。

————————

①疲庸主、獨夫，都指隋煬帝。群雄，指隋末各路農民軍和封建割據者。

②傳説李世民四歲時有書生説他是"龍鳳之姿，天日之表"，這當然是李世民做皇帝後所僞造。

③虎狼都，指關中長安，因爲我國過去天文學上認爲秦的分野是參星（白虎星）和狼星，所以杜甫用虎狼之都來稱長安。

④《堯典》是《尚書》的第一篇，傳説堯讓位給舜，用來比喻李淵讓位給李世民。

⑤《大禹謨》是僞《古文尚書》中的一篇，當時認爲是真的，裏面講了一通禹的文治武功，借來歌頌李世民的神功。

　　　　風雲隨絕足①，日月繼高衢②。

　　　　文物多師古③，朝廷半老儒。

　　　　直詞寧戮辱④，賢路不崎嶇⑤。

　　　　往者災猶降，蒼生喘未蘇⑥。

　　　　指麾安率土，盪滌撫洪爐⑦。

　　　　壯士悲陵邑⑧，幽人拜鼎湖⑨。

　　　　玉衣晨自舉⑩，石馬汗常趨⑪。

　　　　松柏瞻虛殿，塵沙立暝途⑫。

　　　　寂寥開國日，流恨滿山隅⑬。

---

①指文武賢豪追隨李世民協助他建立勛業。

②日月，指李世民。高衢，高的通道，指儒家所説施政的"王道"。

③文物，指衣冠文物，也就是今天人們説的各種制度。

④指納諫。寧，難道會。

⑤指用人。賢路，賢能進用之路。

⑥這兩句指安禄山叛亂。

⑦這兩句指平亂，率土就是天下，洪爐也就是天地。

⑧漢代營建皇帝陵墓後要遷一批人在鄰近居住，所以這裏稱陵邑，指的是昭陵。

⑨鼎湖，神話中黄帝昇天的地方，這裏也指昭陵。

⑩玉衣，帝王大貴族的金縷玉衣，這裏指李世民的靈魂穿上玉衣仍在活動。

⑪這就是講昭陵石人石馬和安禄山叛軍作戰的神話。

⑫這兩句講杜甫本人經過昭陵，講他所見到的景象。

⑬這兩句感慨後人不能繼承李世民的功業。

附録　唐太宗生平大事年表

隋文帝開皇十八年(公元 599 年)　一歲

　　生於武功。

隋煬帝大業九年(公元 613 年)　十六歲

　　娶長孫氏爲妻。

大業十一年(公元 615 年)　十八歲

　　父李淵任山西河東撫慰大使,隨任。煬帝被圍雁門,隨軍救援。

大業十二年(公元 616 年)　十九歲

　　李淵任太原留守,隨任。隨李淵鎮壓甄翟兒。

大業十三年(公元 617 年)　二十歲

　　隨李淵在太原起兵反隋。與兄建成取西河郡。與兄隨李淵
攻取長安。

唐高祖武德元年(公元 618 年)　二十一歲

　　與建成進窺洛陽,旋回長安。李淵廢隋建唐。受封爲秦王。
西征薛舉大敗。再度西征平薛仁杲。

武德二年(公元 619 年)　二十二歲

　　北征劉武周、宋金剛。長子承乾生。

武德三年(公元 620 年)　二十三歲

　　平劉武周、宋金剛。與元吉東征王世充。第四子泰生。

武德四年(公元 621 年)　二十四歲

擒竇建德,平王世充。與元吉征劉黑闥。

武德五年(公元 622 年)　二十五歲

擊敗劉黑闥。

武德七年(公元 624 年)　二十七歲

與東突厥頡利可汗、突利可汗結盟,退其兵。

武德九年(公元 626 年)　二十九歲

六月四日,在玄武門發動軍事政變,襲殺建成、元吉而爲皇太子。八月九日,即位爲皇帝,李淵退爲太上皇。在便橋與頡利可汗結盟,退東突厥兵。

唐太宗貞觀元年(公元 627 年)　三十歲

規定宰相入大內議事,諫官應隨同。

貞觀二年(公元 628 年)　三十一歲

詔天下州縣設義倉。第九子治生。立孔子廟堂於國學。

貞觀三年(公元 629 年)　三十二歲

命李靖、李勣等擊東突厥,突利可汗降唐。

貞觀四年(公元 630 年)　三十三歲

擒頡利可汗,平東突厥。被西北各族首領尊爲"天可汗"。

貞觀六年(公元 632 年)　三十五歲

編排"功成慶善樂"。

貞觀七年(公元 633 年)　三十六歲

編排"七德舞"。頒行新校定《五經》。

貞觀八年(公元 634 年)　三十七歲

命李靖等爲黜陟大使巡察州縣。

貞觀九年(公元 635 年)　三十八歲

太上皇李淵逝世。李靖平吐谷渾。

貞觀十年(公元 636 年)　三十九歲

《梁書》、《陳書》、《北齊書》、《周書》、《隋書》修成。皇后長孫氏逝世。

貞觀十一年（公元 637 年）　四十歲

頒行修訂的唐律。

貞觀十四年（公元 640 年）　四十三歲

命侯君集滅高昌，設州縣。

貞觀十五年（公元 641 年）　四十四歲

以宗室女爲文成公主，嫁吐蕃贊普松贊干布。

貞觀十六年（公元 642 年）　四十五歲

孔穎達等修成《五經正義》。

貞觀十七年（公元 643 年）　四十六歲

廢皇太子承乾，貶魏王泰，立晉王治爲皇太子。房玄齡等修成《高祖實錄》、《今上實錄》。

貞觀十八年（公元 644 年）　四十七歲

命郭孝恪平焉耆。

貞觀十九年（公元 645 年）　四十八歲

命玄奘撰《大唐西域記》。進攻高麗，不克退還。中途患癰疽。

貞觀二十年（公元 646 年）　四十九歲

命孫伏伽等巡察州縣，黜陟官吏。命李道宗等平薛延陀。《晉書》修成。

貞觀二十二年（公元 648 年）　五十一歲

命阿史那社爾平龜兹。

貞觀二十三年（公元 649 年）　五十二歲

服那羅邇娑婆寐所煉延年藥。五月二十六日（公曆 7 月 10 日），病逝於翠微宮，謚號文皇帝，廟號太宗，葬於昭陵。

後　記

　　研究唐太宗李世民這個歷史人物，這幾年似乎成了熱門。且不說報刊上的文章，給他寫傳記、印成厚本子出版的就已有三四部，現在，《祖國叢書》裏又開列了《唐太宗李世民》這個題目，要我再來寫一本簡要的小册子。

　　《祖國叢書》是以中等文化程度的廣大讀者，特別是以青年爲對象，這種給中等文化程度的讀者寫的小册子，一般都歸入通俗讀物。但通俗讀物不等於庸俗讀物，不能對付着亂寫一氣來哄讀者，它和學術專著、教科書一樣，也要向讀者負責。爲此，我對自己提出如下的要求。

　　庸俗讀物除有些屬於荒誕離奇低級趣味以外，有個共同的壞處，就是不講科學。通俗讀物則必須講科學，必須講點馬克思主義。譬如說，有些人寫唐太宗或其他歷史上的所謂"正面人物"，往往不寫缺點錯誤，明明看到有，也來個"隱惡揚善"，藏起來不讓讀者知道，這就不科學。"金無足赤，人無完人"，今天評論同志都要一分爲二，對封建社會裏的人物，尤其是封建統治階級，怎麼能評上個全優呢？列寧說得好，"在分析任何一個社會問題時，馬克思主義理論的絕對要求，就是要把問題提到一定的歷史範圍之內"（《論民族自決權》）。就李世民來說，就應該老老實實地把他寫成一個封建帝王，封建帝王的階級本性，由階級本性決定的種種陰暗面,祇要李世民身上有的,都應該毫不隱諱地寫出來,這是一個方面。另一方面,李世民畢竟又是一個有才能有作爲的皇帝,在封建社會的條件下,在階級本性許可的條件下,他對祖國的統一、富强做了不少有益的工作,給中華民族的歷史增添上光輝的一頁,這些當然更要寫。既有光明面,又有陰暗面,這樣寫出來的纔是有血有肉的真李世民。讓讀者通過真李世民,看到即使在封建社會,我們祖國尚且能産生出有才能、有作爲的帝王,在統一國家、建設國家上做得有聲有色。今天我們來建設社會主義的祖國,自然會更加有信心、有幹勁。我認爲,這纔叫宣揚愛國主義。否則,把封建帝王寫得一無毛病,使讀者忘掉了封建統治階級的階級本性,忘掉了封建社會和社會主義社會的本質區別,甚至在個別讀者中産生封建社會也不壞,祇要出個好皇帝就可以的想法。這豈不是在開倒車,豈不是對清除封建主義殘餘大不利,大有悖於社會主義的愛國主義。

寫歷史人物的傳記不比寫歷史小説,寫歷史小説可以虛構,祇要虛構得合理就可以,傳記則必須是真人,還必須是真事。而寫真事難度比較大,因爲目前主要祇能依靠舊式的史書。這些史書分量倒不小,像"二十四史"裏的《舊唐書》就有二百卷,《新唐書》更多到二百五十卷,編年體《資治通鑑》裏記載唐代的也有八十一卷,其中有關李世民的資料可謂多矣!但這些資料絶大多數都來源於唐朝人編寫的《太宗實録》,還有一本專門講李世民的《貞觀政要》,也全部根據《太宗實録》。這種實録是按日記載大事的,哪年哪月哪天發生什麽大事雖不大會記錯,但事情的真相、特別是不太光彩的内幕新聞,就很不樂意透露。唐朝人總要給這位太宗皇帝説好話嘛!而要説好話,又很難避免牽連到他的哥哥李建成、弟弟李元吉,以至他的父親唐朝的開國皇帝唐高祖李淵。

李建成、李元吉都是被李世民殺死的,李世民的皇帝寶座也是從李淵手裏奪取的,要說成奪得有理,殺得有理,就祇好用篡改歷史的辦法給李建成、李元吉潑髒水,把他們說成是大壞蛋,連李淵也說成是什麽本領都沒有的糊塗蛋。今天來寫唐太宗,自然不好再被實錄之類牽着鼻子走,應該把事情核實清楚。從李淵在太原起兵到打進長安做上皇帝這一段,幸好有一本沒有被篡改過的《大唐創業起居注》作爲依據。以後沒有這樣現成的好資料,那就祇能從《舊唐書》、《資治通鑑》等史書裏細心挑選不曾被篡改過的地方,加以分析研究,來弄清楚事情的真相。在《唐太宗李世民》這本小書裏,有很多地方就是根據我個人分析研究的結果來寫的。有人會說,你的分析研究一定正確嗎? 當然不敢說一定正確。如果錯了,而且被高明的讀者發現了,在再版時認真改正就是。

　　除了弄清真相、講究科學外,通俗讀物還應該寫得有趣味。現在的歷史教科書有個毛病,太缺乏趣味性,大學裏用的不用說了,連中學課本都習慣板着臉說話,好像講科學就非板臉不可,而不懂得寓科學於趣味,有時會收到更大的效果。教科書是學生必讀的,即使沒趣味,也得硬了頭皮讀,不讀無法應付考試。《唐太宗李世民》這類通俗讀物就不同了,它不是什麽必讀書,如果寫得"語言無味,面目可憎",誰願意花人民幣買來活受罪呢! 當然,我不是文學家,更不是小說家,要把這本《唐太宗李世民》寫得有趣味祇怕文字修養還不夠,很可能仍舊寫得不夠流暢,不夠生動,不過主觀上總想作點努力,不讓讀者看了太乏味。有趣味不一定講打仗,說故事。有時候在說故事的同時,還得講點道理。我想,如果真把道理講清楚,不是強詞奪理或故作高深,不背乾巴巴的教條,讀者可能還是會感到有趣味的。記得四十多年前我在高中上學的時候,讀過老師呂思勉先生寫的《三國史話》,故事少,道理

多,可仍很感興趣,很解渴,我寫這本書在有些地方就想向老師
學習。

　　以上這三個要求我究竟做到了沒有,讀者在看完這本小册子
後一定會作出公正不留情面的評判。

《舊唐書》與《新唐書》

爲什麼要介紹這兩部書

　　這裏要給讀者介紹兩部歷史書《舊唐書》和《新唐書》。前一部是五代後晉時人編寫的,後一部是北宋人編寫的,都是記述唐代歷史的舊史書,在舊時代稱之爲"正史",和其他"正史"《史記》、《漢書》等一共二十四種合成二十四史。

　　可能有人提出這樣的問題:"今天是新社會,應該看新的歷史

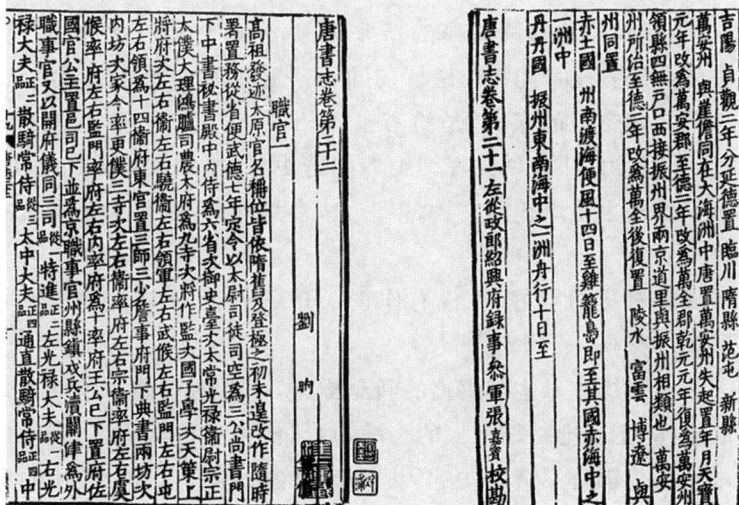

《舊唐書》(《四部叢刊》影印宋刻本)書影

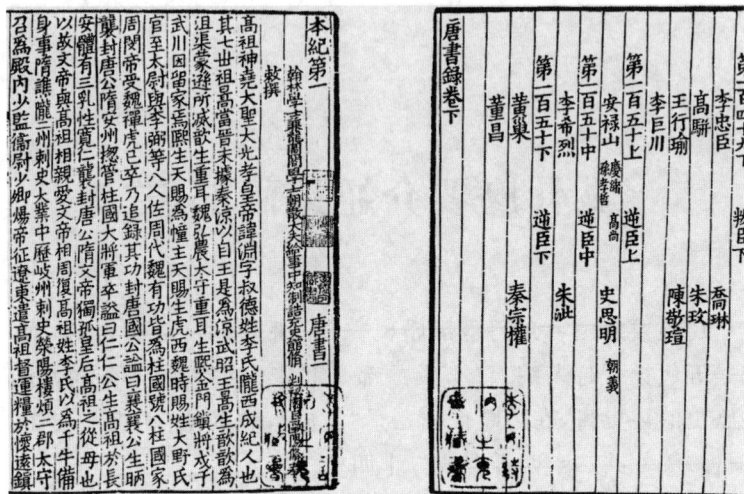

《新唐書》(《四部叢刊》影印宋刻本)書影

書,看用馬克思主義來編寫的新歷史書,介紹封建社會的這些舊史書幹什麼?"也可能提出這樣的問題:"這些舊史書都是所謂'正史',是封建帝王的家譜,是給帝王將相樹碑立傳的,難道今天還有用處,為什麼不介紹點民間編寫的野史?""要知道唐代的歷史,應該到西安去看唐代的文物,多形象,多具體,介紹這些舊書本有什麼用?"

問題都提得很好,在沒有作正式介紹之前,應該先對這些問題和讀者交換一下看法。

今天用馬克思主義編寫的新歷史書,可以向我們揭示歷史的發展規律,正確地總結前人的經驗,當然比舊史書高明,但是任何一本新史書都離不開舊史書,因為新史書引證的史料、描述的史實都取材於舊史書,現代人再怎樣聰明,也決不能憑空想像出幾百年前、幾千年前所發生的事情。就以《舊唐書》和《新唐書》來説，如果這兩部書失傳了，其他有關唐代的文獻和史料也統統失傳了，那到今天恐怕連唐太宗是誰，武則天是誰，都鬧不清楚，還談得上編寫新的唐史嗎？新的歷史書祇是用馬克思主義把舊文獻舊史料作一番分析，從而揭示歷史現象的本質，找出它的發展規律而已。歷史事實的本身，還得依靠舊文獻舊史料提供。

有了新的唐史，是否就可以不讀舊文獻舊史料，不讀《舊唐書》、《新唐書》了？如果你祇要求知道一點唐代起碼的歷史知識，讀一本中國古代史教科書便可以了，連專門論述唐代的著作都不用讀，更不必讀什麼《舊唐書》、《新唐書》。但如果你要知道得詳細一點，深入一點，教科書就不够了。專門論著呢？在某一個問題上可能講得比較詳細，比較深入，但還有更多的問題沒有人寫過專門論著。何況，研究歷史和研究任何學問一樣，都要不斷地發展，不斷地作更深入的探討，就算教科書和專門論著都寫對了，也不能到此爲止，何況有時還不一定講得對，這都需要我們根據《舊唐書》、《新唐書》和其他文獻史料，繼續做研究工作。大學裏要辦歷史系，還要招收研究生，就是要培養這方面的人才。我認爲，青年人如果真對祖國的歷史有興趣，對唐代歷史有興趣，就應該在文獻史料上多下些功夫，用馬克思主義的觀點寫出更好的新教科書、新論著，不要以讀幾本現成的教科書爲滿足。

現在再説《舊唐書》、《新唐書》本身。這兩部書是"正史"，而且還是政府出面纂修的所謂"官修"的"正史"。但是否這就可以説都是帝王的家譜，都是在給帝王將相樹碑立傳呢？恐怕不能這麼説。所謂"正史"，其實本來祇是紀傳體的史書，這是我國大史學家司馬遷的《史記》所開創，而爲後來許多史學家所沿用的一種史書體裁。它一般包括"本紀"、"志"（在《史記》裏叫作"書"）、"表"、"列傳"四大部分，後來有的沒有表，有的連志也不曾寫，但本紀和列傳一直都是有的，因此唐代大史學家劉知幾在他的名著《史通》裏就稱這種體裁的史書爲紀傳體。爲了把事情弄得更清楚些，我們可以分別看一看本紀、志、表、列傳，看看是不是都是在給帝王修家譜，給帝王將相樹碑立傳，歌功頌德。

本紀，通常也簡稱爲“紀”，是以皇帝的年號來紀年的編年史，如唐太宗貞觀元年正月某日有什麼事，二月某日有什麼事之類，通常一個皇帝編寫一個本紀，粗看上去真有點像給皇帝樹碑立傳的樣子。其實，當時我國並沒有采用公元紀年，不用皇帝的年號來紀年能用什麼呢？而且本紀裏按年按月按日記載的一般都是國家大事，講到皇帝本身也因爲皇帝在封建社會裏是中央政權的首腦，重大的措施要以皇帝的名義來發號施令。至於皇帝個人的品德、生活等實際上很少講到，即使開國皇帝如唐高祖在沒有當上皇帝前也主要講他如何積蓄力量，如何取得政權，對其家庭出身、個人品德、私人生活等等祇捎帶說了一點，不能說這就是皇帝的傳紀或家譜。相反，正是依靠本紀這種體裁，纔使我國保存了歷時二千多年不間斷的編年史，其他各種編年史的編寫，多少都要參考紀傳體“正史”中的本紀。

志，是關於皇家的禮樂制度、服飾制度、職官設置、軍隊編組、法令修訂等過去的所謂“典章制度”的分類記述，而且還分類記述了天文、曆法、地理、水利、財經、圖書等各個方面，人們通過這些志可以對當時的社會獲得比較全面的了解。當然，記述這些典章制度的還有其他專書，但全面系統而且頭緒清楚的應首推“正史”裏的志。這些志根本不講個人的事情，當然也說不上爲誰樹碑立傳。

表，在《新唐書》裏有四種：宰相表是用表的方式按年記述宰相的任命、免職或死亡；方鎮表是按年記述各個節度使管區的設置和分併，這都是研究唐代政治的有用史料，並非爲個人樹碑立傳或編家譜。衹有宗室世系表和宰相世系表纔分別記述了皇室李姓的宗族分支和做過宰相的人的宗族分支，包括他們的父親、祖父、曾祖、高祖等等是誰，兒子、孫子、重孫等等又是誰，倒可以説是家譜。但這種表對歷史研究也大有用處，因爲自從魏晉時代出現享有經濟、政治特權的世族地主以來，某地某家族爲了證明自己是世族而不是受人輕視的庶族身份，都紛紛編寫甚至僞造家譜，到唐代時這個風氣仍未完全衰竭，《新唐書》正是根據這些家譜編制世系表的。所以，這就爲我們查考誰是世族誰是庶族提供了方便，甚至有許多不見於列傳的人也可以在表裏找到，此外表中並不存在什麼歌頌阿諛之詞。

列傳，也簡稱爲"傳"，占的篇幅最多，後人把它區別爲"專傳"、"類傳"和所謂"四裔傳"幾部分。專傳是給有關係、有影響的重要人物立傳。類傳是以類相從，也就是把同一類的人排到一起立傳，如《舊唐書》就有后妃、皇子、外戚、宦官、良吏、酷吏、忠義、孝友、儒學、文苑、方伎、隱逸、列女等類傳。所謂四裔傳則是給兄弟民族和外國立傳。至於將相大臣，要有關係，有影響的纔立傳，非將相大臣衹要有關係或有特殊言行的也給立傳，有的立專傳，有的入類傳。當然，被立傳的大多數是封建統治階級内部的人物，這是時代的局限，怎麼可能要求舊時代的史官給勞動人民立傳呢？但他們對這些統治階級的人物也並非一味説好話，在傳裏有時也指出他們在品德上、生活上的問題，有些類傳如酷吏傳、宦官傳以及某些專傳更是用否定的口氣來寫的，沒有歌頌，衹有譴責。

可見當時編寫紀傳體史書的目的並不完全是爲了給帝王修家譜，給帝王將相樹碑立傳，歌功頌德，而是用本紀、志、表、列傳這四種體裁比較全面地記述了一個朝代的歷史。稱它爲"正史",也無非因爲它在體裁上比其他史書來得全面,是官修的,或被官方承認的,並不意味着因此就把其他史書斥爲"不正之史"或"邪史"。這種體裁全面的紀傳體"正史"的出現,應該是值得我們自豪的事情,西方國家在封建時代就沒有這樣體裁全面、內容詳盡的史書。當然,包括《舊唐書》和《新唐書》在內的"正史",的確也有不少歌功頌德之處,祇要我們注意分析,在運用和閱讀時,我以爲是不難剔除和摒棄的。

至於所謂"野史",一般是指雜史、雜記、小説之類。它表面上好像出於民間,其實仍是地主階級知識分子甚至是士大夫官僚們寫的,不過是私人記述而已。就階級立場來説,和官修的"正史"沒有多大差別。而且,這些野史多半是故事性的片斷記述,其中固然有當事人口述手寫的比較可信的史料,但出於道聽途説的也爲數不少,不僅遠不如"正史"記述全面,而且準確性還常成問題。當然,有些官修"正史"不便記述的東西可能在野史裏談到,有選擇地用野史來補"正史"之缺是可以而且應該的。但夸大野史的作用,提倡讀野史而不要讀"正史",就不對了。

保存下來的或新出土的

三彩駱駝

宮女圖(永泰公主墓壁畫)

歷史文物當然也很有用。現在的西安市因爲是唐皇朝京城長安的所在地,在市區以及鄰近的幾個縣裏的唐代文物就特別多。如市區的陝西省博物館保存着大量唐代碑刻和近年來出土的唐三彩明器、銅鏡、金銀用器;禮泉縣的昭陵博物館保存着唐太宗手下許多文臣武將的墓碑、墓誌;乾縣的乾陵博物館不僅修繕了唐高宗和武則天合葬的乾陵供人們遊覽,還打開了高宗和武則天的兒子章懷太子李賢、孫子懿德太子李重潤和孫女永泰公主李仙蕙的三個墓道,讓人們參觀其中的壁畫和明器群。從這些明器、壁畫可以看到當時人們的衣服、裝飾,騎的馬和駱駝是什麼樣子,怎樣打獵、打球，怎樣玩樂。墓碑和墓誌上提供的史料有時還可以補充"正史"的不足。但所有這些都畢竟太片面、太零星，成不了體系。如果不依靠《舊唐書》、《新唐書》等記載，連章懷太子、懿德太子、永泰公主以至高宗、武則天是何等樣人都不知道，光憑幾塊墓誌和壁畫、明器等文物是不能把當時的歷史弄得一清二楚的。文物祇能用來補充"正史"，印證"正史"，或者使"正史"更形象化，但終究代替不了"正史"。要研究唐代歷史，主要還得依靠"正史"中的《舊唐書》和《新唐書》。

　　老一輩的史學家爲我們利用"正史"做出了典範，他們在研究某一個朝代的歷史時，首先都要把這個朝代的"正史"下苦功研讀一番，然後再參考其他有關的史料和文物。如已故呂思勉先生的兩厚本《隋唐五代史》，已故陳寅恪先生的《唐代政治史述論稿》，都是主要利用《舊唐書》、《新唐書》以及其他"正史"提供的史料寫成的。這種踏實的好學風、好傳統，值得我們繼承發揚。

唐人怎樣修本朝史

　　二十四史不論是官修的，還是像《史記》、《漢書》那樣是私人纂修的，一般祇寫上一個作者的姓名，最多也祇寫兩個。如《新唐書》的作者寫歐陽修、宋祁；《舊唐書》作者寫劉昫（xù）。不過因爲是官修，在姓名下面還加個"等"字，私人纂修的就連"等"字也沒有了。我小時候總驚歎這些人本領那麼大，一個人或幾個人竟能寫出上百卷，甚至幾百卷的大書。後來纔知道其實不然。就"正史"的頭一部《史記》來說，實際上並不能說是司馬遷一個人的成績，其中好些篇在他父親司馬談手裏已經寫出來了。班固的《漢書》也是這樣，開頭一部分采用了《史記》的現成文字，他父親班彪也寫了幾十篇，《漢書》是在此基礎上編寫成的，而且其中還有一部分是在他死後由他的妹妹班昭等寫完。官修的更不用說了，別看在作者姓名後面加個"等"字，這一個"等"往往包括了好幾個人甚至幾十個人。因爲人太多了，所以編寫完工進呈給皇帝時祇寫上一個領頭者的姓名，而這個領頭者又往往是宰相。有的還能真正負責，有的祇是挂名。如《宋史》、《遼史》、《金史》的挂名作者宰相脫脫，是蒙古族人，不懂漢文，實際上出力的是名字沒有寫在書上的一批人。

　　編寫"正史"的人從來都不是憑空動筆的。從班固的《漢書》開始，形成了一個傳統習慣，一個朝代的"正史"要在這個朝代滅亡後由下一個朝代的人來編寫。如《舊唐書》是在五代的後晉朝纔編寫成的,這時離開唐亡已將近四十年,離開唐初也有三百多年了,《新唐書》的編寫更遲至北宋中葉,比編成《舊唐書》還要晚一百年左右。讀者們試想,這麼久遠以前的事情編寫者怎麼能弄得清楚呢? 怎麼會記得住呢? 尤其是本紀,是要按年按月按日記載國家大事,這麼詳細的事情誰會記得清呢? 好在我國自古就有檔案保管制度。早在古老的商、周時候,已有了記錄國家大事、保管文書檔案的人員。據説經孔子加工過的《春秋》這部史書,它的前身就是春秋時魯國史官按年月日記錄下來的歷史檔案。這種設置史官記錄本國本朝歷史的工作一直受到統治者重視,每個朝代都認真地去做,而且在制度和辦法上越來越完善,從而準備好大量資料以至半成品,這些都成爲下一個朝代的人修史的依據。可見,一部“正史”之所以能編寫出來,與上一個朝代的史官們的辛勤勞動是分不開的。直接編寫者當然也很辛苦,但多半是在充實改造前朝史官已取得的成果上下功夫。無怪乎人們常稱這些編寫者是在纂修“正史”,“纂”是編集的意思,“修”是整治的意思,都不是説他們是白手起家。

　　既然如此,我們在談《舊唐書》、《新唐書》的纂修者和纂修過程之前,應該先給讀者介紹一下唐朝人修本朝史的情況,介紹纂修《唐書》利用了哪些資料和半成品。另外,要介紹唐朝人怎樣修本朝史,還要講講當時的修史機構,人員編制和職責範圍。

　　在隋朝時,繼承了魏晉以來的老傳統,史官歸秘書省①管轄。

---

①“省”在古代有很長一段時間是中央機構的名稱,元代時由於在地方上分設了“行中書省”,“省”纔逐漸變成了地方行政區劃的名稱。

在秘書省下設立著作曹①，曹裏有兩名著作郎，八名著作佐郎，這些就是當時的史官。修史工作常由大臣領導，叫作"監修"。隋煬帝時，又另外設置了兩名起居舍人，直接記録皇帝的言行，歸當時中央的最高行政機構三省②中的内書省管轄。唐皇朝建立之初，因爲忙於進行統一戰爭，所以除把内書省恢復爲隋文帝時的内史省（以後又改爲中書省）外，對起居舍人和著作郎、佐郎的設置没有變動。

唐太宗李世民是一位頗有作爲而且重視修史的皇帝，他把記録皇帝言行的事情移歸門下省來管，在門下省又設置兩名起居郎具體做這項工作。高宗時候，又把皇帝言行的記録加以分工，讓起居郎專管記録皇帝的"行"；對負責皇帝"言"的人，則恢復了起居舍人的名稱，在中書省設置兩名起居舍人來專門記録。這是記録皇帝言行的制度的一個變化。

記録皇帝的言和行，讀者千萬不要以爲是連皇帝私生活裏的一言一行都要記録。這些雞毛蒜皮甚至不便公開的私生活是不好記的，起居郎、起居舍人也没有資格進入深宫裏去記（祇有宦官纔許可在深宫裏伏侍皇帝和后妃）。他們所記的祇是皇帝處理國家大事時的言行。據記載，皇帝上朝時，起居郎先是隨百官朝見，待百官退出後，在皇帝和宰相議論國家大事時，由一名起居郎執筆記録，後面還跟隨着屬於史館編制的史官。在添設了起居舍人後，起居舍人就和起居郎一起携帶着筆墨跟隨宰相上朝，起居郎在左邊記事，起居舍人在右邊記言。起居郎按年月日記下了國家

---

①"曹"也是當時的機構名稱。

②隋以尚書省、門下省、内史省爲三省，隋煬帝以内史省爲内書省，這三省的長官都是宰相，唐代基本上繼承了這三省制度。

大事，還要編成一種內容極其詳細的編年記載叫作"起居注"。所謂"起居"，就是指皇帝的一舉一動，"注"，就是記載的意思。起居舍人記的"言"實際上就是以皇帝名義發布的命令，當時按照不同的用途有"詔"、"制"、"敕"、"册"、"赦"、"德音"、"批答"等種種名稱，通稱之爲"詔令"，由起居舍人把它匯集起來。無論是起居注還是詔令，都得按一年四個季度編寫成卷，每當季度終了就要送進史館保存。

《大唐創業起居注》書影

　　以後除了起居注和匯集的詔令外還出現過一種名叫"時政記"的東西。這是由於宰相和皇帝議論的內容，有許多事關國家機密，而常常又是些僅僅處於考慮階段還沒有正式下命令的事情，如果讓在場的起居郎、起居舍人記錄了下來，萬一泄漏出去很不好辦。於是在高宗後期作了個新決定，叫起居郎、起居舍人隨百官退朝，皇帝和宰相討論的機密事項不再讓他們知道。但這樣一來，有許多涉及機密的國家大事就無法及時寫進起居注裏，起居郎祇好根據事後公開的詔令在起居注裏作點記載，這自然很不詳備。因此，在武則天做皇帝時又有人建議，讓一位宰相把議論的國家大事記下來直接送到史館，每個月送一次，這就叫作時政記。可有些事情宰相也不便記，再加上因爲牽涉到不少人事關係，所記的也未必都很真實，所以不久就作罷了。以後在德宗和武宗時又曾相繼恢復過這種記時政記的辦法，在文宗時也恢復過讓起居郎、起居舍人跟隨宰相記錄的制度，宣宗時還規定宰相們對國家大事有不同的看法可以各寫各的，以防一個宰相寫時政記有片面或遺漏之處。可見當時對記錄國家大事這項工作確實做得比較認真。祇是既要記得完備無遺，又要保密，這個矛盾在當時的條件下很難解決。

　　起居注、時政記和大批的詔令送到史館後不僅僅是爲了存檔，更重要的是爲了給纂修本朝史提供資料。纂修本朝史的工作在隋朝是由史官著作郎、佐郎們承擔的。前面説過，這些著作郎、佐郎屬於秘書省的著作曹，而秘書省設在皇城裏，和其他大小政府機構混雜在一起。到唐太宗時，可能爲了提高史官的地位，也可能爲了保密，在貞觀三年（公元 629 年）把史館設到皇帝所住的宮城——當時通稱爲“大內”的裏邊。大內裏祇有兩個最重要的政府機構即三省中的門下省和中書省，中書省在西，門下省在東，太宗把史館安在門下省的北面。同時在史官的設置上也作了一次大變動，秘書省的著作局專管做碑文和做祭祀用的祝文、祭文，不再擔任修史的工作。修史的工作改由史館裏設置的兩名到三名史官去做。這幾名史官不是專職的，他們往往原來有別的職務，以後纔被派到史館裏去修史，有時也調著作郎、起居郎兼任史官修史。同時，還加派一位宰相來兼做監修工作。這種由宰相來領銜修史的辦法從唐朝一直延續下去，成爲定制。

　　貞觀時在長安城東北角利用龍首原的高曠地勢，按照宮城的規格建造了大明宮。高宗有風痹病，嫌宮城太低下潮濕，所以就住到了大明宮裏。史館也因此跟着中書省、門下省搬進大明宮，不過不在門下省北而是移到了省南。高宗在其後期和武則天在掌權做皇帝時都長期住在當時的東都洛陽。洛陽城也像長安一樣有宮城、皇城，在宮城裏也設有史館。以後皇帝搬長安，史館又

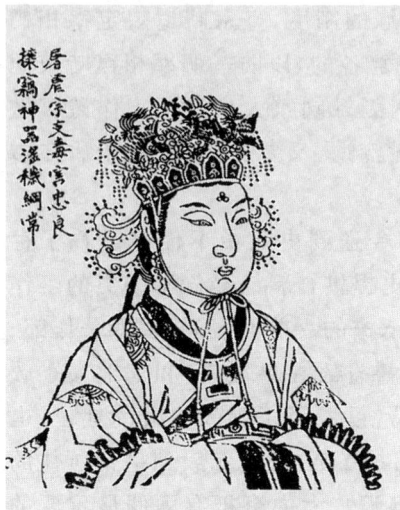

武則天像

跟着回到了大明宫。到玄宗開元二十五年（公元737年），因考慮到宰相商量國家大事的政事堂設在中書省，史館如在附近工作就比較方便，所以又再次把它搬到中書省北邊。

在這以後，史官也有了名稱，一般都叫"史館修撰"，初入史館的叫"直館"。憲宗時，修撰這個名稱又被專門用來稱呼以朝官身份入史館工作的人，不是朝官而入史館的纔叫直館，修撰中又設一名由官職較高的人充任的"判館事"，即主持史館工作的意思。

以上這一系列措施，都説明唐朝的統治者對史館十分重視，否則就不會把它從秘書省裏獨立出來。獨立了的史館如果是無關緊要的冷衙門，也不會把它搬來搬去而且越來越向政治核心靠攏，更不會去健全史館的編制，並讓宰相監修成爲制度。

當時史館的工作，主要有兩項：

一是修"實録"。因爲每季度送到史館來的起居注和詔令，每月送來的時政記，都衹是修史的資料，衹有把這些資料纂修成實録纔能算史，所以修"實録"就成爲史館的主要工作之一。所謂實録，就是如實記録的意思。一般是在皇帝死後纔編寫，一個皇帝編一部，從他出生，當皇太子，做皇帝，一直到去世，按年按月按日地記載，很有點像前面講過的"正史"裏本紀的模樣。實際上這也是一種以皇帝年號來紀年的編年史，不過内容要比本紀充實得多。有很多事情在實錄裏有記載，到本紀裏就沒有了，有些事情在本紀裏祇有一兩句話，像個骨頭架子，實錄裏卻詳細到十幾句、幾十句。道理很簡單，因爲後來的本紀常常就是根據實錄節寫的。實錄還有一個特點，在講到某個大臣或大名人逝世時，還附帶寫一篇這個人的小傳附在實錄裏，這也是"正史"的本紀所沒有的。在"正史"裏，如果一個人確實很重要，一般都會給他另外立傳。

纂修實錄這件事不是唐朝人創始的。根據記載，南北朝時的梁朝已給皇帝修過實錄，但後來都失傳了，不知道內容體裁究竟怎樣。像上面所説根據起居注、詔令纂修實錄，每個皇帝一部，是到了唐朝纔成爲一種制度的。從此以後各個朝代都給皇帝纂修實錄，如明清兩朝的實錄到現在還保存着，分量比《明史》、《清史稿》要多出好幾倍，因而很受研究者的歡迎。飲水思源，真不能不感謝創立這個好制度的唐朝人。

和纂修實錄相似，唐朝人還創立了纂修"日曆"的制度。這日曆不像今天每年一本掛在牆上一天撕一頁的日曆，而和實錄一樣是按年月日記載國家大事的編年史。這是憲宗初年宰相建議纂修的，可能是考慮到實錄要到皇帝死了以後再修，不及時，要求根據起居注、詔令，按日編寫，因此稱作日曆。到皇帝死後，把在位若干年的日曆匯總起來加點工，就可成爲這個皇帝的實錄。所以日曆等於是實錄的初稿，編寫日曆是爲纂修實錄做準備工作。

日曆、實錄都是編年體，史館還有一項更重要的工作，就是要纂修"國史"。什麽叫國史呢？"國"是本國本朝的意思，國史一般地説也就是本朝的歷史，譬如唐朝人所説的國史，就是唐朝的歷史。那末，上面講的實錄難道不算唐朝的歷史嗎？當然算的，不過它是編年的，還不符合紀傳體"正史"的要求。唐朝人要修的國史,是指修紀傳體的本朝史。這和所有的"正史"一樣,至少要有本紀、列傳,還要有志。

怎樣纂修呢? 本紀好辦,像前面説過的,把實録改寫得精練些,次要的事情删掉,大段的記述壓縮成簡單的一兩句話,就可比較輕鬆地完成任務。列傳便有點麻煩了,實録裏衹有大臣和大名人的傳,而且是比較簡單的小傳,此外還有許多應該寫進列傳的人物在實録裏連小傳都没有,兄弟民族的傳在實録裏也没有。至于志就更成問題。前面説過,這需要對典章制度以及天文、曆法、地理、水利、財經、圖書等各個方面作系統的講述,而實録裏的資料很有限,起居注、時政記、詔令裏也不太多。怎麽辦呢? 幸虧唐朝人注重修史,所以這類問題都已考慮到了,他們根據纂修國史的需要,制訂了一整套徵集史料的制度。

這套制度規定:各地如發現了"祥瑞",譬如可以治病的醴泉,捉到長毛的和六眼的烏龜,柱上生了芝草,池裏躍出黄龍,田頭走來麒麟,天上飛來鷥鳥之類,都要由禮部匯總按季度報送史館①。

如發現天文異狀,尤其是出現了流星、彗星、日珥、赤光、白虹之類的現象,都要由太史局(後來改爲太史監、司天臺)匯總,並説明所主吉凶,有否應驗②,按季度報送史館。

兄弟民族和外國(當時都叫蕃國)的使者來到長安,負責接待的鴻臚寺要詢問他們的土地、風俗、衣服、物産、道路遠近等情況,以及國王或首領的姓名,及時報送史館。

————————————

① 所謂"祥瑞"當然是迷信附會,龍和六眼龜之類的生物在地球上根本不會出現,這是存心編造出來討好皇帝的阿諛之辭。

② 這種吉凶應驗給天文學附加上迷信的色彩,在封建社會裏是不奇怪的,並不影響當時我國在天文學上的先進地位。

　　與兄弟民族或外國發生衝突，如果受到損失，軍將要把被攻陷的城堡以及被傷殺的官吏姓名、被掠奪的牲口財產在事後報送史館；打贏了，兵部要把公告抄送史館；人家投降了，中書省要把降表之類的文件抄送史館。

　　變動了音律，編造了新的曲調，管禮樂的太常寺要把情況和新編的樂詞報送史館。

　　新設置了州、縣，或者撤銷了原來的州、縣，以及旌表了地方上的孝子、義夫、節婦①，主管的户部要及時報送史館。

　　法令有修改變更，審判上有了新的原則條例，刑部要及時報送史館。

　　豐收了，或鬧饑荒，發生了水、旱、蟲、霜、風、雹、地震等灾害，户部和州、縣要弄清楚時間地點，以及是否采取了救灾措施等，報送史館。

　　新封的各種爵位，吏部的司封司要報送史館。

　　新任命的中央各機構長官，新任命地方上的刺史、都督、都護以及行軍大總管、副總管以上的高級文武官員，都得連同任命的命令報送史館，文官由吏部送去，武官由兵部送去。

　　刺史、縣令官做得特别好，取得了突出成績，由考核地方工作的人員回中央時帶上報送史館。

　　有大學問的人，有特殊技能的人，有本領而隱居不貪圖富貴的人，以及所謂義夫、節婦之類的人，州縣發現了要加以核實，按年記録，由考核地方工作的人回中央時帶上報送史館。

　　中央各機構長官死了，要由本機構報史館。地方上刺史、都

---

①丈夫死後做妻子的不改嫁，在封建社會叫節婦，要表揚，這實際上是給婦
　女加上的無形枷鎖。

督、都護以及行軍大總管、副總管死了，要由本州、本軍報史館。

公主、大官死後要賜諡①，要把記載死者生平事迹的"行狀"②和擬定賜什麼字眼的"諡議"報送史館。

親王入朝，要由主管皇家宗族即所謂"宗室"的宗正寺報送史館。

除此以外，還授權史官，如果訪問到應該寫進國史的事情，儘管不屬上列規定範圍，可以去公函向有關機構要求提供材料，有關機構得到公函後必須在一個月内報送史館。

以上這套制度後來由於安禄山叛亂，一度没有很好執行。德宗初年又重新整頓，統一規定中央機構每季度向史館報送一次，地方上每年一次，由考核地方工作的人員回中央時帶上向史館報送。

史館裏有了這麼多供纂修國史的資料，不僅志好寫，列傳好寫，就連寫本紀以至編實録也可以從這些資料裏吸取有用的東西，不致"巧婦難爲無米之炊"了！

當然，有了史館，有了合理的制度，有了豐富的資料，這衹是給纂修實録、國史創造了有利條件，要纂修出高質量的實録、國史，還得看史官的水平，看他們是否稱職。

一般講，唐代的史官是稱職的，因爲派到史館去修史的人都

----

① 諡，封建時代在人死後，按其生前事迹，評定褒貶給予的稱號。在唐代由吏部考功司審查死者的生平事迹，交太常寺擬諡，再經有關人員研究確定，寫出書面的"諡議"，最後上奏皇帝批准。賜的諡一般都是好字眼，如"文"、"武"、"忠"之類，個别的也會得到壞字眼如"醜"、"厲"等。

② 貴族大官死了，由他們的親屬將死者生平事迹寫成"行狀"。要立碑，得把行狀送考功司會集百官審核，決定哪些可寫進碑文，然後通知親屬，史館給死者立傳，多數也是根據這種"行狀"。

要認真挑選，選出有真才實學而且文章做得漂亮的人去擔任。例如唐太宗時的敬播、褚遂良，高宗時的令狐德棻（fēn）、李延壽、李淳風，武則天、玄宗時的徐堅、劉知幾、張説、吳兢、韋述，肅宗時的柳芳，德宗時的沈既濟，憲宗時的韓愈、李翺（áo）、蔣乂（yì）、林寶，穆宗時的路隨、韋處厚、沈傳師，文宗時的裴

唐武宗像

休，武宗時的鄭亞，宣宗時的崔龜從，昭宗時的裴廷裕等，都是享有盛名或者是比較知名的人士。他們中間有的纂修過前朝的"正史"，如二十四史中的《周書》就是令狐德棻纂修的；《南史》、《北史》是李延壽纂修的；他們和敬播還都參加了《隋書》的纂修工作。有幾位除修史外還留下了其他重要的著作，如天文數學專家李淳風注釋了《周髀算經》、《九章算術》、《孫子算經》、《海島算經》、《五曹算經》、《五經算術》等古數學書；徐堅編纂了《初學記》這部至今還有參考價值的類書；吳兢編寫了記載唐太宗言行的《貞觀政要》；韋述編寫了記載長安和洛陽城坊的《兩京新記》；林寶編寫了記載唐人世系的《元和姓纂》；裴廷裕編寫了記載宣宗朝歷史的《東觀奏記》。當然，更著名的還是前面提到過的大史學家劉知幾所寫的《史通》，這部書一共有二十卷，是我國古代討論怎樣編寫史書的第一部專門著作。他主張編寫史書的人必須兼有"史才"、"史學"和"史識"，應該"善惡必書"，不能"飾非文過"，"曲筆誣書"。

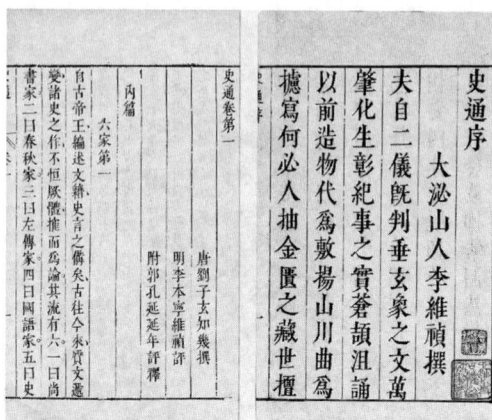

《史通》書影

這些原則在今天看來仍很有價值。還有一位和劉知幾同樣享有盛名的是大文學家韓愈,他是古文運動的創導人,他纂修的《順宗實錄》現在還保存在他的文集《韓昌黎集》裏,在唐朝的實錄中是公認的一部佳作。

任何時代、任何地方總是既有有才能、很稱職的人,也有不稱職甚至品德欠缺的人。劉知幾在《史通》裏就點了兩個史官的姓名。一個叫牛鳳及,他幹過哪些缺德的事情今天已不清楚了。還有一個叫許敬宗,是武則天開始掌權時的親信,曾做到宰相的高位,監修過國史。有個叫封德彝的大臣曾揭露過他年輕時貪生怕死的醜態,封死後,許敬宗給封寫的傳裏就大講其壞話。他貪圖財禮,把女兒嫁給錢九隴的兒子,錢本是皇家的僕隸,他給錢寫的傳裏卻把他吹成上代都是大闊人。他娶尉遲寶琳的孫女做兒媳婦,給寶琳的父親尉遲敬德寫傳時就隱惡揚善。如唐太宗曾寫過《威鳳賦》賜給長孫無忌,傳裏卻說是賜給尉遲敬德。有個叫龐孝泰的人參加過對高麗的戰爭,人很膽小,吃了敗仗,但因爲給許敬宗行了賄,許就給龐胡編了許多戰功,甚至胡說龐是少見的驍將。唐高祖和唐太宗的實錄本是敬播纂修的,態度比較公正,許敬宗卻憑個人愛憎加以刪改,不管其是否符合事實。

除了少數不稱職的史官憑個人恩怨利害來篡改史實外,皇帝有時也干擾修史工作。例如唐太宗李世民就一再要看起居注,要看修的國史。原來李世民本是高祖李淵的第二個兒子,沒有資格做皇帝,他的皇帝位置是通過發動玄武門之變,射死哥哥皇太子李建成和弟弟齊王李元吉,逼迫李淵退位做太上皇,然後搶奪到手的。做了皇帝後對這件事情總是心裏有鬼,生怕起居注、國史裏如實記載會給他留下個弒兄殺弟逼父的壞名聲,想對史官們施加點壓力。監修國史的宰相房玄齡是他的親信,他生怕李世民不滿意,所以在修好國史後就趕快進呈給太宗。可是太宗看了仍不滿意,竟親自定了個調子,説這次政變和古代周公誅管蔡、季友鴆叔牙一樣,是"安社稷,利萬民"的正義行動,叫史官按這個調子改寫①,把建成、元吉寫成該死的壞人。

　　上面所講的是皇帝公開干擾的一個例子。此外,宰相等有權勢者也常常干涉史官的工作。劉知幾在《史通》裏就講過:當他在中宗朝修史時,監修國史的宰相宗楚客曾公開要史官為人家"隱惡"。當然劉知幾沒有聽從這種昏話,但這類干擾對多數史官不可能不起作用。給皇帝以及有權勢的人隱惡揚善,在封建社會裏總是難免的事情。祇有對倒臺者、失敗者纔有可能施加譴責。對農民起義領袖則更不會説好話,而要安上"盜"、"賊"的帽子。對兄弟民族也必須開口閉口是"蠻夷"、"夷狄"。而這些局限性即使高明如劉知幾者也是避免不了的,因為他們畢竟是封建社會中的

①周滅商後,周公的弟弟管叔、蔡叔聯合商紂王的兒子武庚反叛,被周公討伐誅殺。春秋時魯國貴族叔牙反對立莊公的兒子名叫般的為國君,被支持般的異母弟季友毒死。後世常把這兩件事作為大義滅親以安定國家的例子。鴆,傳説中的毒鳥,羽毛浸在酒裏可毒死人,所以古人把毒死人叫鴆。

人物。

　　儘管有這些局限性，但史官們的成績還是主要的。

　　紀傳體的國史，在高祖時就開始撰寫。高宗時令狐德棻將已寫好的高祖、太宗兩朝的本紀、列傳和志整理修補，抄寫成八十一卷進呈，這是第一次編定的國史。玄宗時，吳兢又修改精簡，再加上自己續寫的和別的史官續寫的部分，統一整理編成國史六十五卷。以後在他放外任時，又續寫了二十多卷。後來韋述重定體例，在吳兢舊稿基礎上作進一步增修，編成國史一百十二卷，外加"史例"一卷。不久安禄山叛亂，打進長安的叛軍到處燒殺搶掠，幸虧韋述把一百十三卷國史稿本藏進南山裏，纔没有被毀掉。韋述這一百十三卷祇寫到玄宗時的天寶年間，肅宗時史官柳芳又續寫天寶後期到肅宗乾元年間的事迹，編成國史一百三十卷。以後的史官當然還在繼續編寫，祇是再没有人把它整理編定。在整理編定的國史中，柳芳的可以説是最後一個本子。

　　肅宗末年柳芳被貶官去貴州，路上遇到玄宗時的大宦官高力士，高對他講了許多開元、天寶時的政治内幕，很有史料價值。但因爲他編寫的一百三十卷國史已進呈過了，不便改動，所以就用編年體重寫了一部《唐曆》，有四十卷，把高力士提供的史料編寫進去。這本是柳芳的私人著作，宣宗時認爲寫得不錯，就由監修國史的宰相崔龜從等寫了三十卷《續唐曆》，寫到憲宗時爲止。因此《唐曆》和《續唐曆》都具備了國史性質，成爲另一種編年體的國史。

　　實録，從高祖開始，以後是太宗、高宗、則天皇后、中宗、睿宗、玄宗、肅宗、代宗、德宗、順宗、憲宗、穆宗、敬宗、文宗、武宗一共十六朝的實録，都由史官及時纂修成書，其中太宗、高宗、則天皇后、玄宗、德宗、順宗、憲宗的實録還不止一個本子，很多是出於政治原因作了修改，有的索性重新寫過。武宗以後，宣宗的實錄在僖宗時曾纂修過，但沒有修成。昭宗時又要修宣宗、懿宗、僖宗的實錄，也沒有修成。後來武宗的實錄經過唐末戰亂弄殘缺了，祇剩下一卷，所以完整的實錄祇到文宗爲止，宣宗、懿宗、僖宗都沒有實錄。僖宗以後的昭宗是被大軍閥朱溫殺死的，朱溫立昭宗的兒子做皇帝，即所謂哀帝，不久就改朝換代，朱溫自己稱帝，當然不會再給前朝昭宗和哀帝修實錄。

　　已修成的實錄是纂修《舊唐書》的重要資料，國史可以說是《舊唐書》的半成品，儘管如上所說並不齊全，但對以後正式纂修《舊唐書》還是做了很好的準備工作。

《舊唐書》的纂修

朱温滅唐,建立的皇朝叫梁,爲了和南北朝時的梁有所區別,寫歷史時通稱之爲後梁,後梁政權以後又被後唐政權所取代,後來又有後晉、後漢、後周,在黄河流域接連存在過這五個皇朝,成爲我國歷史上的"五代"。直到趙匡胤取代後周政權自己做上皇帝,建立宋皇朝後,纔出現了穩定的統一局面。所以講北宋末年農民起義故事的《水滸傳》一開頭就説:"紛紛五代亂離間,一旦雲開復見天。"歌頌了宋皇朝結束了五代的戰亂局面。

但戰亂儘管戰亂,修國史、修前朝"正史"的好傳統並沒有因此中斷。當時修的前朝"正史"就是《舊唐書》。不過,那時還袛叫《唐書》,直到出現了另一部《唐書》——《新唐書》後,爲了區別,纔給五代時修成的這一部《唐書》加上"舊"字。

《唐書》的纂修早在後梁時就提到議事日程上來了,這正是沿襲了新朝代給前朝修"正史"的老傳統。可是由於在唐朝,實録和國史都沒有修完,而經過唐末的戰亂,史館的資料又受到了損失,因此開始時徵集資料的工作量很大。在後梁末帝時,史館就提出徵集唐代知名人士的"家傳"①,還要求抄存武宗以後的公文、奏疏

---

① 家傳是死者的子孫請人撰寫的,不必送呈史館,爲了和國史裏的傳相區別,所以叫家傳。但如果國史館裏缺少這個人的傳,修"正史"時就得利用家傳。

送交史館。這是因爲武宗以後的實錄都沒有修，武宗實錄也祗剩下一卷，所以這些公文、奏疏就成了纂修武宗以後本紀的好資料。

後唐時候對收集唐史資料的工作加緊進行。當時剛滅掉了閣割據的前蜀王氏政權，王氏舊臣庾傳美報告說成都有唐列朝實錄，因而被派去搜訪，取回了高祖以下九朝的實錄。過了幾年後唐政權又下令保護各地的碑碣，不准破壞，因爲其中有許多唐代名人的墓碑，碑文是寫列傳的有用資料。此外，還要求搜訪宣宗以來的野史，因爲這一段沒有實錄。

組織力量動手纂修《唐書》，是在後晉時候。當時有位名叫賈緯的人對唐史很感興趣，他曾網羅散佚史

五代十國文官俑

料，采集故老傳說，旁徵唐人雜記小說，編寫了一部從武宗以後到唐亡的編年史《唐年補錄》，也叫《唐朝補遺錄》，以彌補這幾朝沒有實錄的缺憾。不久他做了史館修撰，就勸監修國史的宰相趙瑩趕快動手把《唐書》修起來。趙瑩很同意，並向晉高祖石敬瑭提了建議。石敬瑭此人在政治上很成問題，但對修史這件事還算重視。在天福六年（公元941年）二月，他正式下令派張昭、賈緯、趙熙、鄭受益、李爲先等人纂修《唐書》，由趙瑩監修。賈緯也獻上了他的《唐年補錄》供參考。但在四月裏賈緯的母親去世了，按照封建社會的規定，父母死了，兒子就不能做官而要回家去守孝。於

是趙瑩又推薦了呂琦、尹拙兩人來填補缺額。

　　趙瑩是一位有學問而又長於修史的讀書人，雖然貴爲宰相，却不像某些監修史書的宰相那樣祇挂個虛名，而是真正抓起了這項工作。在天福六年四月，他經過深思熟慮，提出了一整套完整的方案，包括對各有關部門提出的要求。後來《唐書》能在不到五年的短時期内就纂修成功，是和這個方案的指導作用分不開的。

　　唐朝已經編定的國史到肅宗時爲止，實錄則從宣宗開始就没有修成或根本没有修，武宗的雖修了，但祇殘存一卷，這是纂修《唐書》時遇到的最大困難。爲此，趙瑩提出，凡參與過修宣、懿、僖三朝實錄的人的子孫，或者他們的門生故吏，以及其他人士，祇要能把這幾朝實錄找出來進獻，就按他們的才能破格授予官職，即使進獻的實錄是殘缺不全的也從優獎勵。

　　當然，趙瑩也知道，要把這幾朝實錄都找到希望不大，何況昭宗、哀帝時根本不曾修過，因此應該廣泛收集其他資料。趙瑩又提出，凡有人撰寫過這段時期的有關傳記，以及保存有這段時期的日曆和詔令之類的，不論多少，都可踴躍進獻。對貢獻多的而且内容詳備的還要破格授予官職或越級提升。

　　因爲唐人的國史本來就按紀、傳、志來撰寫的，所以這部《唐書》也計劃修本紀、列傳和志三部分。趙瑩對這三部分分別提出了纂修方法。

　　本紀按年月日纂修。而這年月日要弄得確切，就需要有一份"長曆"，即從唐高祖武德元年（公元 618 年）到唐亡的天祐四年（公元 907 年）這二百九十年間按年按月按日編制曆本，供纂修本紀的人使用。這個編"長曆"的工作需要曆法知識，趙瑩提出要由管天文曆法的司天臺來完成。

　　列傳除唐朝修國史時已寫成的前面一大部分外，以後的還多半是空白,已經收集到的一些家傳之類的資料又不够用。因此趙瑩要求中央文武兩班和節度使、刺史等高級地方官把父親、祖父的情况寫成材料,包括姓名、婚配,做過什麼官,有過什麼功勋,都上交到史館。如果能同時交出家譜家牒當然更歡迎。這是因爲當時做官的人中有許多是唐朝貴族大官僚的子孫,把這些貴族大官僚的情况提供出來,加以選擇,就可以充實列傳的内容。

至于志,趙瑩計劃纂修十種。

禮志。玄宗時曾編纂過一部《大唐開元禮》,對所謂吉禮、賓禮、軍禮、嘉禮、凶禮等五禮都有詳細的記述。但因爲在天寶以後又有若干變動,所以要求主管這方面的太常寺禮院把它寫出來,供纂修禮志之用。

樂志。唐代皇家的樂舞有所謂"四懸"之樂①,有所謂"二舞"即文舞、武舞。這種樂舞制度起源於什麼時候,以後又有何增損,皇家祭祀有哪些用文舞,哪些用武舞,用哪種音樂,哪套歌詞;開元時又有哪"十部伎",以及這十部伎的興廢始末,都要求太常寺把它寫出來,供纂修樂志之用。

刑法志。唐初制定了"律"、"令",後來又有種種補充,要求主管刑獄的大理寺把它寫出來。武宗以前所處理的疑難案件在實錄中已有記載,武宗以後的没有,要求大理寺提供,爲纂修刑法志之用。

天文志、律曆志和五行志。有關這方面的資料在實錄裏有武宗以前的記載,武宗以後没有。要求司天臺把武宗以來的天文變

---

① "四懸"之樂各個朝代不同,唐代的"四懸"之樂是鎛鐘、編鐘、編磬各十二架配合奏樂。

異、曆法更改、五行休咎①，都按年月日寫出來，供纂修天文志、律歷志、五行志之用。

職官志。唐初制定的"令"裏有官品令，規定設置哪些文武官員以及他們的品級。但以後品級有所升降，機構有所調整，官名有所更改，職權也有所變動。所有這些都要求御史臺寫出來，供纂修職官志之用。

郡國志。唐初任命都督、總管以控制邊境，到玄宗開元時改設節度使、按察使。有哪些節度使、按察使，管領多少兵馬，還有哪些新置州、縣，撤銷了哪些原有的州、縣，都要求兵部的職方司寫出來，供纂修郡國志之用。

經籍志。唐代有哪些書籍，是誰撰寫的，包括唐以前傳下來的和唐人撰寫的，要求掌管書籍的秘書省，按經、史、子、集四部分類寫出，供纂修經籍志之用②。

這個方案和要求很快得到了晉高祖的認可。以後纂修工作進行得十分順利，到後晉出帝開運二年（公元 945 年）六月，一部包括本紀二十卷、志三十卷、列傳一百五十卷一共二百卷的《唐書》，也就是今天我們所見到的《舊唐書》，終於纂修成功了。但因爲這時候主持纂修工作的趙瑩調到了地方上去做節度使，監修工作換由新上任的宰相劉昫擔任，按慣例就應由劉昫領銜進呈給皇

---

① 古人把水、火、木、金、土稱作"五行"，又把所謂"詳瑞"和各種自然灾害以及某些怪異現象附會上去，説哪些是吉，哪些是凶，就叫"五行休咎"。"休"是吉的意思，"咎"是凶的意思。

② 趙瑩這個方案是用奏議的形式向晉高祖提出來的，原文收在《五代會要》卷一八裏，但趙瑩要修的"十志"，在《五代會要》裏祇講了上面所説的九種，肯定還有一種食貨志被漏掉了。這不是編《五代會要》的人把它漏掉的，而是《五代會要》在多次刊刻傳抄中漏掉的。

帝。所以獲得繒綵、銀器等賞賜最多的成了劉昫，今後所有《舊唐書》的本子對修撰者也都題"劉昫等"，而真正出了大力的趙瑩却從此不再被人提起，甚至連姓名都很少有人知道。

這部《舊唐書》究竟修得怎麼樣，在二十四史中能不能算高質量呢？

就本紀來説，從高祖到肅宗已有了唐人纂修的國史，從高祖到文宗也有完整的實録，都是纂修這幾朝本紀的現成藍本。代宗到文宗這幾朝可以用實録删節改寫，高祖到肅宗這幾朝也可參考實録，還可以利用國史本紀的原文，而國史本紀原來就是用實録删節改寫的，所以《舊唐書》從高祖到文宗的本紀無論直接間接都來源於實録。而實録呢，前面講過，又是根據起居注和詔令，有時還加上時政記編成的。用今天的史學眼光來看，這種由起居郎在皇帝上朝聽政時記錄下來的起居注，由起居舍人抄錄下來的詔令和宰相親自撰寫的時政記，都是最有價值的第一手史料。儘管統治階級矛盾鬥爭的内幕一般是不會寫進去的，而且有時爲了政治需要還常常修改實録，歪曲真相，但事情的表面現象大體上總還能如實寫下來的。如某年某月某日任命誰當宰相，某年某月某日殺掉哪個大臣，某年某月某日發生什麼政變之類，是不可能無中生有，或顛倒事實更換姓名的。而且年月日一般也都

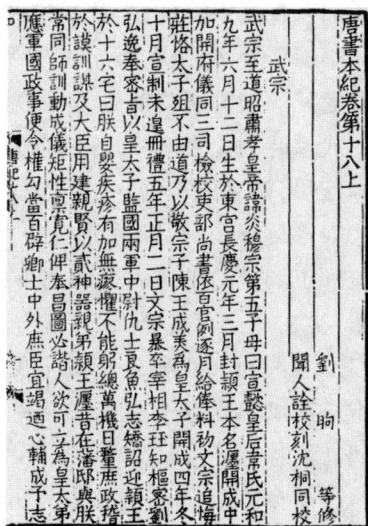

《舊唐書》武宗紀書影

正確,因爲絕大多數是當時的記錄,事後即使竄改也很少在年月日上玩花樣。研究唐史的人應該感謝《舊唐書》,因爲它爲後世保存了這部分珍貴的史料。

武宗的實錄大部分丢失了,宣宗以後直到唐亡,或者没有寫,或者没有寫成。趙瑩雖然獎勵人家進獻殘稿,但效果不顯著。而柳芳的編年體《唐曆》連帶崔龜從的《續唐曆》也衹寫到憲宗時候,填補不了這一大段空白。因此趙瑩等人編寫最後六個皇帝的本紀,除參考私家著述,如賈緯的《唐年補録》等之外,衹能搜羅殘存的日曆和詔令,再加上各個機構裏留下來的文書檔案作爲依據,當然没有可能像武宗以前那樣完整齊全。過去有人指出,宣宗本紀裏記載的一個重新審理原江都縣尉吳湘被處死的案件竟用了一千多字;懿宗本紀記載的咸通八年延資庫使曹確上奏中所開列户部應送延資庫的錢、絹數字和歷年積欠的錢、絹數字,活像民間的賬簿。其實,這些數字正是了解當時財政情况的有用資料。而被處死的江都縣尉雖是無足輕重的小地方官,但這個案件却牽連到武宗時的宰相李德裕,和站在李德裕一邊的原淮南節度使李紳、西川節度使李回、桂管觀察使鄭亞等大官僚。因爲宣宗時這些人都倒臺了,所以另外一些人就借審理吳湘舊案而落井下石。這件事關統治階級内部的黨争案子,記録詳備一點並不爲過。當然,從文字上看是囉嗦了一些,而且也不太合乎本紀的體例;如果寫進有關的列傳和志裏似乎更合適一些。但這總比把這些記載當成廢紙不保存下來要好得多,可見趙瑩等人在保存史料上還是頗有見地的。

趙瑩原計劃修十個志。可修成的《舊唐書》却有十一個志,多了一個。即把原計劃禮志改稱禮儀志,樂志改稱音樂志,律曆志改稱曆志,郡國志改稱地理志,天文志、五行志、職官志、經籍志、刑法志以及食貨志的名稱没有變動，此外又增加了一個輿服志。關於禮儀、音樂、曆、天文、五行、地理、職官、經籍、刑法等志的内容，在前面介紹過的趙瑩原方案中都已大致講到了。食貨志是講唐代的賦税、貨幣、鹽鐵税、漕運、糧食儲藏，以及茶税、酒税等雜税的制度和沿革。輿服志是講乘坐的車子、穿的衣服、戴的帽子、挂的裝飾品的花式品種等，在封建社會裏這從皇帝到文武百官、老百姓都有不同的規定，等級森嚴，不能亂穿亂用，所以要增添個輿服志來專門記述。這些志都寫得不壞，搜集的資料比較豐富，講得也很有條理。要説缺點，比較明顯地表現在經籍志上。它没有把唐代所有的書籍全部寫出來，而衹是把玄宗開元時根據皇帝藏書整理編寫的《群書四部録》和《古今書録》照抄一遍，以致開元以後的大量著作，包括李白、杜甫、韓愈、柳宗元等大名人的詩文集，在這經籍志裏一部也找不到。這也許是由於當時書籍散失得太厲害，秘書省一時來不及重新徵集整編的緣故。

　　列傳中的傳主如果在肅宗以前的，都用國史裏的現成記載，趙瑩等人衹在必要時作點增删修改，一般不動國史原文。如唐紹傳、徐有功傳、高宗諸子傳裏都稱玄宗爲“今上”，即當今的皇上；竇威傳、郭元振傳提到開元時都稱爲“今”，即當今；這顯然是玄宗時史官的口氣。劉仁軌傳在最後有“史臣韋述曰……”的一段評論，説明這些列傳是一字不改地直接抄録韋述、柳芳先後遞修的國史原文。這倒不能説是趙瑩等人在偷懶，連“韋述”這兩個字都懶得去掉，“今上”和“今”也懶得改成“玄宗”、“開元時”。因爲早在《漢書》中就常常抄用《史記》而不動原文。如漢高祖劉邦做皇帝後曾設置三十户人家給犧牲了的農民起義領袖陳勝守護墳墓，

郭子儀像(清代版畫)

在《史記》的陳涉世家①裏稱"至今血食",即直到司馬遷的時候還有人殺了牲口祭祀陳勝。東漢初班固寫《漢書》時,不再有人給陳勝守墓祭祀了,但《漢書》的陳勝傳裏還照抄"至今血食"這幾個字。我們今天寫文章這麼做當然不行,可是古人却不講究,因而這些不能算是《舊唐書》的大毛病。

　　韋述編定的國史祇寫到玄宗時,柳芳的也祇到肅宗,從此以後的列傳怎麼寫?看來趙瑩等人有幾種方法:一種是仍舊采用唐朝史館裏已經寫成的列傳。如郭子儀是德宗初年纔死的,韋述、柳芳的國史不可能給他立傳,但《舊唐書》的郭子儀傳後面有"史臣裴垍曰……"的一段評論,説明這仍是抄録唐史館給郭子儀寫的傳,不過已是憲宗時監修國史的裴垍的作品。還有陳少游傳、曲環傳都稱德宗爲"今上",也是德宗時史官的作品。這些在柳芳編國史以後陸續由史官寫成的列傳爲數

----

①陳勝名勝,涉是他的字。"世家"是《史記》裏專用的一種體裁,專門記載世世代代相傳襲的諸侯國、王國和其他有特殊身份地位的人。孔子的傳記可以稱"世家";陳涉因爲有專設的守墓户,所以也稱爲"世家"。後來這種制度名存實亡了,《漢書》以下就取消了這個名稱,像陳涉祇能寫入列傳。

不少,都可被趙瑩等人采用。再一種是利用實錄,文宗以上有實錄,武宗也有一卷,這些實錄中所附的名人小傳都可供采用。再一種是利用大官們的行狀、家傳和墓碑。前面講過,唐代時規定給大官賜謚要由子孫送行狀,這些行狀在賜謚後要送史館,而史館給没有賜謚的大官立傳也要根據行狀,這些行狀除已寫成列傳或正式編入國史的外,很可能還有若干保存在後晉的史館裏。另外,後梁的史館曾徵集過家傳,後唐時曾保護過碑碣,再加上趙瑩主持修史時也搜集了不少。這些收集來的和史館裏原有的行狀、家傳、墓碑之類的資料自然可以用來寫列傳。某些不是大官或不算知名的人士,如政績突出的縣令,有大學問或有特殊技能的人,有本領而隱居不貪圖富貴的人和所謂義夫、節婦等,因爲這些人的姓名和事迹也都按規定報送到史館,所以在寫良吏、忠義、孝友、儒學、文苑、方伎、隱逸、列女等類傳時能有所依據。唐代還規定要把兄弟民族和外國的資料報送史館,與兄弟民族、外國發生衝突的資料也要報送史館,這些資料保存下來可以作爲寫所謂四裔傳的依據。除此以外,臨時采訪當然也是寫列傳的好辦法。唐人修國史時要采訪,這時也同樣要采訪,如《舊唐書》裏的酷吏傳就有很大成分是靠采訪得來的,因爲這些人很多都没有好下場,史館裏不會有他們的家傳、行狀。

《舊唐書》的列傳部分也有毛病。不論是國史原有的,還是趙瑩等人新撰寫的,往往對大官們説的好話過多。這主要是由於這些傳記歸根到底都是以行狀、家傳之類的資料爲藍本,行狀、家傳當然不會説死者的壞話。幸好史官們還要去采訪,這纔使有些傳的後面還能有所指責,如某人生活如何不檢點、貪財、無家教等等。

再有個毛病就是列傳所記載的事實,尤其是年月,有時會和本紀相矛盾，如果認真查對核實，常常是列傳錯了而本紀正確。這也和列傳多根據行狀、家傳撰寫有關係。因爲行狀、家傳是在本人死後由子孫提供材料撰寫的，所以他們對父親、祖父做過什麼官，具體又在哪年哪月記不清楚，自然比不上根據實録的本紀來得準確。不過，國史和《舊唐書》的纂修者基本都能繼承傳統的修史方法，把來源不同的史料儘量如實地保存下來，有矛盾讓讀者去判斷。這就比强求統一要好一些，因爲萬一統錯了，把錯的寫下來，對的去掉，那將會貽誤後世，欺騙讀者的。

《舊唐書》的列傳部分還有個毛病更爲顯著，即武宗以前的人的傳多而詳細，宣宗以後尤其是唐末的傳太少，甚至有些比較重要的人物也沒有給立傳。這個毛病在志裏也多少存在，讀起來往往有詳前略後即頭大尾小的感覺。這當然是史料缺乏的緣故，不能説趙瑩等人越寫越懶了。

平心而論，説這部《舊唐書》是瑕不掩瑜，或者講缺點和優點三七開是公正的。因爲如果沒有它，不要説今天研究唐史缺乏最主要的依據，就是北宋人修《新唐書》恐怕也會發生很大的困難。

纂修《新唐書》

《舊唐書》修成後過了將近一個世紀,也就是北宋仁宗時候,學術界出現了要求重修的呼聲,理由主要是認爲趙瑩等纂修的不理想。趙瑩等纂修的《舊唐書》也確實是有缺點的,這在上面已給讀者講過,主要是詳前略後。這是由於唐代的國史、實録不齊全,宣宗以後的史料太缺乏,如果能在這方面予以補救,把它充實起來,自然是大好事。但宋人除認爲這部書"事實零落"外,還認爲它"紀次無法,詳略失中,文采不明"。用今天的話來説,就是編寫時缺乏準則,哪些該詳細,哪些該簡略,處理得很不合適,而且文筆也不行,表達能力不強。他們還指出,這是由於趙瑩等人身處五代衰世,水平低下,缺少修史的才識和文筆的緣故。他們認爲,如果要表彰前朝明君賢臣的功績,揭示衰亂的根源,譴責罪魁禍首,使這部史書對後來的統治者能起到勸戒的作用,就非徹底重修不可。

正式建議重修《唐書》的是當時的宰相賈昌朝。他的建議得到了宋仁宗的同意,慶曆五年(公元 1045 年)正式下詔,設立史局,重修《唐書》。

由於對這一工作很重視,史局裏先後網羅了許多人材。清代的史學家錢大昕曾編了個《修唐書史臣表》,很詳細,也能説明當時的情況,現簡化抄録在這裏:

時間	提舉官	刊修官	編修官
慶曆五年（1045）	賈昌朝	王堯臣　宋　祁　張方平 楊　察　趙　概　余　靖	曾公亮　趙師民　何中立 范　鎮　邵　必　宋敏求
六年（1046）	賈昌朝	王堯臣　宋　祁　張方平 楊　察	范　鎮　宋敏求　王　疇
七年（1047）	賈昌朝 丁　度	王堯臣　宋　祁　張方平 楊　察	范　鎮　王　疇　宋敏求
八年（1048）	丁　度	宋　祁　張方平	范　鎮　王　疇　宋敏求
皇祐元年（1049）至四年（1052）	丁　度	宋　祁	范　鎮　王　疇　宋敏求 劉義叟　呂夏卿
五年（1053）	丁　度 劉　沆	宋　祁	范　鎮　王　疇　宋敏求 劉義叟　呂夏卿
至和元年（1054）	劉　沆	宋　祁　歐陽修	范　鎮　王　疇　宋敏求 劉義叟　呂夏卿
二年（1055）	劉　沆	宋　祁　歐陽修	范　鎮　王　疇　宋敏求 劉義叟　呂夏卿　梅堯臣
嘉祐元年（1056）	劉　沆 王堯臣	宋　祁　歐陽修	范　鎮　王　疇　宋敏求 劉義叟　呂夏卿　梅堯臣
二年（1057）	王堯臣	宋　祁　歐陽修	范　鎮　王　疇　宋敏求 劉義叟　呂夏卿　梅堯臣
三年（1058）	王堯臣 曾公亮	宋　祁　歐陽修	范　鎮　王　疇　宋敏求 劉義叟　呂夏卿　梅堯臣
四年（1059）	曾公亮	宋　祁　歐陽修	范　鎮　王　疇　宋敏求 劉義叟　呂夏卿　梅堯臣
五年（1060）	曾公亮	宋　祁　歐陽修	范　鎮　王　疇　宋敏求 劉義叟　呂夏卿　梅堯臣

这里的提举官相当於《舊唐書》的監修，一般都由宰相充任。不過宰相能像趙瑩那樣親自帶領修史的並不多，所以這時又設置了比普通編修官高一級的刊修官。刊修官開頭幾年人數較多，到皇祐元年（公元 1049 年）祇剩了一位宋祁，成爲纂修工作的實際主持者。皇祐三年（公元 1051 年）以後宋祁雖外任地方官，但仍然兼任刊修官，並帶着史稿纂修。至和元年（公元 1054 年）以後又由提舉官宰相劉沆推薦歐陽修做刊修官，在京城裏主持史局，並負責本紀、志、表的纂修；列傳的纂修則由宋祁負責；所以上列表格的刊修官裏要列上他們兩位的名字。編修官少的時候祇有三位，多則有六位，和趙瑩主持纂修《舊唐書》時的人數差不多。

編修官中有好多是知名人士，如宋敏求就是一位唐史研究專家和大藏書家。他家住在京城開封的春明坊，藏書多至三萬卷，而且多經他和他的父親宋綬認真校勘過，不少愛讀書的人都願和他做鄰居以便向他借書，弄得春明坊的房租上漲了一倍。他借助豐富的藏書把唐朝實録空白的一段補起來，寫成了武宗、宣宗、懿宗、僖宗、昭宗、哀帝的六朝實録共一百四十八卷，成績超過了當年建議纂修《舊唐書》的賈緯的《唐年補録》，給這次重修《唐書》做了

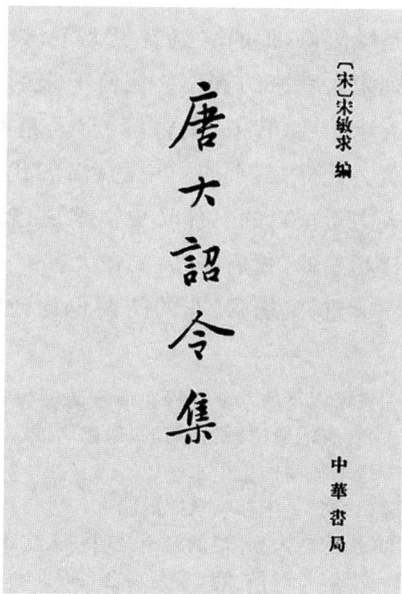

〔宋〕宋敏求 編

唐大詔令集

中華書局

《唐大詔令集》封面

最好的準備工作①。他還寫過記述唐西京長安的《長安志》;記述唐東京洛陽的《河南志》;記述北宋京城開封的《東京記》;還在父親宋綬搜輯的基礎上編成一部《唐大詔令集》,這部書和《長安志》等書在今天仍是研究唐史的常用書。編修官中還有一位呂夏卿,曾寫過四卷《唐書直筆》,三卷唐代的《兵志》,對纂修唐史確實下了功夫。兩位主要的刊修官中,宋祁的文才是很有名的。仁宗初年他和他的哥哥宋庠同時試進士科,他取中第一,宋庠第三。後來經垂簾聽政的皇太后劉氏干預,説弟弟不好占先,於是把第一名狀元給了宋庠,他改成第十,鬧得"大小宋"之名連宮廷裏都知道。他生平所寫的詩文,後人匯總起來多至一百五十卷叫《宋景文公集》②。雖然失傳了一些,但大部分還保存到今天。另一位是歐陽修,他的名氣就更大了,衆所周知的唐宋八大家③中他名列宋人六家的首位。他留下來的《歐陽文忠公集》④也多至一百五十三卷,其中《集古錄》十卷是我國研究古代碑刻的第一部名著。此外,二十四史中的《新五代史》⑤,是《唐書》修成後他以個人力量撰寫的一部私史。總之,就重修《唐書》的陣容來看,確實比趙瑩修《舊唐書》時要強大。

　　重修《唐書》花的時間也比較多,前後長達十六年,差不多是

①宣宗以下的六朝實錄在南宋時還保存着,可惜後來失傳了。幸好司馬光爲《資治通鑑》所撰寫的《通鑑考異》中引用了不少,所以我們還可看到宋敏求較高的史學水平。
②"景文"是宋祁死後賜的謚。
③"唐宋八大家"這個名稱是明初人定下來的,明後期茅坤編選《唐宋八大家文鈔》,風行一時,八大家之名因此而家喻户曉。
④"文忠"是歐陽修死後賜的謚。
⑤原名《五代史記》。

修《舊唐書》的四倍，一直到仁宗嘉祐五年（公元 1060 年）纔完成了這部包括本紀十卷、志五十卷、表十五卷、列傳一百五十卷一共二百二十五卷的巨著。當這年六月把這部巨著進呈給仁宗時，是由曾公亮以宰相兼提舉官的身份上的表，而在本紀、志、表和列傳之前分別列上的是歐陽修和宋祁的官銜姓名。書名和《舊唐書》一樣仍叫《唐書》，不過爲了和原先趙

歐陽修《集古錄》書影

瑩的《唐書》相區別，所以也常給它加上"新"字，叫《新唐書》。

　　這部《新唐書》的質量怎麼樣，是不是比舊的好，還是新舊各有長處，這個問題自《新唐書》修成後就有爭論。

　　纂修《新唐書》的人自然認爲新的好，在曾公亮的進書表裏就説這部新的《唐書》是"其事則增於前，其文則省於舊"，也就是説它所記載的事情比舊的增多，而文字則比舊的簡省，或者簡稱之爲"文省事增"。和《舊唐書》的"事實零落"相比，《新唐書》的纂修者認爲這是一個大優點。再一個自認爲大優點的是進書表裏指出的"義類凡例，皆有據依"。這是什麼意思呢？説來話長。原來早在傳説經孔子加過工的《春秋經》出現後，就流傳着所謂孔子親手制訂的"一字褒貶"的"春秋筆法"。例如魯隱公是被他的異母弟桓公殺死的，桓公做了魯國的國君，《春秋經》上就寫"元年春正月，公即位"。這本來很好懂，但研究《春秋》的人認爲其中大有文章。有的説，這是弒君篡位，照例説不能寫"即位"，而《經》上寫作

"即位",肯定是指桓公達到了他預期的目的。有的説,如果新君沒有參與弑君陰謀,那就不能書"即位",因爲他内心悲痛實在不想即這個位。現在寫了"即位",就説明這個新君參與了弑君陰謀,談不上和被弑者有感情,所以要寫"即位"。不管哪種説法對,他們全都認爲《春秋經》的一字一句都大有講究,大有威力,可以使亂臣賊子感到恐懼而改惡從善。其實,天下哪有這麼容易的事情! 後來,除西漢人寫的《春秋公羊傳》、《春秋穀梁傳》專門宣揚這種理論外①,其他寫史書的人包括大史學家司馬遷、班固等都不曾使用過這種"春秋筆法"。但修《新唐書》時這種筆法忽然時興起來,前面講過的編修官吕夏卿的《唐書直筆》裏就大講這套理論,而且分類舉例來説明什麼情況該用這種字眼,什麼情況該用另一種字眼。這些具體規定雖然沒有被《新唐書》全部采用,但本紀和某些志確實是把這種"春秋筆法"作爲撰寫原則,而且認真貫徹②。這就是進書表中所説的"義類凡例,皆有據依",這"類"和"例"就是什麼情況該用什麼字眼的分類舉例,他們自認爲這是《新唐書》的又一大優點。

　　《新唐書》這種寫法並沒有得到當時史學界的普遍贊同。在《新唐書》刊行之後不到三十年,就有位名叫吴縝的寫了一部《新唐書糾謬》,專門指摘《新唐書》的錯誤。他並不公開反對"一字褒貶"的"春秋筆法"③,衹是主張修史的要把"事實"、"褒貶"和"文采"

---

① 解釋桓公即位的第一種説法就見於《公羊傳》,第二種見於《穀梁傳》。
② 因爲負責撰寫本紀和志的歐陽修就是"春秋筆法"的篤信者,他後來寫《五代史記》的目的就是要貫徹這種筆法。
③ 因爲這種"春秋筆法"被説成是孔子親自制定的,所以誰都不便公開懷疑或反對,否則會存"非聖無法"之嫌。

三者統一起來。首先要尊重事實，是什麼就得寫什麼，事實清楚了自然容易作"褒貶"，再加上寫得有文采，纔能成爲一部好史書。如果文采不足，也没有注意褒貶，祇要能把事實寫清楚了，儘管不够理想，也還可以算是一部史書。如果連事實都没有寫清楚，却一味考慮褒貶、文采，那就根本背離了修史的目的。從這個理論出發，他不客氣地指出《新唐書》的纂修者就是没有在事實上下功夫，歐陽修修本紀和志時專門講褒貶，修列傳的宋祁專門講文采，

新唐書糾謬序
史才之難尚矣游夏聖門之高弟而不能贊春
秋一辭自秦漢迄今千數百歲若司馬遷班固
陳壽范曄之徒方其著書之時亦欲曲盡其
善而傳之無窮然終有人之訾斥至唐
獨稱劉幾能於僑史之外歛筆自爲一
書貫穿古今議評前載觀其以史自命之意殆
以爲古今絕倫及取其嘗所論著而考其謬戾
則亦無異於前人由是言之史才之難豈不信

《新唐書糾謬》書影

各行其是，弄得事實錯誤百出。對所謂另一個優點"文省事增"，吳縝也有異議。他認爲《新唐書》多於《舊唐書》的事情多取材於唐人小説，而唐人小説裏講的事情有很多是靠不住的，《新唐書》的纂修者對此没有認真加以選擇。吳縝這些看法得到了一部分人的支持。南宋初年晁公武編寫的書目提要《郡齋讀書志》，和南宋後期陳振孫編寫的《直齋書録解題》中，對《新唐書》都有類似的批評。《直齋書録解題》裏還指出，《新唐書》列傳部分"用字多奇澀"，叫人讀起來感到吃力。

　　儘管有這些批評，《新唐書》在宋代可能是由於官修的緣故，確實取代了《舊唐書》的位置，成爲了記述唐代歷史的唯一的"正

史"。在當時雖然還没有"二十四史",但已有"十七史"的説法①,
這就是《史記》、《漢書》、《後漢書》、《三國志》、《晉書》、《宋書》、《南
齊書》、《梁書》、《陳書》、《魏書》、《北齊書》、《周書》、《隋書》、《南
史》、《北史》、《新唐書》和《新五代史》,《舊唐書》没有算在裏邊。
明代有了"二十一史"的説法,是把宋人所稱的"十七史"加上《宋
史》、《遼史》、《金史》和《元史》而成,可仍舊没有《舊唐書》。直到
清代乾隆四年(公元 1739 年)重新校刻"正史"時,纔把明人所稱
的"二十一史"又加上新修成的《明史》和早修成的《舊唐書》合成
"二十三史"。以後在乾隆四十七年時又加刻了《舊五代史》,這纔
最後成爲大家知道的"二十四史"②。當時把《舊唐書》恢復到"正
史"地位的理由,主要是因爲它和《新唐書》都各有優缺點,所以應
在"正史之中兩書並列,相輔而行"。這代表了官方的態度。

　　清代的學者也有議論。雍正時有位沈炳震編了一部《新舊唐
書合鈔》,當時《舊唐書》還没有恢復"正史"的地位,但他認爲"《新
書》簡嚴,而《舊書》詳備",因此要把《舊唐書》和《新唐書》合抄成
一部書以便閲讀。本紀、列傳都以《舊唐書》爲主,而把《新唐書》
多出來的或内容有出入的作注;志則有的以《舊唐書》爲主而《新
唐書》作注,有的以《新唐書》爲主,《舊唐書》作注;表因《舊唐書》
没有,所以祇能用《新唐書》。總的看來還是比較重視《舊唐書》。
乾隆時史學界先後出現三部研究"正史"的大著作,先是錢大昕的

---

①宋人所編書中有所謂《十七史贊》、《名賢十七史確論》等。文天祥抗元失
　敗被俘後,有個元朝的丞相問文天祥自古至今有幾帝幾王,文天祥不予回
　答,祇説一句:"一部《十七史》從何説起!"在敵人面前保持了崇高的氣節。
②民國時柯劭忞撰寫了一部《新元史》,被北洋軍閥政府承認爲"正史",所以
　又有"二十五史"的説法。另外民國時修了一部《清史稿》,也是紀傳體,有
　人把它再加上去稱爲"二十六史"。

《二十二史考異》，再是王鳴盛的《十七史商榷》和趙翼的《二十二史劄記》①。《二十二史考異》裏沒有多講新舊《唐書》的優劣。《十七史商榷》認爲"二書不分優劣，瑕瑜不掩，互有短長"，"《新書》最佳者志、表，列傳次之，本紀最下，《舊書》則紀、志、傳美惡適相等"。《二十二史劄記》也認爲各有優劣，并且對優劣之處作了更具體的論說分析。但這些祇是史學專家的看法。一般人也許懾於歐陽修的大名，涉及唐代歷史時仍常引用《新唐書》。所以這個優劣問題實際上並没有很好解決。

今天應該怎麽辦？應該怎樣對《新唐書》作出公允的評價？我認爲這祇好把史書本身和史書中保存的史料分開來説。就史料來説，當然要求保存得越多越詳細越好，越接近原來的樣子，甚至能完全保持原樣更好，不管它的觀點怎樣，有没有文采。而作爲一部根據史料編纂的史書，則不但要求有正確的觀點，而且還要講究文采。從文采來説，過去有些史書如"正史"中的《史記》、《漢書》、《後漢書》等都是很有文采，很受讀者歡迎的。《史記》的某些列傳至今仍是公認的高水平的傳記文學。就是《新唐書》、《舊唐書》中也不是没有好文章值得一讀。但觀點就都不行了，"正史"的作者包括司馬遷在内没有一個不是站在封建地主階級立場上的，他們都不能也不可能真正尋找出歷史發展的客觀規律。正因爲這樣，我們今天纔要重新研究歷史，利用前人留下來的史料，在馬克思主義指導下揭示出歷史現象的本質，找尋它的發展規律，然後把它寫成我們今天需要的各種歷史專門論著和歷史教科書。我們今天要求於舊史書的，主要是希望它給我們多保

---

① 劄(zhá)，本是舊社會一種公文的名稱，但常和札字通用。劄記一般多寫作札記，是一種高級的讀書筆記。

存多提供有用的史料,越多越詳細越能保持原樣越好。前面所述就是從史料這個方面來評價《舊唐書》的,對《新唐書》的評價,也祇能着重在這個方面。

在《新唐書》纂修時,修《舊唐書》所用的實錄、國史和其他史料都不曾散失,而《新唐書》的纂修者又繼續搜羅,宋敏求所補武宗以下六朝實錄更是修本紀的最好參考書,《新唐書》的本紀修成後照理應該遠勝於《舊唐書》。但結果並非如此。《舊唐書》本紀有二十卷,而《新唐書》的本紀祇有十卷,從字數算還不到《舊唐書》的三分之一,這不能不說是吃了"春秋筆法"的大虧。原來《春秋經》不僅有所謂"一字褒貶",還有個特點是簡,這在當時是有道理的,當時通用竹木簡,一根竹木簡上寫不了很多字,竹木簡多了又太笨重,所以習慣記得簡單些,一件大事不到十個字就可以了。到了北宋時,時代早已變了,大家都用紙來寫字了,可歐陽修還要學《春秋經》的筆法來寫本紀,把原來比較詳細具體的內容變成一句話兩句話,有些大事認爲不重要就完全刪掉,一個字也不留,這樣就不知損失掉多少有用的史料。"一字褒貶"的筆法也害人不淺,舉個例子,凡叛軍作戰,在《新唐書》本紀裏規定都得寫上大頭兒的姓名,而不寫出指揮這支叛軍的是哪個將領,意思是要

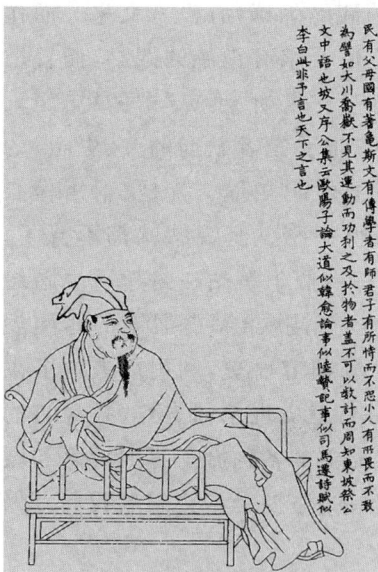

民有父母國有蓍龜斯文有傳學者有師君子有所恃而不恐小人有所畏而不敢為譬如大川喬嶽不見其運動而功利之及於物者蓋不可以數計而周知如東坡祭公文中語也坡又序公集云歐陽子論大道似韓愈論事似陸贄記事似司馬遷詩賦似李白此非予言也天下予言也

歐陽修像

讓大頭兒即首惡分子來承擔罪責。如靈寶之戰打垮哥舒翰官軍的本是叛軍將領崔乾祐,《舊唐書》玄宗本紀就寫"哥舒翰將兵八萬與賊將崔乾祐戰於靈寶西原,官軍大敗,死者十六七";到《新唐書》玄宗本紀却被寫成"哥舒翰及安禄山戰於靈寶西原,敗績",把安禄山變成了叛軍的直接指揮者。接着攻占長安的是孫孝哲指揮的叛軍,安禄山本人仍在洛陽做僞皇帝;《新唐書》玄宗本紀却寫成"禄山陷京師",好像安禄山真的進入了

黄巢像

長安。這種爲了褒貶可以損傷到史料的真實性,是所謂"春秋筆法"的最壞惡果。幸虧這種亂改亂換的地方在本紀裹還不太多,多數記載雖然太簡,但還没有怎麽背離事實。尤其是武宗以後到唐亡這一段,因爲有宋敏求所補實録作參考,多少可以補《舊唐書》本紀的不足或糾正其錯誤。如黄巢農民軍攻占長安後,官軍反撲突入城區,經戰鬥又爲農民軍所殲滅一事,《舊唐書》本紀把這件事記在僖宗中和二年二月,《新唐書》本紀和宋補實録都記在中和元年四月,經過考證,證明元年四月是正確的。可見《新唐書》本紀在史料上還是有一定的參考價值。

《舊唐書》十一個志,《新唐書》有十三個。即把《舊唐書》的禮儀志、音樂志合併成爲禮樂志,又增加儀衛志、選舉志和兵志,另

外把《舊唐書》的輿服志改稱車服志，職官志改稱百官志，經籍志改稱藝文志，而《舊唐書》的曆志、天文志、五行志、地理志、食貨志的名稱在《新唐書》裏沒有改換。《新唐書》這十三個志是花了大氣力撰寫的，即使在《舊唐書》内原有的也沒有完全照抄，而有很多是另起爐竈。其中與《舊唐書》内容出入最大的是藝文志，《舊唐書》經籍志記的書籍祇到玄宗開元時，《新唐書》藝文志則把開元以後直到唐末的新書統統收集進去，成爲查考唐人著作的主要依據。百官志删去了《舊唐書》職官志開頭所記從高祖到肅宗時官制的變遷，以及各種品階的職事官、散官、勛官、爵的名目，而增添了一大段文字講宰相制度和翰林學士制度的沿革，删掉雖不應該，增添的則很有用。食貨志也增添了文武官的俸禄制度，内容比《舊唐書》的豐富。此外禮樂志、車服志、曆志、天文志、五行志、地理志、刑法志與《舊唐書》也互有詳略，説明在撰寫《新唐書》的這些志時確實搜羅了不少《舊唐書》纂修時沒有見到的史料，可以和《舊唐書》的志互相參考補充。至於《新唐書》新增加的三個志，選舉志寫得最好，也最有用處，因爲它把關係重大而又複雜的唐代科舉制度理出了個頭緒。儀衞志也可以，它記述了唐代皇帝、皇后等人的儀仗制度，其中提到的服飾、武器之類，對考古工作者有用處。祇有兵志寫得最差，作者歐陽修又在這裏本着"春秋筆法"發議論，而忘掉了首先要把事實講清楚。結果連"健兒長任邊軍"這個重要制度都沒有講到①。無怪乎同時的編修官吕夏卿要另寫四卷《兵志》以表示他對歐陽修所修兵志的不滿。可惜這四卷《兵志》已失傳了，給今天研究唐代軍事制度留下了許多困難。

---

① 這個制度是魏晉南北朝隋唐史專家唐長孺教授把它講清楚的，他還寫過一册《唐書兵志箋正》，糾正了不少《新唐書》兵志的錯誤。

《舊唐書》裏没有表，而在《新唐書》裏增加了宰相表、方鎮表、宗室世系表、宰相世系表四種。在本書開頭一節就講到過這四種表的内容，所以這裏不再重複介紹。據記載，其中的宗室世系表和宰相世系表是吕夏卿創制的，他能發現歐陽修兵志的問題，説明在志、表這類史料編排工作上他的能力要比歐陽修强一些，因此這兩個表是編得很不錯的。宰相表不知是他編的還是歐陽修編的，也不壞。祇有方鎮表人們對它不滿意，因爲它祇記載各個節度使管區的設置和分併，而没有像宰相表列出歷任宰相的姓名那樣把歷任節度使的姓名也列在表上。表中管區的設置和分併固然給研究唐代政治史提供了重要史料，但没有列上節度使姓名則不能不説是很大的缺點。編的時候當然省了事，却害得後來研究工作者要花很大氣力從其他史料裏把這些姓名找出來重新編排①。

列傳部分是宋祁主持纂修的，增修了好多《舊唐書》所没有的傳。有的是被《舊唐書》遺漏掉的，如大臣中的李栖筠、鄭珣瑜、李夷簡，武將中的史大奈、張伯儀，文學家中的獨孤及、皇甫湜、賈島，等等，都是本應立傳而且史料也不缺乏的。有許多唐末的重要人物可能是由於史料缺乏而没有能寫進《舊唐書》裏，如韓偓、周寶、劉巨容、楊行密等有好幾十人。對此，《新唐書》全都徵集了史料並分別給他們立了傳。此外，類傳和所謂四裔傳裏增修的傳也有一大批，我粗略地統計過，總共增修了三百一十五個②，《舊

---

① 民國時吴廷燮編寫的《唐方鎮年表》就是爲此做的補缺工作，博得唐史研究者的贊賞，儘管其中還不免脱漏和錯誤，總比没有記姓名的方鎮表要有用得多。

② 錢大昕的《二十二史考異》裏作過一次統計，但遺漏很多，因爲有許多祇在别人的傳後提上了幾句，所以很容易被忽略。我這個統計也不敢説十分精確。

唐書》所没有而《新唐書》增立的諸帝公主傳所記二百十二個公主還不在其内①。雖然有的傳比較詳細,有的祇有一兩句話極簡略,但總是多少提供了一些有用的史料,真正做到了所謂"其事增於前",這不能不説是宋祁這位主修者的一大功績。另外,"事增"這點還體現在對《舊唐書》原有的傳作增補上,即使增補的有些祇是無關大局的小事情,有的真如吴縝所批評的是取材於小説的也不要緊,因爲唐人小説中也有些是真人真事。真正成問題的還是在這些列傳的文字上。一是硬要做到"其文則省於舊",把《舊唐書》原有的列傳大加删節,結果不僅删節掉許多並非無關緊要的事情,甚至有許多極其重要的詔令、奏議也被整篇地删掉了。删掉的原因還不僅是爲了"文省",而是因爲這些詔令、奏議在唐代是習慣用駢體文寫的,宋祁不喜歡這種駢體文而提倡古文②,於是見到就删,即使損失了有價值的史料也在所不惜。也有些實在太重要了不便删就改,把人家的駢體文硬改竄成古文。幸好《舊唐書》還没失傳,可以讓我們看到這些文字的本來面目,否則祇看《新唐書》豈不要認爲當時人真都用古文來寫詔令、奏議了。説得不客氣點,這真是在胡鬧。而且,宋祁儘管是一位才子,咏詩、填詞都很漂亮,但在做古文上比真正的古文家歐陽修却差得很遠。他的古文是所謂"澀體",也就是陳振孫所指出的是一種"用字多奇澀"的文體。他用這種文體把《舊唐書》裏原有的詔令、奏議以

①其中有兩個比較重要的而又有政治活動的公主在《舊唐書》裏已另立傳。
②駢體文是一種講對偶、講音調還要多用典故的文字,如文章選本中常選入的王勃的《滕王閣序》,駱賓王的《代李敬業以武后臨朝移諸郡縣檄》),就是這種文字。反之,如韓愈、柳宗元等唐宋八大家那樣的文字纔叫古文,並不是所有古代的文字都可統稱爲古文。

及記叙文字亂改一氣。例如柴紹傳有"隋將桑顯和來戰,紹引軍繚其背",這"繚其背"是什麼意思呢？查對《舊唐書》,原來寫的是"紹引軍直掩其背"。因宋祁嫌它不够古,所以硬用這個"繚"字來替换"直掩","繚"是繞的意思,用在這裏確實很奇,同時又很澀,因爲使人讀到這裏就得打住,無法念下去。再如《舊唐書》的玄宗廢太子瑛傳有"李林甫代張九齡爲中書令,希惠妃之旨,託意於中貴人,揚壽王瑁之美,惠妃深德之"幾句話。壽王瑁是武惠妃的兒子,李林甫爲了討好武惠妃就通過中貴人即大宦官來説壽王瑁的好話,《舊唐書》這樣寫本來很好懂,宋祁却改成"九齡罷,李林甫專國,數稱壽王美以掇妃意,妃果德之"。這個"掇"字本是拔的意思,宋祁用在這裏當"助長"、"迎合"來講,確實够奇,不對照《舊唐書》誰又能看懂呢！當然不能否認《新唐書》列傳的文字也有寫得好的,但像這種澀體實在使人無法領教。

　　由此可見,《新唐書》雖然有不少優點,從保存史料本來面目來講則有很多地方比不過《舊唐書》。它代替不了《舊唐書》的作用,衹能用來補《舊唐書》的不足,或糾正《舊唐書》的某些錯誤。

怎樣讀這兩部書

　　讀這兩部書，自然要以《舊唐書》爲主，而用《新唐書》作爲補充，這個道理如果看過前面幾節就很明白了。

　　這裏所要講的是一大堆的《舊唐書》，再加上《新唐書》，究竟應該怎樣下手去讀。

　　當然，首先是要準備一些條件。條件之一是起碼要能讀懂不太艱深的文言文（也就是所謂古漢語），像《新唐書》列傳裏的澀體文字讀不懂沒關係，用《舊唐書》一對照就懂了，但《舊唐書》中並不艱深的文言文總得基本上能看懂。其實這也不難，用不到去啃古漢語語法，多讀一些文言文寫的書就大體可以過關。再有一個條件是要知道點起碼的歷史知識，如果連教科書上的一點歷史知識都不具備，唐朝是在隋朝之前還是之後都鬧不清楚，唐太宗、武則天、郭子儀、韓愈等是什麼人都搞不明白，打開《舊唐書》、《新唐書》眼前一團漆黑，那當然無法讀下去。更重要的是，還要對祖國的歷史和文化有感情，有點獻身於歷史科學的勇氣，因爲這不比看小說、看電視，要付出點勞動，有時甚至是頗爲艱苦的勞動。但祇要鑽進去了，領會或解決了一些歷史上的問題，嘗到了甜頭，那你就會變得愛讀、願讀了。

　　讀書通常要從頭讀起，但並不是所有的書都必須從頭讀。就《舊唐書》和《新唐書》來説，一開卷就都是本紀，按年按月按日地像流水賬。流水賬是誰都怕讀的，爲了提高讀的興趣，我建議不妨先讀列傳。因爲列傳講得具體，有的還比較生動，有點像講故事。

但不要以爲我是叫讀者眞的把兩唐書的列傳當歷史故事來讀，或者當作文學作品來讀。《舊唐書》列傳中有些雖有文采，但在文學上總算不上第一流的，更不用説《新唐書》列傳中的澀體文字了，這些列傳遠不如《史記》、《漢書》中的列傳好讀。而且當歷史故事讀也不好，因爲這樣很容易光知道些表面現象，祇知道某人怎麼好，怎麼能幹，怎麼愛國愛民；某人又怎麼壞，怎麼陰險奸詐，怎麼禍國殃民；其結果很容易產生一種錯覺，好像歷史就是由這些個別的好人或壞人來決定的。出了幾個好皇帝、好宰相就馬上天下太平，出了幾個昏君、奸臣就馬上天下大亂，甚至亡國。這豈不成了歷史唯心主義的信徒了？

我們讀史書決不能孤立地看待歷史人物，當然更不能孤立地去讀他們的傳記；而應該把列傳分做若干時期來讀。譬如唐高祖、太宗時作爲一個時期；武則天、中宗、睿宗作爲一個時期；玄宗又是一個時期；肅宗、代宗是一個時期……然後按時期讀十幾個以至更多的同時期人的傳。這樣就可以比較多方面地弄清楚這個時期的歷史情況和歷史條件，然後根據歷史條件對人物的言行作分析，找出其中一些帶規律性的東西。

列傳應該這麼讀，那本紀呢？是不是可以因爲它是流水賬，就可以索性不去讀呢？當然不可以。前面早已給讀者講過，《舊唐書》和《新唐書》的本紀絕大部分是直接或間接地根據實錄編寫的，它雖然不如列傳講得具體生動，但年月日的可靠性往往超過了列傳，還有許多紀事是列傳裏看不到的。所以在讀列傳的同時，還需要參考本紀，常常查對本紀。最好在讀完一個時期的列傳，對這個時期的歷史全貌有個大體的了解後，再把這個時期的本紀從頭到尾認真讀一兩遍。這時候的本紀在你心目中已經不再是索然無味的流水賬了，而是變成有血有肉的歷史記錄，可以用來加深對列傳的理解，同時還可以糾正列傳的某些錯誤和補列傳的不足。志和表也是如此，除了有目的地另外把它通讀外（這在後面還要專門講），在讀列傳和本紀時也應該查對參考。有些官名、地名以及其他不好懂的制度，一查志就很好懂，有時比使用辭典還有效。因爲即使專門的歷史辭典也不會把各個朝代所有的制度和專門名詞都收進去。

這種分期讀列傳，再參考本紀、志、表的方法使用起來究竟怎麼樣？爲了增强讀者的信心，不妨在這裏舉兩個實例。

玄武門之變，是唐朝初年政治上的一件大事，是唐高祖李淵的竇氏夫人所生的第二個兒子秦王李世民發動的一次軍事政變。他在宮城北門玄武門內用突然襲擊的方式殺死親哥哥、親弟弟——也就是竇氏所生的大兒子皇太子李建成和第四個兒子齊王李元吉，接着迫李淵退位做了太上皇，自己做了皇帝，他就是歷史上有名的唐太宗。前面講過，李世民後來曾給史官定過調子，說這次政變是不得已的正義行動。新舊《唐書》以及其他歷史書包括今天的某些教科書上也都跟着這麼說，好像建成和元吉是兩個壞人，不把他們除掉，李世民不上臺做皇帝，天下就會馬上大亂，就出現不了"貞觀之治"。這種把治亂興衰歸之於個別統治者的品德的説法，顯然有着濃厚的歷史唯心主義色彩。

但是玄武門之變離開今天已有一千三百多年了，無法再去向當事人進行調查，事情的真相怎麼能够弄清楚呢？這就需要我們的敏鋭眼光和判斷力了。因爲新舊《唐書》儘管所依據的已是李世民定調子後的實錄和國史，但還可以找到一些没有按調子改動過的東西。

　　譬如建成和元吉是不是壞人這一問題,在《舊唐書》的建成傳和元吉傳裏確實講了他們很多劣迹,歸結起來主要有兩條,即"外結小人"和"內連嬖幸"。內連嬖幸是説他們勾結高祖的妃嬪,讓她們幫自己説好話。但李世民自己也是這麽幹的。在李世民的妻子長孫皇后傳裏就説她當秦王妃時對高祖的妃嬪很恭順,爲李世民説過好話。這與建成和元吉的"內連嬖幸"有什麽區別呢!建成和元吉"外結小人"無非是在東宮、在齊王府裏招致了謀士,組織了自己直屬的武裝,如建成傳所説"私召四方驍勇,並募長安惡少年二千餘人,畜爲宮甲,分屯左右長林門,號爲'長林兵'"等等。殊不知這最後一句就露了馬脚,因爲既然公開號爲"長林兵",那肯定是得到高祖允許的,怎麽能説是"私召"? 其實,皇太子和有權勢的皇子可以有直屬的武裝,這本是南北朝以來的老傳統。更何況李世民同樣有直屬的大量秦府兵,還蓄養了尉遲敬德、秦叔寶和程知節等勇將。秦叔寶和程知節是先參加瓦崗寨農民軍後來又投靠王世充再投靠李世民的;尉遲敬德也是從劉武周手下投過來的;他們後來都參加了玄武門之變,而且尉遲敬德還是射死李元吉的殺人凶手。所有這些,在《舊唐書》尉遲敬德等人的傳裏都講得清清楚楚,不見得比建成招募的所謂"惡少年"好到哪裏去。至於謀士,秦王府自己就有以房玄齡、杜如晦爲首的十八學士,褚亮傳裏還開列出這十八個人的名單,不過應該承認這些都是有本領或有學問的人。然而建成和元吉手下的謀士也並非是壞人。譬如貞觀時著名的政治家魏徵就曾經是建成的親信,直到建成被殺後纔投靠李世民的,這在建成和魏徵的傳裏都還有記載。可見在這些方面李世民與建成和元吉是半斤八兩,並沒有什麽好壞之分。

　　在才能上建成和元吉是否不如李世民呢？這也並不見得。李世民在統一戰爭中是有功勞的，他先後消滅了薛仁杲、劉武周、王世充、竇建德四個武裝集團，還打敗過另一個劉黑闥武裝集團，但並不是常勝將軍。在打薛仁杲的父親薛舉時就曾被薛舉殺得大敗，這在當事人薛舉、劉文靜、殷開山的傳裏都有記載，不過都說李世民這時候湊巧病倒了，把失敗的原因都推在李世民手下的劉文靜、殷開山身上。建成和元吉也並不是常敗將軍，雖然元吉曾吃過敗仗，在劉武周進攻下把根據地太原丟失了，但這時元吉纔十七歲。如果十七歲的人由於缺乏經驗沒有打好仗，要受譴責，那李世民被薛舉打敗時已二十一歲了，這又怎麼說呢？而且根據《舊唐書》記載，元吉以後很能打仗，在打洛陽的王世充、平定現在河南地區的一次大戰役中，充當李世民副手的就是元吉。當河北地區竇建德來救援王世充時，李世民負責打援，留元吉圍洛陽城。後來王世充開城出戰，被元吉殺得全軍覆没，從而保證了李世民打援的勝利。王世充傳裏講到了這次戰鬥，但已看不到元吉的名字，幸虧在元吉傳裏還有比較具體的記載，大概是當年修國史時忘了把它抹掉。建成呢？打仗也不外行。建成傳和高祖本紀、太宗本紀都透露出這樣一個事實，即高祖太原起兵後是派建成和世民分兵兩路進取長安的[①]；在長安建立政權、出兵經略河南地區也是派建成爲主將，世民當副手。祇因建成是長子，在高祖稱帝後做了皇太子；所以根據傳統習慣讓他留在高祖身邊學習管理國家的本領，以便將來接班，而由第二個兒子世民在以後的幾次大戰役中當主將，並不是因爲特別欣賞世民的軍事才能。

[①]根據《大唐創業起居注》的記載，首先打進長安城的還是建成手下的軍頭雷永吉。

建成傳説高祖除了"軍國大務"之外,其他的日常政事都交給建成處理,這就説明高祖對建成是信任的,而且建成幹得也不壞。所以即使是建成失敗後的所有記載包括建成傳,也難於在這方面給他編造罪狀。後來劉黑闥在河北起兵反唐,先是李世民去打,没有徹底解決問題,以後又相繼派元吉、建成去,不到兩個月就消滅了劉黑闥,平定了河北。這也説明他們的軍事才能確實不比李世民差。

再看高祖和李世民父子之間的關係。《舊唐書》裏説了不少高祖寵愛李世民的話,甚至在建成傳裏還説高祖私底下已答應改立李世民做皇太子了,這當然是修實録和國史的史官按照李世民定的調子編造的。因爲這樣纔好讓後人認爲建成和元吉反對李世民是違背了高祖的意旨,李世民殺害他們是不得已的自衛手段。但建成傳裏畢竟留下了李世民和高祖鬧矛盾的事實,當時李世民在消滅竇建德、王世充後,羽毛豐滿了,勢力大了,他在外面下的命令比高祖的手詔都有效。氣得高祖對最親信的宰相裴寂説:"此兒典兵既久,在外專制,爲讀書漢所教,非復我昔日子也!"從此高祖對李世民"恩禮漸薄",而"建成和元吉轉蒙恩寵"。以後建成和元吉去打劉黑闥,從建成傳裏看這是魏徵的建議,希望建成借此擴大勢力,其實這同時也正符合了高祖的意圖,好就此削掉李世民的兵權。最後高祖準備召集宰相大臣在宫城的臨湖殿公斷建成、元吉和李世民的曲直,李世民和他的秦王府私黨就感到末日來臨,祇好冒險發動軍事政變。從其私黨張公謹的傳裏可以看到他們當時十分緊張,甚至要用龜卜來占吉凶,這説明此舉是他們毫無把握的孤注一擲。結果這一擲成功了,武德九年(公元626年)六月四日在玄武門内李世民、長孫無忌帶尉遲敬德等九人襲擊了前往臨湖殿聽候公斷的建成和元吉,因爲建成和元吉自以爲

《舊唐書》李建成傳中有關
玄武門之變的記載

勝利在握，毫無準備，結果被當場射殺。但事情並沒有到此就結束，從尉遲敬德傳提供的情況可以知道，敬德在得手後立即披甲持矛殺奔臨湖殿，勒迫等在殿裏準備公斷的高祖下手敕把全部兵權交給李世民。在這種情況下，高祖纔下詔立了李世民做皇太子，八月裏讓位給皇太子李世民，自己退位成爲太上皇，這一切當然也都是被迫的，而不是自願的。可見玄武門之變不僅是針對建成和元吉，同時也是針對高祖的一次奪取最高權力的政變。

　　《舊唐書》裏還有許多史料可以證實這次政變的性質。如裴寂、劉文靜傳和太宗本紀裏都有一個李世民剛做皇帝後公布的功臣名單，在四十三名功臣中站在李世民一邊包括參與玄武門政變的有三十一名，占了總數的百分之七十二，其餘的則是本來功勳卓著的將領列在裏面作陪襯，而屬於高祖親信的僅有一個裴寂，算是暫時給高祖留點面子。過不了幾年，連這個裴寂也被削職爲民並敕令回了老家，連京城裏都不准住，不久又索性流放到邊遠地方去了。而另一個曾經支持過李世民反對高祖和裴寂、後來被高祖殺掉的劉文靜，在這時却被徹底平反，追復官爵。這真是俗話所説“一朝天子一朝臣”。當然，我們也不必過於譴責李世民，説他不孝或對父親高祖缺乏感情，説他忍心對建成和元吉下毒手缺乏兄弟之情，因爲如果建成和元吉成功了，他們同樣也會對李世民和他的私黨下手的。元吉傳裏就說他們準備一旦成功後就把尉遲敬德等一夥人活埋掉。他們也真有可能這麼做的，因爲這是封建統治階級內部的權力鬥爭，在鬥爭中一切最本質的東西如欺詐性、凶殘性必然會充分暴露出來，否則還叫什麼封建統治階級！當然，這種欺詐和凶殘並不影響李世民作爲一個比較有作爲的皇帝而受到好評，可是建成和元吉如果成功了也並不是沒有可能成爲一個有作爲的皇帝，因爲當時無論老百姓或是統治階級中的有識之士都迫切希望出現一個統一安定的局面，更何況建成還有個好輔佐魏徵呢！

有些人大概因爲李世民做皇帝後幹了不少好事，就不願意把玄武門之變說成是權力之爭，而要說成是進步和保守之爭。還有人說，李世民是代表庶族地主，建成和元吉是代表世族地主，世族地主是保守的，而庶族地主則是進步的。又有人說，建成和元吉是代表北周以來的關隴集團①的勢力，李世民則代表了新興的山東勢力②，後者是進步的，而前者是保守的。且不說這種講法在理論上是不是能成立，祇要把李世民與建成和元吉雙方私黨的列傳通看一下，再把《新唐書》的宰相世系表查對一下，就知道這都不是事實。事實上是這些私黨中既有關隴人，也有山東人；既有世族地主，也有庶族地主甚至不是地主的庶族；雙方都一樣，連數量上也看不出有什麼區別。如李世民的兩大謀士中，房玄齡是山東人，是庶族地主，而杜如晦則是關中人，是世族地主；建成的大謀

───────────────

①關指陝西關中地區，隴指甘肅地區。北周在開始時因爲祇統治這點地區，所以統治集團中多數人來自於這些地區，在史學界有人稱之爲"關隴集團"。
②這個山東，是古人所說的山東，即華山或函谷關以東的廣大地區，在唐初人心目中包括有現在河南、山東和河北各省區。

房玄齡像

士魏徵是山東人，是庶族地主，而另一個韋挺就是關中人，是世族地主。可見，根本就談不上誰進步誰保守。

還有一個現象，在讀了這個時期的列傳後會發現，即李世民做了皇帝後，他的兒子們在貞觀年間也鬧過一次權力之爭。原來，李世民和長孫皇後生了三個兒子，大兒子李承乾理所當然地做了皇太子，而承乾的弟弟魏王李泰却不服氣，企圖取而代之。他們各自積蓄力量，準備大幹一場。李世民是過來人，生怕自己像高祖一樣被弄成太上皇，於是來了個斷然措施，把李承乾、李泰都廢掉，另立皇后的最小的兒子李治當皇太子，即後來的唐高宗。原因是李治當時祇有十六歲，沒有能力結黨營私，不會危害李世民的統治權。所有這些，在李承乾、李泰的傳裏都講得很詳細。可見這種皇子之間爲奪取最高權力而進行的你死我活的鬥爭，在這個時期似乎已成爲一種規律①。至

① 例如隋煬帝楊廣的皇帝位置也是這樣搶來的。他是隋文帝楊堅和獨孤皇后所生的第二個兒子。當時他的哥哥楊勇是皇太子，留在京城裏，而他帶兵在外。在滅陳後楊廣擴充了自己的勢力，形成了一個私人的政治集團。最後終於用陰謀手段取代了楊勇做上皇太子，又害死了楊堅當上了皇帝。所有這一切和李世民極爲相似，祇是當上皇帝後的所作所爲大不相同。

於爲什麼會形成這種規律，當然光讀新舊《唐書》還不容易解答，需要尋找其他資料並在理論上進一步探討。

玄武門之變是人們感興趣的，下面再舉一個也是人們感興趣的例子，這就是馬嵬驛楊妃之死。

楊妃就是楊貴妃，她本是壽王李瑁的妃子，而李瑁則是唐玄宗李隆基和他最寵愛的武惠妃所生的兒子。李隆基在開元十二年（公元 724 年）把王皇后廢掉了，武惠妃

楊貴妃像

成爲沒有皇后稱號的皇后。開元二十五年（公元 737 年）武惠妃病死，李隆基看上了美麗的兒媳婦楊氏，開元二十八年（公元 740 年）以度她爲女道士的手法弄進宮廷，天寶四載（公元 745 年）冊立她做貴妃，代替她原先的婆婆武惠妃而成爲沒有稱號的皇后。這段歷史在新舊《唐書》上講得很清楚，這種把兒媳婦當妻子的事情在古代宮廷裏也並非絕無僅有，不值得去追究。應該追究一下的，倒是天寶十五載（公元 756 年）李隆基爲避安祿山叛軍兵鋒南逃路過馬嵬驛時禁軍兵變殺死楊貴妃這件事，因爲所有的舊史書包括新舊《唐書》都沒有把事情的真相正面寫出來，給人們留下了許多疑團。

一般人都認爲這是禁軍自發的行動，有些記載如《舊唐書》楊國忠等人的傳裏還講鬧兵變是因爲士兵飢疲。但馬嵬驛距離長安

《明皇幸蜀圖》(局部)。描寫安史之亂後,唐玄宗前往四川避難的情形

城不過一百多里,《舊唐書》玄宗本紀説頭天早晨走,中途住一晚,第二天纔走到馬嵬驛,走得並不快,何以禁軍會受不了而鬧兵變呢? 而且舊社會鬧兵變都是一發不可收拾的,哪有像這次兵變專殺宰相楊國忠一夥包括楊貴妃在內,而對皇帝、皇子、宦官高力士等却絲毫不侵犯呢? 當時還有另一個宰相韋見素同行,《舊唐書》裏有他的傳,説他在混亂中已被誤傷,士兵却大喊"勿傷韋相",把他保護下來。禁軍士兵不僅把這些人保護下來,而且還花上一個多月的時間通過崎嶇的蜀道,把他們平安地送到成都重建了臨時政權。所有這些,用自發行動説是無法解釋的。

　　對於這樣的問題,還是要通過閱讀這個時期的列傳和本紀來尋找綫索。

　　讀了列傳和本紀,可以發現的重要綫索在陳玄禮身上。此人多年來充任禁軍主力龍武軍的大將軍,是禁軍的老長官,這次逃難時又是包括左右龍武、左右羽林在内的全體禁軍的最高指揮官。《舊唐書》玄宗本紀記載得很清楚，是他先向皇帝提出要殺楊國忠，然後士兵纔動手的。如果再仔細一點，讀一讀陳玄禮本人的傳，事情就會更清楚了，因爲傳裏明明寫着這樣幾句話："玄禮欲於城中誅楊國忠，事不果，竟於馬嵬斬之。"原來，禁軍長官陳玄禮早就準備在長安城中對楊國忠下手了，祇因時機不成熟，到了馬嵬驛終於動用禁軍把他收拾掉。這完全是一場有預謀的軍事政變，哪裏是什麽自發行動。

　　但陳玄禮雖有兵權，平時畢竟祇能在禁軍裏行使他的權力，和統籌國家大政的宰相可説是河水不犯井水，即使有些小矛盾也何至於殺人行凶，而且要殺的這個宰相又是身爲皇親國戚的楊國忠。這位楊國忠雖不是楊貴妃的親哥哥而祇是族兄，可楊貴妃却是皇帝李隆基的心上人，没有稱號但却是事實上的皇后，要殺這楊家兄妹可真是件有滅族之禍的大險事，非有潑天的膽量不可。可是，陳玄禮傳上却又明明説他"以淳樸自檢"，而不是跋扈飛揚的家伙。這就要求我們找尋另外的綫索：是誰在指使陳玄禮這麽做，誰是馬嵬驛兵變的後臺人物。

　　這個人當然需要具備兩個條件，一是能控制禁軍、指使陳玄禮，再是要和宰相楊國忠有不可調和的矛盾，在當時祇可

《舊唐書》陳玄禮傳書影

能是宦官高力士。因爲《舊唐書》的列傳、本紀和其他史書裏都提供了證據。

從睿宗本紀、玄宗本紀以及韋后、太平公主、王毛仲、高力士等人的傳裏，可以知道李隆基是通過兩次軍事政變奪取最高權力的。第一次發動政變前他還祇是臨淄王，通過他的親信警衛人員王毛仲勾結當時禁軍羽林軍的主力部隊萬騎營，收買了營長葛福順、陳玄禮，聯合他姑母太平公主一幫的勢力，在唐隆元年（公元710年）發動政變殺掉了掌權的嬸母韋后、堂姊安樂公主和她們在羽林軍高級將領中的親屬黨羽，讓他的父親睿宗李旦當上皇帝，自己當上皇太子。以後又使睿宗退位當太上皇，而自己當了皇帝，但實權仍在睿宗和太平公主手裏。在先天二年（公元713年）他又發動第二次軍事政變殺掉了太平公主一夥並使睿宗交出了全部權力。在這一系列鬥爭中，王毛仲、葛福順和陳玄禮等禁軍頭目都立了大功，成爲李隆基的親信。王毛仲和葛福順還結成了兒女親家，實際上成了禁軍的太上長官。

宦官高力士也在這一系列鬥爭中立了大功，第一次是在宮廷裏充當內應；第二次更隨同李隆基一起行動殺人。因此事成後被任命爲宦官機構內侍省的首腦，也成爲李隆基的親信，但同時也和另一股同樣是皇帝親信的禁軍產生了矛盾。起初是禁軍占上風，這不僅是因爲禁軍手裏有槍杆子，而且王毛仲還貴爲輔國大將軍、左衛大將軍，而高力士祇是右監門衛將軍。這裏就用到了《舊唐書》裏的職官志，職官志上寫明右監門衛將軍祇是職事官的從三品，王毛仲的左武衛大將軍是職事官的正三品，和正三品的宰相同級，所加榮譽性的武散官輔國大將軍更是正二品，當然不會把從三品的宦官高力士看在眼裏。這兩派之間的鬥爭最後是以高力士取勝而告終。在開元十九年（公元731年）皇帝李隆基下詔把王毛仲、葛福順以及屬於他們一黨的其他禁軍將領、文職官員一共十個人統統貶逐到邊遠地區，王毛仲在中途還被下詔殺死。但其中却沒有和葛福順地位相埒的陳玄禮的名字。

高力士之所以能戰勝王毛仲、葛福順，是由於他身爲宦官可以經常接近皇帝，而且又是沒有生殖能力的人。歷史上的宰相、將軍如果權太大了都容易產生想做皇帝的念頭，而宦官絶無這種可能，相形之下自然容易獲得皇帝的信任。試看《舊唐書》的齊澣傳，齊澣這個吏部侍郎就曾用上面那套理由勸説過李隆基，勸他支持高力士除掉王毛仲、葛福順。但王毛仲、葛福順畢竟手裏有禁軍，連皇帝的人身安全都掌握在他們手裏，他們何以不作抗拒，何以不像過去一樣再來鬧一次軍事政變呢？原來高力士，甚至是李隆基，都早已通過各種手段搶先拉攏了不屬於葛福順的另一部分禁軍，就像當年通過王毛仲收買葛福順、陳玄禮的萬騎營來對付擔任禁軍長官的韋后黨羽那樣。唐玄宗和高力士利用這部分禁軍控制了王毛仲、葛福順一夥，使他們不得不俯首就範。這從王毛仲一夥雖倒臺而禁軍並沒有受到歧視，相反從《舊唐書》玄宗本紀和職官志上都可以看到，在這以後萬騎營被升格爲左右龍武軍，和原來的羽林軍並稱爲四軍，就可以得到證實。而這批被高力士拉過來的禁軍的首領，當然祇能是沒有和王毛仲、葛福順一起貶逐的陳玄禮，所以在建立龍武軍後就任命陳玄禮爲龍武大將軍擔任這支禁軍主力的最高長官。而從此陳玄禮和禁軍也就自然承認了高力士的權威，正和當初王毛仲之成爲禁軍的太上長官一樣，高力士這時也成了禁軍的太上長官。

依靠《舊唐書》弄清楚了高力士之所以能動用禁軍來殺楊國忠，還得進一步解答爲什麼高力士一定要殺楊國忠，這就牽涉到當時宦官和宰相的關係。從高力士傳可以看到，當時高力士實際上成了皇帝的機要秘書,"每四方進奏文表,必先呈力士,然後進御,小事便決之",幾乎可以代行皇帝的職權。這是唐朝開國以來不曾有過的事情,當然容易招致宰相的不滿,從而出現內庭宦官和外朝宰相的矛盾。如果遇到不想爭權的宰相還可以暫時容忍,而從楊國忠傳來看,此人又是一個弄權的所謂權相,這就必然會使矛盾激化。在天寶十三載(公元 754 年),也就是馬嵬驛之變前兩年,李隆基曾和高力士討論政治問題,高力士就乘機大肆攻擊楊國忠①。可能是李隆基想在宦官和宰相之間搞平衡吧,當時沒有表態。於是高力士乘安禄山變亂、京城裏人心不穩之機,指使陳玄禮下毒手,通過馬嵬驛兵變達到了目的。從玄宗本紀上還可以看到,在外邊殺楊國忠全家的是陳玄禮指揮的禁軍,逼楊貴妃自盡則是由高力士親自出馬。這也是封建社會滅族的辦法,因爲殺了楊國忠而把貴妃留在皇帝身邊,就不能使人放心。

　　李隆基對這件事情采取什麼態度呢? 當然再搞平衡是不成了,必須在宦官和宰相之間任選其一。從玄宗本紀等記載來看,他是選擇了高力士和陳玄禮而拋棄了楊國忠和楊貴妃的,楊貴妃的自盡還是他下了命令然後由高力士動手勒逼的。高力士和陳玄禮都是李隆基年輕時幫他奪取政權的老伙伴,又經過解決王毛仲的考驗,是信得過的;而楊國忠不然,在《舊唐書》的傳裏交代得很清楚,他是到天寶時纔逐漸被重用,在天寶十二載(公元 753年)纔當上宰相的,楊貴妃也是開元末年被弄進宮廷的。這和高力士、陳玄禮相比較關係就淺得多了。何況當時正處在兵荒馬亂之中,正需要掌握禁軍的高力士、陳玄禮來保駕,這從後來的事實

————————————

① 這件事在新舊《唐書》裏看不到,但根據高力士口述而編寫的《高力士外傳》裏講得很詳細,後來司馬光還把它寫進了《資治通鑑》。

也可以得到證實。據玄宗本紀等記載，李隆基當年平安到達成都，第二年冬天又回到長安以太上皇身份住進興慶宮，前後一直是由高力士和陳玄禮形影不離地保護着。直到這位太上皇被他兒子肅宗李亨和宦官李輔國軟禁失去自由後，高力士和陳玄禮纔隨之遭到貶逐，被勒令退休。如果高力士和陳玄禮殺楊貴妃不曾獲得李隆基的同意，他們之間是不可能繼續保持如此親密關係的。

可見，這又是一場封建統治階級内部的權力之爭，和玄武門政變所不同的衹是玄武門之變是皇室内部的鬥爭，而這次馬嵬驛兵變是内庭宦官和外朝宰相之間的鬥爭。通常認爲宦官與宰相之間鬥爭的

唐肅宗像

尖銳化是在順宗時候即所謂“永貞革新”中纔體現出來，宦官之掌握禁軍也是到肅宗時候纔實現的。其實，這些説法都説得太遲了，因爲衹要宦官在内庭掌權，矛盾就一定會很快暴露出來，高力士之控制禁軍殺楊國忠就是最好的證明。這就是分期通讀列傳和本紀所探索到的好處。

以上兩個例子都是關於封建統治階級内部矛盾鬥爭的，屬於政治史。因爲新舊《唐書》等“正史”都偏重於政治，所以分期通讀時還可以找到諸如此類更多的事例來研究。政治史還有很重要

的一部分是關於階級鬥争的,即農民起義、農民戰爭的,這方面史料也主要靠"正史"保存下來,如新舊《唐書》的李密傳、竇建德傳、黃巢傳等等。如果要讀我認爲最好也用通讀的方法,不要孤立地讀某個人的傳,而要把有關的傳以及本紀合在一起讀,這樣纔能探索到規律性的東西。當然,這些傳和本紀都是站在農民的敵對立場上寫的,閱讀時要注意分析批判。

如果想研究點唐代的經濟、文化情況,列傳、本紀裏也有許多史料,不過比較零散,在讀的時候要隨時注意收集。史學家吕思勉先生在寫《隋唐五代史》等幾種大部頭的斷代史時,關於經濟、文化等方面的問題就曾從列傳和本紀裏收集了大量的史料,這種方法很值得學習。但初學的人要獲得這方面的系統知識,最好還是先讀志。新舊《唐書》有哪些志,每個志的内容是什麼,前面都已分别介紹過了,讀者可以根據自己的需要來選讀。不過像天文志、歷志等實在太專門,必須具備有關的自然科學知識纔能讀得懂,一般也可以先不讀或緩讀。

研究經濟和文化等方面的問題,還另外有一些書比新舊《唐書》的志講得更詳細,所以研究唐史除《舊唐書》和《新唐書》外另有一大批書可供參考,這將在下面一節給讀者介紹。

應該參考哪些書

　　除《舊唐書》和《新唐書》外，現在還保存着好些記述唐代歷史的文獻和其他有關史料。其中有的是唐朝人寫下來的，有的是後人根據唐人的材料重新編著成書的，雖然比不上《舊唐書》、《新唐書》記述全面，但也還或多或少可以補充這兩部《唐書》的不足。因此挑選其中比較重要的在這裏附帶作點介紹。讀者如果對唐代歷史發生了興趣，將來在研究時不妨根據需要找這些書來查閱參考。

　　先說《資治通鑑》，通常簡稱爲《通鑑》，是北宋時司馬光帶頭編著的一部從戰國講到五代的長達二百九十四卷的編年史。這部《通鑑》對研究唐代歷史的人特別有用。因爲其中隋以前的歷史主要是依靠幾部"正史"來編寫的，而這些"正史"今天都還保存着，所以要研究的話可以直接用這些"正史"，不必用《通鑑》。但研究唐、五代史時就不一樣。在當時，《舊唐書》、《新唐書》以至《舊五代史》、《新五代史》

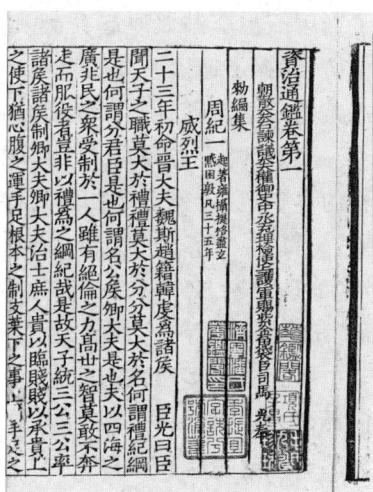

《資治通鑑》(宋刻本)書影

以太原黎庶陶唐舊民奉使安撫不論本封因
部益賊隨大業十二年煬帝之幸樓煩時也帝
陛選補爲河東已來兵仍令帝徵發討捕所
安撫大使衛尉卿轉右驍衛將軍奉詔爲太原道
初帝自衛尉卿武官治能不稱職者進委帝黜
起義旗至發引凡四十八日
明　毛　晉　胡　震亨同校
唐陝東道大行臺尚書桂國公臣溫大雅撰
大唐創業起居注卷之一

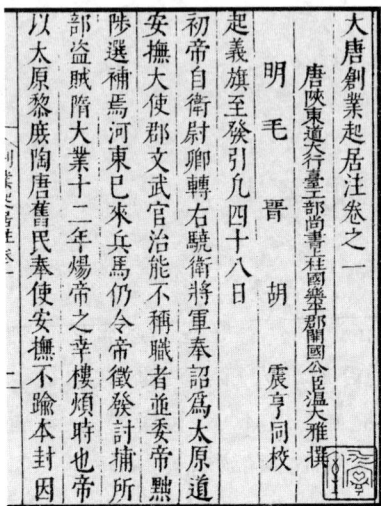

《大唐創業起居注》（汲古閣本）書影

所依據的文獻和史料雖都還沒有散失，但其中有些在修《舊唐書》和《新唐書》時並未采用，而被吸收進《通鑑》裏，因此《通鑑》中這一部分的史料價值並不低於《新唐書》甚至《舊唐書》。

唐人編寫的起居注和實錄，傳下來的有唐初溫大雅的三卷《大唐創業起居注》和大文學家韓愈的五卷《順宗實錄》。這兩部書也是研究唐史的有用資料。《大唐創業起居注》記載了從唐高祖李淵太原起兵到長安正式稱帝之間三百五十七天的事情，保存了這段歷史的真相。《順宗實錄》對當時掌權的王叔文等人的政治活動有比較詳細的記載。

除兩部《唐書》的志以外，記述當時典章制度或保存這方面史料的專書還有：德宗時杜佑的《通典》二百卷、北宋初王溥的《唐會要》一百卷、官修的《冊府元龜》一千卷等。杜佑是當時著名的政治家、理財家。《通典》以食貨爲首，然後是選舉、職官、禮、樂、兵、刑、州郡、邊防等一共九大門類，都從上古講到唐安史之亂前後，其中收集了許多唐代的詔令、奏議，另外再加上他自己的議論，一向爲研究唐史者所重視。《唐會要》則是詔令、奏議等文件的分類匯編。最早由德宗時蘇冕、蘇弁兩兄弟編纂四十卷，稱爲《會要》；宣宗時又官修四十卷《續會要》，到王溥時又補足宣宗以後的史實纘成爲今天看到的《唐會要》。《冊府元龜》是北宋官修的"四大書"

之一。在真宗時由王欽若、楊億等收集歷代君臣事迹，分類編成這部大書，其中唐代部分多采用實錄、詔令和奏議，與《唐會要》互有詳略，因此通常也作爲查考唐代典章制度之用。

唐代官制除見於《舊唐書》的職官志和《新唐書》的百官志外，還有一部專書叫《大唐六典》，是唐玄宗開元後期官修的，有三十卷，比職官志、百官志講得更詳細。另外，清人趙鉞、勞格著有《郎官石柱題名考》二十六卷，可供查考唐尚書省所屬吏、戶、禮三部歷任郎中、員外郎等郎官的姓名事迹。趙、勞二人又著有《唐御史臺精舍題名考》三卷，可供查考歷任侍御史、殿中侍御史、監察御史的姓名事迹。南宋人洪遵編有《翰苑群書》二卷，可供查考唐代翰林學士的制度和學士的姓名。五代時王定保著有《唐摭言》十五卷，清人徐松著有《登科記考》三十卷，可供查考唐代科舉制度和登科姓名。唐憲宗時史官林寶著有《元和姓纂》十卷，可供查考唐人世系，和《新唐書》的宗室世系表、宰相世系表互有詳略。

《大唐六典》(南宋溫州州學刻本)書影

《舊唐書》和《新唐書》的刑法志主要講唐代的法令——"律"、"令"、"格"、"式"怎樣編制修訂，而內容卻很少提到。如果要想知道律的內容和條文可看《唐律疏議》，這是唐高宗永徽年間由長孫無忌監修的。原本《律》十二卷，《律疏》三十卷，後人把《律疏》改稱爲《唐律疏議》。令的原本都失傳了，已故的日本學者仁井田陞

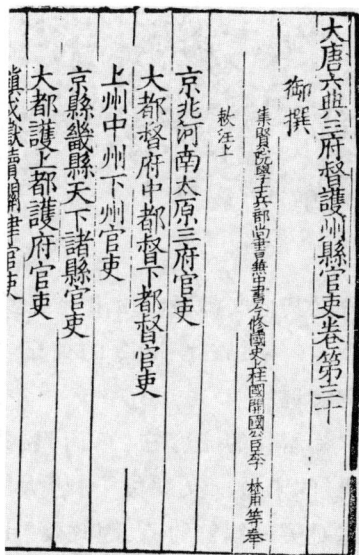

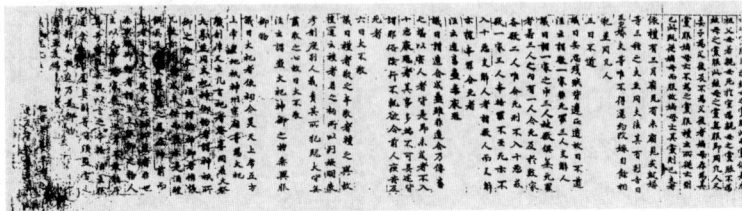

敦煌《唐律疏議》殘卷

曾從其他文獻裏收輯出七百多條編著了一厚册《唐令拾遺》,可供查考。格、式是律、令的補充,原本也都失傳,殘卷殘片在敦煌曾有發現。

　　唐代的詔令在《舊唐書》裏收錄了一部分。參與編寫《新唐書》的宋敏求又編集了《唐大詔令集》一百三十卷,收錄得更多。還有吳兢編寫的《貞觀政要》十卷,專記唐太宗的言行,因取材於《太宗實錄》,所以歌頌的話比較多。

　　全面記述唐代地理的,除《舊唐書》、《新唐書》的地理志和《通典》的州郡典外,有唐憲宗時宰相李吉甫編著的《元和郡縣圖志》四十卷,圖已失傳,志還保存着,有些地方比地理志、州郡典講得還詳細。記述唐西京長安、東京洛陽的專書也很多,比較重要的,如唐韋述的《兩京新記》五卷,現在殘存第三卷記述長安的部分。另外,北宋宋敏求的《長安志》二十卷、北宋張禮的《游城南記》一卷、南朱程大昌的《雍錄》十卷、元駱天驤的《類編長安志》十卷、元李好文的《長安志圖》三卷等都記述了長安的情況。元人據宋敏求原書增續的《河南志》四卷則記述了洛陽。清徐松又在宋敏求《長安志》、元人《河南志》的基礎上寫成《唐兩京城坊考》五卷,分別記述長安、洛陽的宮室街坊。另外,記述唐代雲南地區兄弟民族南詔的專書有唐末樊綽的《蠻書》十卷。記述唐代西域地區以至印度的專書有貞觀時玄奘的《大唐西域記》十卷。玄奘是讀者熟悉的佛教慈恩宗大師，曾到印度學習，歷時十九年纔回國。明朝人給他寫了一部神話小說《西遊記》，其真實情況見於玄奘身後佛教徒慧立和彥悰（cóng）給他撰寫的十卷《大慈恩寺三藏法師傳》。《大唐西域記》是由玄奘口述、他的弟子辯機撰寫的，比《三藏法師傳》裏所講更爲詳細。

玄奘《大唐西域記》（宋刻本）

　　可供研究唐代歷史參考的雜史、雜記、小說等都是所謂野史。其中比較重要的，有唐代宗時人郭湜（shí）根據大宦官高力士口述編寫的《高力士外傳》一卷，唐人姚汝能編寫的記述安史之亂的《安禄山事迹》三卷，唐德宗時人趙元一編寫的記述涇師之變的《奉天錄》四卷，這幾種書的内容都比較真實，可補"正史"的不足。另外如唐玄宗時張鷟的《朝野僉載》六卷、劉餗的《隋唐嘉話》三卷，憲宗時李肇的《國史補》三卷、劉肅的《大唐新語》十三卷，唐末裴庭裕的《東觀奏記》三卷、高彥休的《唐闕史》二卷、缺名的《玉泉子》一卷，五代時尉遲偓的《中朝故事》二卷、劉崇遠的《金華子雜編》二卷、孫光憲的《北夢瑣言》二十卷，北宋初錢易的《南部新書》十卷等，所記述的唐代史實常爲研究者採用。北宋後期王讜的《唐語林》十卷，今存輯本八卷，則是匯總雜史、雜記、小說五十種，挑選若干有關唐代的記述分類編成，使用起來極爲方便。以編集小說爲主，兼及雜史、雜記的，則有北宋初李昉等人的《太平廣記》

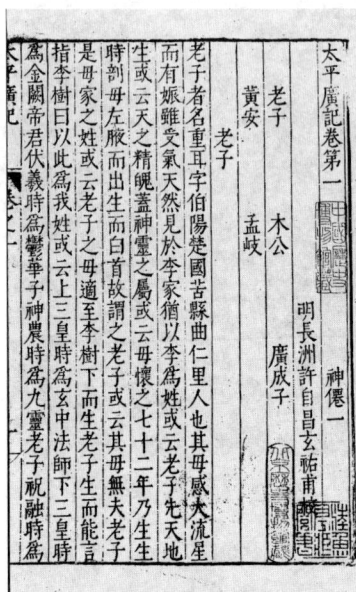

《太平廣記》(明嘉靖刻本)書影

五百卷,也是北宋官修的"四大書"之一。所采集的小說、雜史等多至五百種左右,分成五十五部,上起先秦,下至唐、五代,而其中尤以唐、五代居多。其中有些是真人真事,有些是真人假事,更多的雖是人事都假的神怪故事,但可借此了解有關唐代的生活習慣、社會風尚,是個大可發掘、大有用途的寶庫。

唐詩是我國古典文學百花園中鮮豔的花朵,唐人的駢體文和韓愈、柳宗元等提倡的散文也有許多是傳誦不衰的好作品。留下來的較重要的個人詩文集、通稱"別集"的就有六十多種。北宋官修"四大書"之一、李昉等編選的《文苑英華》一千卷裏,也絕大多數是唐人的詩文。在清代,官修了《全唐詩》、《全唐文》兩部大書。《全唐詩》九百卷,是康熙時彭定求等以明末胡震亨編集的《唐音統籤》和清初季振宜編集的《全唐詩》爲依據,重新整理成書的,收入的詩有四萬八千九百多首,作者二千二百多人。《全唐文》一千卷,是嘉慶時徐松等以清宮收藏的一百六十冊《唐文》爲基礎,重新增輯成書的,收入文一萬八千四百八十八篇,作者三千零四十二人。對於這些書,愛好唐詩和唐文、研究唐代文學的人固然要看,就是研究唐代歷史的人有時也得查閱,因爲不僅文章,即使在詩裏也包孕了有用的史料,可補"正史"等舊史書的不足。

　　唐人的墓碑、墓誌也很有用，可以補充列傳記載的不足，這在《全唐文》裏已收錄很多。墓碑、墓誌原石尚存在的，先後收入了清代王昶編集的《金石萃編》和陸增祥編集的《八瓊室金石補正》裏。前者一百六十卷，後者一百三十卷，其中唐代的占了絕大部分，除墓碑、墓誌外所收的其他唐代石刻中也有不少有用的史料。

　　讀者看了上面的介紹，可能會説：“這麼多書，叫我怎樣讀得完。”其實，如果研究宋以後的歷史，要參考的書還要多呢！好在這些書並不要馬上讀，有些也用不着從頭到尾去讀，需要時查閱一下就可以。對有志於研究唐代歷史的人來説，主要精力還應用來讀《舊唐書》和《新唐書》。

用哪個本子好

　　《舊唐書》和《新唐書》現在容易買到的是中華書局出版的點校本。圖書館裏還有各種各樣其他的本子，有新的，有舊的。用哪個本子作爲讀本好呢？這就需要把這些本子給讀者作個簡略的介紹。

　　我國在唐代中期開始使用雕版印刷，五代時已經用這種技術來刻印整部的書了。但《舊唐書》編纂成書後却没有馬上印出來，

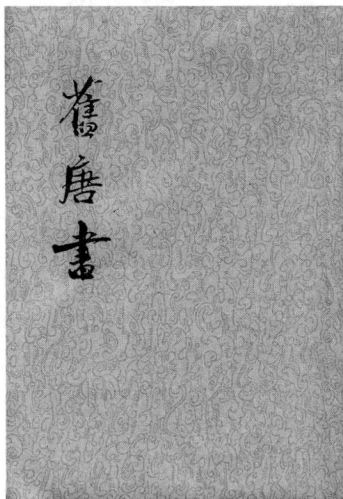

中華書局版《舊唐書》封面　　　　中華書局版《新唐書》封面

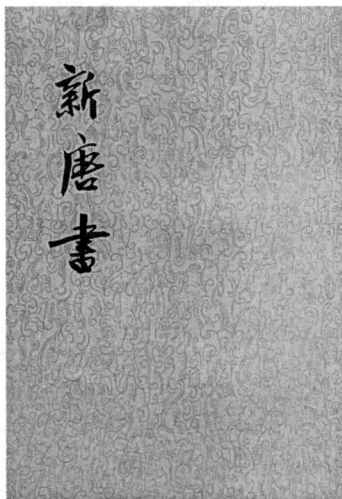

而北宋時編的《新唐書》在編纂好後就馬上由政府刻印了，以後《舊唐書》也刻印過。可惜的是北宋時刻印的這些本子後來統統毀失了，現在所能看到的都是南宋本。《舊唐書》有一部南宋高宗紹興年間兩浙東路茶鹽司的刻印本，但已經殘缺，祇保存了六十九卷，現在收藏在北京圖書館。《新唐書》有一種較好的南宋初年刻印的殘本已流入日本，現收藏在東京的靜嘉堂文庫；北京圖書館收藏了兩種，可惜也都殘缺不全。

元代也刻過《新唐書》，書版在明初曾送進南京國子監繼續印刷。明成化時，南京國子監又把這部《新唐書》重刻過，成爲所謂南監本二十一史的一種。萬曆時北京國子監根據南監本重刻了一套北監本二十一史，崇禎時常熟人毛晉又以私人力量刻了一套汲古閣本十七史，其中自然都有《新唐書》。不過《舊唐書》的命運可沒有這麼好。幸虧明嘉靖時的聞人銓在蘇州做官時，收集前面所說的南宋紹興時兩浙東路茶鹽司等舊本，重刻了一部《舊唐書》，纔使人們有可

《舊唐書》(宋紹興兩浙東路茶鹽司刻本)書影

《舊唐書校勘記》書影

能購讀。

　　清高宗是個重視文化的皇帝,他一方面大興文字獄,禁毀了許多他認爲有問題的書;另一方面又刻書、修書,並纂集了《四庫全書》。著名的附加考證的武英殿本二十四史就是他叫人整理刊刻的。但是,這殿本二十四史中的《舊唐書》和《新唐書》却並不見得怎麽好。因爲《舊唐書》是根據明聞人銓刻本校訂後重刻的,有隨便改動原文的毛病。《新唐書》則直接用北監本重刻,而北監本並不是好本子,很有些錯誤。至於這兩部書所附加的考證,則出於沈德潛等人之手,沈德潛是詩人,本不懂歷史,所做的考證自然不可能是高水平的。祇是因爲這部殿本二十四史是第一套完整的二十四史,所以後來各種二十四史多根據它重刻或影印。祇有道光時揚州岑建功校刻的《舊唐書》,雖然也根據殿本重刻,但因後面所附的校勘記是請當時知名學者劉文淇等人撰寫的,所以遠勝於殿本的考證。

　　二十世紀三十年代在張元濟先生主持下商務印書館出版了一部名爲"百衲本"的二十四史,都是用宋、元本和其他較好的本子影印的。其中《舊唐書》用南宋紹興刻殘本配合聞人銓本影印,《新唐書》用日本靜嘉堂文庫的南宋刻殘本配合北京圖書館等收藏的其他南宋刻殘本影印,都接近原書的本來面貌,勝過殿本和殿本以前的汲古閣本、北監本、南監本。

　　現在容易買到的是中華書局點校本的二十四史,這是在六十年代開始整理出版,到七十年代後期纔出齊的。中間由於受到過十年動亂的干擾,因此工作做得並不很理想。《新唐書》根據百衲本整理是對的,《舊唐書》却沒有根據百衲本,而是根據源出殿本和原文已有改動的岑建功本,在整理時又根據其他文獻隨便改動了原文,祇是在所附的校勘記裏交代了一下,標點、分段也有許多欠妥當的地方。在没有重新改訂之前，這恐怕不能説是好本子。

　　當然，開始讀《舊唐書》、《新唐書》時可以用中華書局的點校本，因爲它有標點，讀起來比較方便。如果要進一步研究，還是用百衲本爲好，因爲它保存了南宋本等舊本的面貌。好在建國後曾把本來是綫裝形式的百衲本二十四史重印成精裝本，現在還不難找到。

唐代的長安

西北第一個大都市

打開新中國的地圖,我們可以看到一條雄偉的長河,從西北的青海發源,流進甘肅,向北經過寧夏、綏遠①,又向南流入了陝西、山西兩省的交界,流到潼關附近,向東一折,經過河南、山東,流進了大海:那就是人所共知的黃河。

黃河是條大河流,在它流過的地方,還有許多較小的河流——我們叫它黃河的"支流",紛紛流進了黃河。

在這些支流中間,有一條名叫渭水,它也發源於青海,向東流過甘肅,進入了陝西中部,在潼關西北面的地方,和黃河會師。

渭水的南面,橫着一條大山脈,叫作秦嶺山脈。渭水的北面,也橫着一條大山脈,叫作北嶺山脈。兩條山脈的中間空出一大塊狹長的平原,自西向東的渭水,就在這塊平原上流過,河水灌溉了兩岸的土地,使這裏變成了肥沃的土壤,成爲了我們祖國西北有名的沃土——渭水平原。

我們祖先很早就生活在這渭水平原上,並建築了許多城市,在這許多城市中,最偉大最著名的一個,便是位置在渭水平原中心的西安。

西安建築在渭水的南岸,是我們祖國歷史上有名的古都。在

---

① 編者注:綏遠在今內蒙古自治區中部,1954 年廢省,併入內蒙古自治區。

今天，它仍是一座擁有二十五萬居民的大都市，隴海鐵路經過山東、河南到達這裏，解放後已通車到蘭州，此外還有公路和內河航運，交通很是便利，是西北第一個大都市。

新中國成立以來，西安不但是陝西的省會，而且西北行政委員會①也設在這裏，在毛主席和中央人民政府的領導下，和廣大勞動人民一起來建設可愛的西北。

①編者注：西北行政委員會係 1952—1954 年間中央人民政府在西北地區的代表機關，開始時稱"西北軍政委員會"，主要統轄陝西、甘肅、寧夏、新疆、青海等地。

渭水兩岸的幾個古都

　　根據歷史的記載，在公元前一千多年，離開現在三千年光景，我們祖先已在渭水平原建築城市了。

　　這時正是中國古代歷史上周朝初興的時候，周朝的祖先古公遷居到黃河北面北嶺山脈的岐山腳下，在現在陝西省岐山縣東北約五十里的地方，建築了渭水平原上的最早的城市。古公的孫子文王遷都到豐邑，文王的兒子武王遷都到鎬京。豐邑和鎬京，都在黃河南岸現在西安西南二三十里以外地方。

　　西周王朝在鎬京建都了三百多年。因爲年代太久了，到了現在祇剩下一望無際的農田，找不出半點古代城市的遺迹了。

　　在渭水北岸，西安西面的地方，是現在的咸陽縣。提起這個縣城，我們應該不陌生，中國歷史上有名的秦始皇，就建都在這裏。

　　不過今天的咸陽縣城，並不就是秦朝的咸陽城，秦朝的咸陽城，還在今天咸陽縣東面二十里的地方。

　　在秦始皇以前，秦的都城就設在咸陽了。到了公元前 221 年，秦始皇滅掉六國，統一了中國，就大興土木。據說他曾派人把六國的宮殿畫了圖樣，在咸陽照樣建築起來，一共建築了宮殿一百四十五處，把全國各地的富豪總共十二萬戶遷移到咸陽，來充實人口。但是他還感不到滿足，在公元前 212 年，他又計劃在

阿房宮遺迹

渭水南岸蓋一所最壯麗的宮殿，驅使着七十萬他認爲有罪的勞動人民來替他建築。這所宮殿的規模實在太極了，在秦始皇的手裏，衹完成了一個前殿。據歷史的記載，這所前殿東西有五百步，南北有五十丈，上面可以坐一萬人，下面可以樹立五丈高的大旗。在渭水上架了橋梁，作爲南北往來的通道。

這所前殿便是中國古代有名的大建築——阿房宮。全部建築還沒有來得及完工，秦朝殘暴的統治便被農民起義的浪潮衝垮了，農民起義軍的領袖之一項羽打進了咸陽，爲了泄憤，一把火燒了三個月，阿房宮變成了一片焦土。

這個渭水平原最古的大建築，在今天衹剩下了一個四丈高六十多丈周圍的大土墩，當地人民還叫它作阿房宮，在上面殘留着幾塊平頭的花崗石，或許就是阿房宮柱礎的殘片。

阿房宮燒掉了，劉邦打敗了項羽，建立了西漢王朝，又在渭水的南岸建築一個新的都城——便是中國歷史上有名的古都長安。

西漢的長安城，在咸陽的東面，現在西安西北二十里的地方。這座古代的都城周圍有二十六公里長，有十三個城門。靠近城的西南是皇宮——叫作未央宮，周圍也有十三公里長，其中有三十二座臺，十二個池，四座山，八十一個宮門。勞動人民的智慧與血汗，把這個城市建築得多麼壯麗。

唐大明宮麟德殿遺址

　　西漢有名的皇帝漢武帝時候，又在長安城外建築了一所建章宮，又用人工在建章宮北面開鑿了一個太液池。太液池旁的芙蓉花和未央宮裏的楊柳樹，都是當時的名勝。到了唐代，在詩人的歌詠中，還可看到"太液芙蓉未央柳"的句子。

　　西漢以後，東漢把國都遷到洛陽，經過三國、西晉，到了東晉，北方分裂，長安又做過前趙、前秦、後秦、西魏、北周的國都，但是由於北方連年的戰亂，經濟的發展遭受阻礙，長安城的繁華始終未能恢復，漢代的長安舊城，經過了五百多年風霜，也一天天地殘破。

　　因此在六世紀末葉，隋朝統一了中國，就選擇現在西安的地方，建築了一座大興城，作爲隋朝的新都城。

　　這座大興城是在公元582年6月裏開始建造的，到了第二年3月裏，就全部完工了，當然，僅僅九個月功夫，是建築不出十分完美的都市的，唐朝代替隋朝統治中國後，就再度大加擴充，把大興城改建成爲中古封建時代世界上有名的大都市——長安城。

漢代的長安舊城，到現在也和秦代的咸陽一樣，變成一片肥沃的農田。未央宮也和阿房宮一樣，剩下了一個大土墩，幾塊花崗岩。在這個土墩的南面，有着一條堤塘，就是長安舊城殘餘的城墻。

漢代長安的盛況，我們今天已無法看到了。但是唐代長安的遺迹，在今天的西安還保存着許多，使我們可以想像當時的長安是多麼繁華，中國勞動人民創造的文化是多麼光輝燦爛。

周圍三十六公里的大城

爲什麼説唐代的長安城是中古封建時代世界上有名的大都市呢?

我們先看一看唐代長安城的建築規模。

唐代的長安城有三重,最外面是外郭城,裏面一層是皇城,最裏面一層是宮城。

先從最裏面的講起。

宮城在長安城的正北面,成爲長方形,東西約長二公里,南北約長一公里,周圍約長七公里。城牆的高度約有十一米。

宮城是給皇帝住的,裏面蓋了數不清的宮殿,皇帝上朝住宿都在這裏。

皇帝是最講究享樂的,除掉宮城外,他還要霸占許多地方來蓋宮殿,供他自己和他的家屬來享樂。

靠緊宮城的東城牆有個小城,叫作東宮;靠緊宮城的西城牆,又有個小城,叫作掖庭宮;在宮城的東北,突出的一個小城,

興慶宮圖(拓片)

叫作大明宮；靠緊長安的東城，有個小城，叫作興慶宮；這幾個小城也和宮城一樣，裏面蓋着無數的宮殿和亭臺樓閣。

　　緊接宮城的南面，又有個長方形的城，便是皇城，也叫作子城。這皇城東西將近三公里，南北將近二公里，周圍約有九公里，比宮城稍微大一些。

　　皇城這個建築，是唐代長安城的特色，在以前，漢代的長安舊城，以及其他的古都，都祇有宮城，宮城外面便是外郭城。宮城是皇帝住的，外郭城内是老百姓住的，政府辦公的衙門，也在外郭城内，和老百姓的住宅在一起。

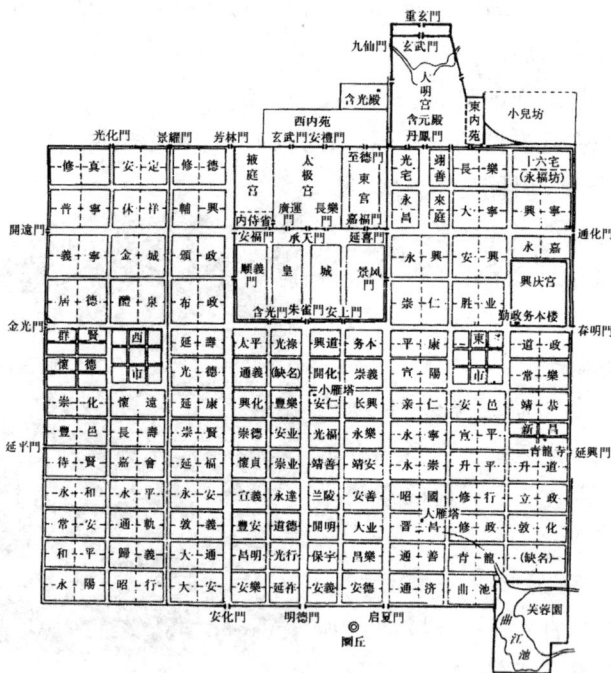

唐長安城平面圖

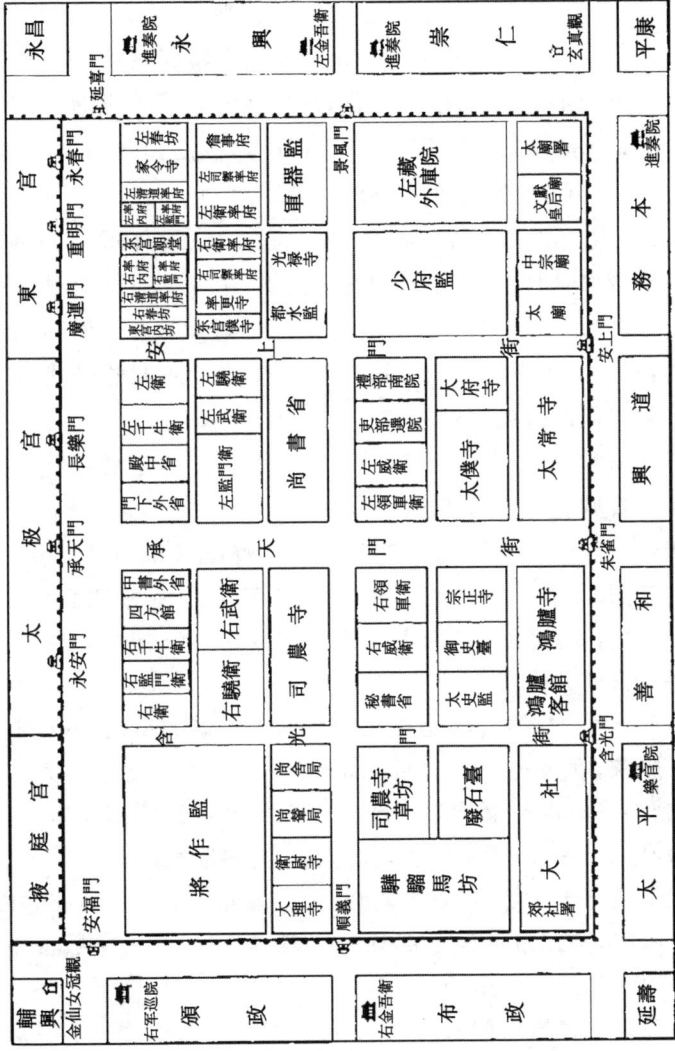

唐長安皇城圖

永昌　永　興　崇　仁　平康

進奏院　立玄真觀　進奏院

永安門　承天門　長樂門　廣運門　重明門　景風門　太廟署

安福門　大明宮　東宮　太　社　進奏院　本　務

將作監　尚書省　殿中省　門下省　中書外省　申門外省

司農寺　大理寺　大府寺　太常寺　太僕寺　禮部南院　吏部選院

鴻臚寺　鴻臚客館　太史監　祕書省　光祿寺　都水監　軍器監

崇正寺　御史臺　右領軍衛　左領軍衛　右威衛　左威衛

右驍衛　右武衛　右監門衛　右千牛衛　四方館　左監門衛　左武衛　左驍衛　左衛　左千牛衛

宗正寺　右衛　少府監　左藏外庫院　文獻皇后廟

驥驪馬坊　司農寺草坊　尚藥局　尚舍局　尚乘局　衛尉寺　郊社署

安禮門　安上門　朱雀門　安福門

輔興　頒政　布政　延壽　平康　善和　興道　務本　平康　崇仁

金仙女冠觀　右軍巡院　右金吾衛　左金吾衛

街　街　街　街

　　封建帝王認爲政府辦公的衙門是很神聖的,和老百姓的住宅混在一起,不將失去了它的尊嚴嗎? 因此在隋朝建築大興城時,就在宮城外面加築了一座皇城,作爲中央政府辦公的場所。

　　唐代的皇城,從東到西的大街有五條,從南到北的大街有七條,其中設了五十五個大小不等的辦公衙門。

　　真正的住宅區和商業區,是在宮城和皇城的外面,外郭城的裏面。

　　外郭城也是長方形,東西約有十公里,南北約有八公里,周圍長達三十六公里,城墻約有六米高,東西和南方各有三個門,北方一個門,一共有十個大城門。我們想一想,在中古封建時代,這是一座多麼雄偉的大城啊!

　　單看城墻的雄偉,還不夠説明長安城整個的建築規模,我們還得看一看城裏街道的情況。

　　唐代長安城裏的街道,分布得非常整齊,建築得非常寬闊。

　　從東到西,有十一條平行的大街,從南到北,有十四條平行的大街,除掉宮城皇城等皇帝占用的地方以外,把整個長安城割成一個個整齊的方格子。

　　這些大街中,最闊的是從東到西的十一條大街,每條約有一百五十米闊,從南到北的十四條大街中,最闊的一條有一百五十米,最狹的一條也有七十米。即使七十米也不是一個小數目,折合起來有二十一丈,二十一丈寬的大街,是多麼地驚人!

　　大街縱有十一條,橫有十四條,把城內隔成許多小方格,在這些小方格裏,除掉市場以及部分的宮殿名勝外,絕大多數都是住宅區,在唐代,這每一格的住宅區就叫作坊。

　　由於建築宮殿或開通街道,坊的數目也會有些增減。在唐代初年,長安城裏有一百零八個坊,唐代中葉增加到一百十一個,中葉以後又減少一個,剩下一百零九個。

坊有大有小，小的長闊都有三百二十多米，大的有八百二十多米長，九百七十多米闊。坊裏還有小路，叫作巷，巷的兩頭便是坊的門。大的坊有兩條巷、四個門，一條從東到西，一條從南到北，交叉成爲十字路；小的坊祇有一條巷、兩個門。

現在城市中的每條街道，我們都爲它起個名稱，但是唐代長安城中的街道却不一樣，它是沒有名稱的，有的祇是它對直哪個城門，便把這個城門的名稱來稱呼這條街，例如自東到西的十一條大街中，最中間的一條正對皇城的朱雀門，就叫它朱雀門街。至於坊，却和現在的里弄一樣，每個有它固定的名稱，例如興道坊、開化坊等等。所以唐朝時候的人出去，不叫到什麽路，而叫到什麽坊。

唐代長安城的建築規模，大致就是這樣。這樣大的城，這樣寬闊的街道，這樣整齊的坊巷，出現在中古封建時代，我們能不驚歎中國勞動人民的智慧嗎？

熱鬧的東市和西市

　　唐代是中古封建經濟發展的時代,由於手工業和商業的向上發展,在國內出現了好幾個繁華的大都市。

　　作爲國都的長安城,當然是這些大都市中最繁華的一個。

　　可惜當時還沒有發明攝影的技術,不可能把當時長安城的繁華景象照下來留到現在;唐朝人畫的畫也流傳得很少,而且畫的也不是長安街道的盛況;因此我們祇能根據歷史上的一些記載,來想像這麽繁華的京城。

　　當時長安城裏的商業區,集中在兩個地方,一個叫東市,一個叫西市。

　　看到東市西市的名稱,我們便可想到一個是在城東,一個是在城西。每個市占有兩個坊的地位,成爲一個正方形,每邊長有九百米,市的裏面有四條小街,兩條從東到西,兩條從南到北,把市隔成個"井"字形,街的兩頭各開一個門,一個市就有八個門。

　　我們可以想像,市的樣子,大概和現在大都市中的"某某市場"或"某某商場"相仿佛。

　　市的裏面,開設着大大小小各式各樣的店鋪。

　　我們知道,當時還沒有工廠,祇有作坊,許多商品,都是在作坊裏製造的,製造出來的商品,批給店鋪出賣;但是有些作坊,本身就是一個店鋪,自己製造,自己出賣。在長安的市里,這些店鋪

東　市

臨路店 肉行 酒市 畢羅肆　⊗邸	常平倉	放生池 ⊗邸
刁家印刷 李家印刷	市署	貨糶人　凶肆 　　　　鐵行 　　　　筆行
錦綉彩帛行 邸⊗	平準署	琵琶名手　雜戲 賣胡琴者 ⊗邸

西　市

放生池　邸	波斯邸 收寶胡商 常平倉	⊗邸　　果子行 　　　　椒笋行 王會師肆　雜貨行 賣錢貫人　新貨行 賣藥人
馬行　磨行 麩行　炭行 鞦轡行		
竇家食店　屠行 張家食店　肉行 酒肆　　　五熟行 胡姬酒肆　白米行 　　　　　大米行 　　　　　粳米行	市署 衣肆 櫃坊	靴行　　金銀行 襆頭行　席帽行 秤行　　生鐵行 賣猴人　鏑斧行 善射人
絲帛行　　帛市 彩帛行　　絹行 總綿絲絹行　布行 大絹行　　染行 邸⊗	平準署 小絹行　燒炭 新絹行　曝布行 小彩行　油靛店 ⊗邸	墳典肆　藥行 寄附鋪　筆行 飲子藥家　魚行 　　　　卜肆 ⊗邸

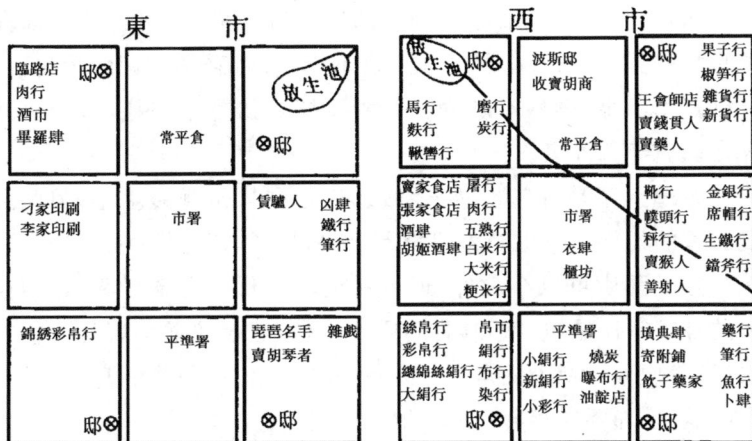

唐長安城東市圖　　　　　　唐長安城西市圖

作坊却很多。

　　長安的市里有衣行，有鞋店，有綾羅行，有染坊，有鐵行，有銅坊，有秤行，有車行，有鞦轡行，有蠟燭鋪，有藥行，有紙坊，有書店，有寫佛經的店，有煎餅糕團鋪，有小吃店，有大酒樓，還有寄售衣飾雜物的寄附鋪……一時説也説不盡，總之一句話，你需要什麽，帶了錢，跑到東市或西市去一趟，保管你能得到滿足。

　　除掉在市里開設店鋪作坊的商人外，還有許多是販貨的客商，他們在外埠大批收買當地的土產，運來轉賣給長安的店鋪，然後在長安運些京城裏的物產到外埠去販賣。土產在本地很便宜，運進京城便可賣大價錢，這是一椿容易賺錢的生意，因此當時好利的商人做這一行的特別多。

　　這許多販貨的客商到了長安，要住旅館，而且希望手裏的大批貨物迅速地賣出賺錢，於是有許多人就在市裏開設了邸店。邸店是一種旅館，招待外來客商的食宿，但它又不是普通的旅館，它有棧房,可以讓客商堆存貨物。邸店老闆人頭熟,可以替客商介紹貨物的買主,而且老闆的本錢也不少,有時看到合適的貨物,便自己買了下來,再轉賣賺錢。客商賣掉貨物賺來的錢,有時也就存在邸店老闆那裏。

販運土產是賺錢生意,開設邸店也同樣是賺錢生意,因此長安城裏的貴族官吏也紛紛開設邸店,和邸店老闆搶生意。

除了邸店可以存款外,還有一種專做代人存款行業,這種存款的鋪子叫作櫃坊。不過我們要弄清楚,這櫃坊並不就是現在的銀行,我們今天把人民幣存入銀行,銀行要付給我們利息,可是長安的櫃坊,却要向存錢的人索取保管費。

除掉櫃坊和邸店外,普通的店鋪也可代人存錢,甚至可以把錢寄存在寺院裏。

近於現在的匯票這種東西,在當時却已出現了,這便是飛錢,也叫作便換。客商在長安賣掉了貨物,賺了錢要帶回去,但是我們知道,當時没有鈔票,用的是銅錢,錢多了,就不好帶;有了飛錢的辦法,就可把現錢繳在長安經營飛錢的地方,換了一張券,券上注明了錢的數目,回到外埠就可到指定的地方去兑換現錢使用。

飛錢有公家經營,也有私人經營,公家經營的有中央政府和大官僚大軍閥,私人經營的有邸店老闆,有放高利貸的。

唐"開元通寶"銅錢

商業發達,高利貸也跟着發達。當時長安城裏放高利貸的人很多,有錢人放,官僚貴族也放,放高利貸的方式也不少,有的和現在當鋪差不多,要用物品做抵押,纔借錢給你,有的不需要抵押品，就可把錢借給你，是信用貸款，借了錢，要在一定的時期內歸還，還要付很高的利息給放高利貸的人。

長安的東市和西市，就是商人、顧客、作坊老闆、邸店老闆、櫃坊主人，以及高利貸者的世界。

政府設了市署和平準局來管理市場。到了每天正午的時候，鼕鼕鼕鼕地把鼓打了三百下，就正式開市做買賣，買賣做一個下午，到了太陽下山以前，又鐺鐺鐺鐺地把鉦敲了三百下，店鋪打烊，宣告閉市。

西市比東市還熱鬧，因爲貴族官僚大多數住在東城，東市出賣的都是些上等的貨物，老百姓們用不起，西城是平民區，人口多，西市的生意特別好，是長安城裏最熱鬧的地方。

一個中古封建社會中的都市，能夠有這樣的繁華，誰能否認它在中國歷史發展上的重要地位呢？

長安城裏的西域人

我們偉大的祖國,在很早的時候就和其他國家有商業上的往來,到了唐代,外國人到中國來經商的特別多。

當時到中國來經商的外國人,大多數是西域人,當時叫他們爲西域商胡。所謂西域人,就是指現在甘肅玉門以西直到伊朗高原一帶的各個民族,他們分屬於各個大小不等的國家,其中的商人紛紛坐了船,走海道來到中國。

載着這些商胡的船舶,到達了廣州,商胡上了岸,從廣州北上到達江西的洪州①,再從洪州到達江蘇的揚州,從揚州沿運河到達洛陽,從洛陽再到達長安。

廣州、洪州、揚州、洛陽、長安,都是當時的大都市,是商胡集中的地方。

商胡到長安來的目的是經商,因此大多數住在城西靠近西市的地方。

在西市里,有許多商胡開設的店鋪,其中珠寶店特別多,當時流傳着許多商胡識寶的故事。

據說有一次,有個和尚到一個大官僚家裏去做佛事,做完了,主人送他一隻像朽釘似的東西,有幾寸長。和尚不識貨,拿到西

---

①編者注:洪州,即今江西南昌。

市去請商胡看。商胡看到，大吃一驚，說："你哪裏得來這樣的寶物？請你一定賣給我，我決不還價。"和尚姑且討價一百千文錢，商胡笑道："這樣的寶物，哪裏衹值這些。"和尚又加到五百千。商胡説："這值一千萬。"就用一千萬向和尚買了下來。和尚問道："這究竟是什麽寶物呢？"商胡説道："這是寶骨啊！"

商胡還精於辨別珠子的好壞，據説，珠子有蚌生的和蛇吐的兩種，蚌珠價錢貴，蛇珠價錢便宜，一顆珠子是蚌珠還是蛇珠，衹有商胡能辨別。

當然，這些都是故事，世界上不會有什麽寶骨和蛇珠。不過從這些流傳的故事中，我們可以看到商胡都是做買賣的老手。

三彩胡人俑

西域各地出産的葡萄很多，西域人用它來釀成葡萄酒。他們到了中國來，其中有許多人也就開了酒店，出售葡萄酒。在長安的西市，以及其他一些遊人叢集的風景區，這種商胡開設的酒店特別多，店裏還用着西域的女子來招待顧客，生意很不差。

在唐朝人的詩歌中，時時提到這種酒店，特別是最好喝酒的大詩人李白，在他的詩中講起"胡姬酒肆"（指西域女子的酒店）的地方特別來得多。

商胡會做生意，很有錢，因此有的就兼放高利貸，貴族官吏以及商人老百姓向他們借錢的也很多。

商胡在長安做生意，賺了錢，發了財，就往往願意長住在中

胡商遇盜圖（敦煌壁畫）

國，不想回故鄉。

　　他們在長安買了田産，有的還娶了中國的女子做妻子。唐朝政府對商胡和中國人通婚並不禁止，祇規定不准商胡把娶的中國妻子帶回本國去。

　　除掉這些商胡以外，在長安城裏還住着許多西域人：有的是唐代以前就早已來到中國，他們的子孫住在長安的；有的是西域的和尚，爲傳教來到長安的；有的是西域各國爲表示對唐朝友好，派國王或貴族的子弟來訪問中國，留居在長安的。這些西域人也和商胡一樣，在長安一住好多年，有的不再回去，其中有好多人還做了唐朝的大將大官，有的成爲著名的音樂家，有的成爲著名的佛教大師。

　　我們大家知道，在唐朝初年，有個勇將名叫尉遲敬德，他的祖先便是西域的于闐人，在唐代以前就到中國來，他本人在唐朝立了戰功,住在長安。他有個侄兒在長安出家做了和尚,叫作窺基大師,是唐代有名的佛教大師玄奘的得意門生,在中國的佛教史上很有地位。

唐朝中葉有個大官叫作裴玢(bīn),他的祖先本是西域的疏勒國王,在唐朝初年來到中國,住在長安,裴玢就是他的子孫。

唐代的佛教史上還有個有名的和尚名叫慧琳,曾經編了一部名叫《大藏音義》的佛學大詞典,有一百卷之多。慧琳本姓裴,也是疏勒人,和裴玢大概是本家。

唐朝初年,長安有個大音樂家名叫白明達,他在隋朝時候就很出名,因爲音樂技術好,在唐朝還封了官。他是西域的龜茲人,西域的音樂技術本來就很有名啊!

唐代長安城裏還有許多姓康、姓安、姓曹、姓石、姓米的音樂家和歌舞家,例如琵琶名手康崑崙、曹保和曹保的兒子曹善才、孫子曹綱,觱篥(bì lì)名手安萬善,歌舞家石寶山、米禾稼、米萬槌、米嘉榮和他的兒子米和,他們都是西域人。西域有稱作昭武九姓的九個小國,其中有康國、安國、曹國、石國、米國等等,這些音樂家原來便是這些國裏的人。

上面所舉的,衹是幾個比較出名的人物,不出名的,長住在中國的西域人,還不知道有多少。

《康磨伽墓誌》。康姓爲古代"昭武九姓"之一,原生活在中亞地區

這些住在長安的西域人，有好多和中國人通婚，穿中國的衣服，學中國的語言文字，遵守中國的風俗習慣。

例如中國在古代，人死後要立墓碑，闊氣一些的人還要刻墓誌（在石板上面刻着死者一生重要的事迹）。西域人本來沒有這種風俗的，來到中國後，也就學會了這些事情。近年來在陝西一帶的地下掘出來許多唐朝的墓誌，其中西域人的就有好多塊。

西域人本來各自有他的文字，自己的姓，來到中國後，就學習中國文字改用了中國姓，譬如康國人，就改姓康，曹國人，就改姓曹。在中國住下去，傳了幾代，連起的名字都同中國人一樣了，敬德、明達、嘉榮等等，不都是純粹中國化的名字嗎？

這些住在長安的西域人，學習了中國的語言風俗，接受了中國的文化，子子孫孫傳下去，便和中國人沒有區別了。

大家知道宋代有個著名的山水畫家米芾，過去大家總不會懷疑他是外國人吧！可是近年來經過一些人的研究後，他的祖先很可能是住在中國的西域米國人呢！

長安城裏住着這許多西域人，我們可以説唐代的長安已是一個具有國際性的大都市。

西域文化傳入了長安

大批的西域人住進長安城,接受了中國的文化;同時他們又把西域的文化帶進來,許多西方文化都是在唐朝的時候傳進了中國。

我們今天吃的東西,是不是完全中國化的呢?很顯然,並不完全是,特別是在城市里,除了中菜外還可吃西菜,除了用筷子外還可用刀叉,糖果店裏的麵包、咖啡糖,都是中國本來沒有的食品。

我們應當知道,外國的食品,並不是在近代纔傳進中國的,在古代,早已陸續地傳進來了,年代一久,中國人習慣了,也就不以爲吃這些東西是外國風俗了。

在唐代,長安城裏流行的外國食品特別多。

我們今天大家都吃燒餅,這總是中國的土產吧;其實並不是這樣,燒餅在古時候叫作胡餅,很明白的,它是從西域一帶傳進來的食品。

唐代的長安城中,吃胡餅的很多,這種胡餅,和今天

唐代點心和餃子(新疆吐魯番出土)

的燒餅差不多，所不同的，僅僅是餅上不撒芝麻。

　　另一種西方傳來的麵食，名叫鑮粰（bù tǒu），當時長安城裏吃的人也很多，這是一種油煎餅。

　　還有一種麵食，叫作畢羅。在唐代的長安城裏有許多畢羅店，這是從西域的畢國傳來的食品，裏面放蒜，講究一些的有櫻桃畢羅，賣的時候論斤計算，可能和今天北方人吃的波波差不多。

　　西域商胡在長安城裏開了許多酒店，長安人好喝西域葡萄酒的很多。葡萄酒在漢朝時候早已輸入中國了，到了唐代，中國人也已能仿製西域的葡萄酒。

　　和葡萄酒齊名的，長安城裏還有一種從波斯傳進來的三勒漿，是用庵摩勒、毗梨勒、訶梨勒等三種植物釀成的好酒。

　　西域式樣的衣服，也在唐代傳入了長安，婦女學這種西域裝

騎馬女泥俑

傳進長安最早的是冪羅（mì lí），在隋朝就傳進來，唐初很盛行。這是一種騎馬時的裝束，用大幅的絲綢罩在身上。唐代的婦女身體健康，都能騎馬，因此穿戴這種冪羅的很普遍。

　　後來，又傳進了一種帷帽，在帽邊四周挂下一重絲質的網，罩到頸子邊，婦女戴的帷帽上面，還裝飾了許多珠翠。

　　還有一種胡帽，帽邊卷上去，沒有網，當時也很風行。

　　婦女的化妝，也大大的受了

西域式的影響。

當時長安城裏的婦女，把頭髮梳成一種新的式樣，叫作椎髻，又叫墮馬髻、拋家髻。眉毛畫成八字形，叫作啼眉妝，唇上擦上烏膏，臉上不敷胭脂香粉，而塗上一種赭色。

臉上涂赭，是吐蕃民族的風氣，是經過西域傳入長安的。

中國人一向就講究衛生，注重體育的，在唐朝時候，盛行一種騎在馬上打球的運動，叫作波羅球，長安城裏玩這種波羅球的人很多。

打波羅球要準備一個球場，有的和現在的足球場差不多，兩邊各有一個球門，有的和現在的籃球場很相近，兩邊各有一個架子，上面釘塊板，板上開個孔，製個網。打球的人騎着馬，手裏拿着打球的棒，棒的一端彎彎的，可以打球——叫作鞠杖。波羅球是一個用輕韌的木頭做成的小球，有拳頭大小，中間挖空。比賽的時候，分作兩隊，騎着馬往來馳騁，用鞠杖搶着把球向對方打過去，要是能把球打進對方的球門或球網，便算獲得勝利。

這種波羅球的運動，是波斯人發明的——在唐代傳入了長安。不論皇帝貴族、軍人、士大夫，都很喜歡打這種波羅球。（老百姓因爲買不起馬，築不起球場，恐怕打的不會很多。）

長安城裏打波羅球的花樣很多，有人騎了驢打，還有人不騎什麼牲畜，步打。

三彩胡人奏樂俑

　　前面已經講過，西域各國的音樂和歌舞是很有名的，在唐朝以前以及唐朝的時候，先後紛紛地傳入了長安。

　　唐朝皇室的音樂隊，共分十部，十部的名稱是：燕樂、清樂、西涼、天竺、高麗、龜玆、安國、疏勒、高昌、康國。我們祇要看一看這些名稱，就可知道其中絕大多數是西域傳來的音樂。

　　西域傳來的樂器，在當時最流行的有琵琶、觱篥、羯鼓等種，琵琶我們大家很熟悉，可是誰知它也是西域傳入的樂器呢！觱篥是吹的，羯鼓是敲的。據説唐玄宗李隆基自己就是一個玩羯鼓的好手。

　　唐代歌舞中最盛行的有柘枝舞、胡旋舞，此外還有蘭陵王、撥頭、蘇摩遮等等好多種名稱，都是從西域傳來的歌舞。

　　唐代的長安，是中西文化交流的大都市。

驪山和曲江

唐朝的皇帝,驅使無數的勞動人民來替他蓋宮殿,修花園。就憑這些勞動人民的智慧和血汗,把一座長安城裝飾得無比的莊嚴和美麗。

長安城裏的宮殿和花園實在太多了,一時說也說不完,在這裏,我們祇好找幾個特別有名的來看一看。

在長安城的東北,是大明宮。這個大明宮是建築在現在西安北門三里外的一座小山上,這座小山名叫龍首原。大明宮有二十一個門,二十四所殿,四個閣,四個省,十個院,還有許多樓、臺、池、亭。大明宮的正殿就蓋在龍首原上最高的地方,坐在正殿上,整個長安城的街道坊市完全可以看得清楚,連長安城南的終南山,也了如指掌。

大明宮的宮門在山腳下,進了宮門,向上一望,正殿好似在天上。從宮門到正殿,有條用花磚砌成的道路可以通上去,兩旁用青

唐長安大明宮含元殿遺址

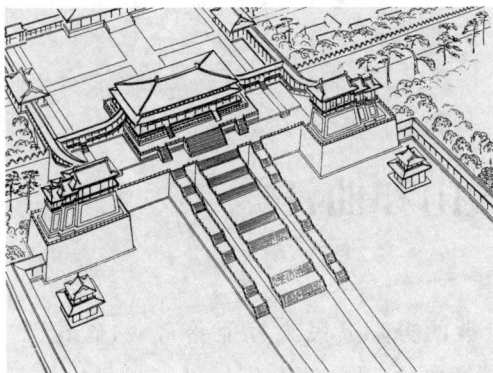

唐大明宮含元殿復原圖

石做欄干，道路曲了三折，遠遠看去活像一條龍的尾巴，它的名稱就叫龍尾道。

大明宮的氣象，是雄偉極了。

再看個精巧的建築，這便是唐玄宗時候的涼殿，唐玄宗用來避暑的場所。

在涼殿的頂上，用機器噴水，水從屋檐衝下來，好像一個人工的水簾洞，殿裏用石塊雕琢成榻椅，榻椅後面裝着用水力轉動的風車，殿裏涼風習習，不見炎日，人坐在裏面，覺得萬分舒服。

這種涼殿，是模仿西域人的方法建造的。

現在我們到西安去，可看不到這涼殿或是大明宮龍尾道了，這些建築早已經過戰亂毀滅了。我們所可看到的，唐代古迹中最著名的，就是在長安城外的華清池，這是洗溫泉浴的好地方。

長安城東有一座驪山，山上樹林茂盛，華清池就在山脚下。在唐代，山上蓋着華清宮，共有六個，十所殿，四個樓，二個閣，以及五處洗澡的溫泉。遠遠望去，滿山金碧的宮殿和綠葉相輝映，風景十分優美。

唐朝的皇帝中，最喜歡到驪山來遊玩的，便是唐玄宗，他每年十月裏，就帶着他心愛的楊貴妃，以及文武百官到這裏來過冬，到明年春天纔回長安。華清宮中有個九龍殿，是專供唐玄宗洗澡的地方，浴室的四周砌着白玉，刻着魚龍花鳥等雕刻，浴池中裝了一對白玉雕刻的蓮花，溫泉從蓮花上噴出來，因此這個浴池就叫作

華清宮遺址舊影

蓮花湯。還有楊貴妃的浴池,叫作芙蓉湯。

唐玄宗以後的皇帝,很少到驪山去,華清宮就日久荒廢了。現在的華清池,是清朝時候重新修建起來的,不是唐朝時候的老樣子了。

驪山的風景雖好,終是帝王專有的享樂場所。唐代真正最熱鬧的風景區,不在驪山,而在曲江。

曲江在長安城的東南角,是一條河流,面對着終南山,青山綠葉,江水澄清,芙蓉盛開,中間點綴着一些亭臺樓閣,風景非常美麗。

曲江離開市區不遠,終年遊人不絕,是個天然的大公園。每逢春秋佳節,曲江附近人山人海,大家扶老携幼地來盡情歡樂。皇帝貴族官吏也來湊熱鬧。詩人們在這裏寫下了不少美麗的詩句。

　　長安附近天然的大公園，還有韋曲和杜曲，韋曲在現在西安城南二十里的地方，杜曲又在韋曲東面，離開韋曲十里。韋曲和杜曲都鄰近終南山，那裏點綴着綠楊翠竹，芳草流水。長安城裏的居民，在百忙中找個空暇日子，到這裏來遊玩一番，舒暢一下身心。

大雁塔和景雲鐘

　　唐代除了個別少數的皇帝外，對於各種宗教，都采取保護的政策。長安的居民有信仰宗教的自由，因此長安城裏的寺院和道觀，就特別來得多。從這些寺院和道觀，可以看出唐代建築的發達，這些寺院和道觀的建築，都是中國古代勞動人民的血汗結晶啊！

　　佛教的寺院中，最有名的是大慈恩寺，這是公元647年唐太宗時候的建築。直到今天已一千三百多年了，還沒有遭受多大嚴重的損壞。

　　大慈恩寺本來是在長安城裏東南角的進昌坊的，因爲現在的西安城比過去縮小了，所以它已在城外，進了寺門，最使人注意的，便是寺內的一座寶塔——叫作大雁塔。

　　這座大雁塔，是公元652年唐高宗（李治）時候建造的。當時有名的玄奘法師住在大慈恩寺做着翻譯佛經的

大雁塔。唐朝時，新科進士們常在塔上題寫自己的姓名，以作紀念

工作，他建議仿照西域的辦法，在寺裏建造一座石質的寶塔，因爲中國的工人不習慣用石塊造塔，就改用了磚瓦。當時造成的大雁塔，共計五層，有一百八十尺高。在塔頂向北俯視，可以看到坊市中的行人車馬，向南遠眺，可以看到曲江和終南山的山光水色。因此城裏的居民到這裏來登高遊玩的，也是絡繹不絕，成爲長安的名勝之一。

　　大雁塔在後來重修過幾次，所以今天的樣子已和當年有些不同，現在它增加到七層，有一百九十四尺高，重修的是塔尖，塔的基層仍舊是一千多年前原來的建築。

　　磚瓦建築的寶塔能够保存這麽久，不能不驚歎當時工匠們技術的高明了。

小雁塔

在大慈恩寺西北，當時長安的城中心有個大薦福寺，寺内也有一個寶塔，叫作小雁塔。這座小雁塔是公元 708 年左右建造的，有十五層，一百幾十尺高。到了今天，塔的最上面兩層已經坍毀了，從塔頂到塔基也有了一條很長的裂縫，可是塔還不倒，和大雁塔遙遙相對，屹立在西安城外。

景雲鐘

道觀中間，最著名的是景龍觀，也是在公元 708 年左右建築的。到了 711 年，又鑄了一口大銅鐘，叫作景雲鐘。這口鐘高四尺四寸，直徑三尺三寸，有三寸五分厚，上面鑄了鳳凰、獅子、蔓草等美麗的花紋，還鑄有當時唐朝皇帝寫的銘文。當時把它挂在觀裏的鐘樓上，每天朝暮有人撞鐘，使長安城裏的居民聽到鐘聲，知道時間的早晚。

這口一千二百多年以前的古鐘，人民對它是極其愛護的，在 1953 年秋天，已把它送到西北歷史博物館[①]裏陳列起來。據搬運時的估計，它的重量大約有一萬二千斤左右。

上面所講的，不過是許多寺院道觀中最有名的，其他許多比較不大有名，到現在過了一千多年，已經大多數遭受損毀了。

---

①編者注：今西安碑林博物館。

　　唐代有大批的西域人來到中國，把他們原來所信仰的宗教也帶進了長安。這些宗教有景教，有摩尼教，有祆教，有回教。到現在，還有幾所回教的清真寺在西安城裏。

壁畫和碑刻

唐代的藝術,除建築外,繪畫也有高度的發展。

當時用繪畫來做住宅的裝飾,很多作品都畫在墻壁上,或是畫在屏風上。

唐代的佛教很興盛,長安寺院的墻壁上,往往請許多名畫家來繪畫以作裝飾。

有名的大慈恩寺和大薦福寺,都請當時的名畫家來畫壁畫,其中有鼎鼎大名的大畫家吳道玄和王維,還有張璪、畢宏、鄭虔、韋鑾等等,都是唐玄宗時代的繪畫好手。在其他許多大小寺院中,也有他們的作品。

在寺院中的壁畫,多數是畫佛教故事中的人物,佛像、天王像、天女像、鬼神像等等,雖然從內容看來,這些祇是宗教的宣傳品,可是從繪畫的技巧來看,他們可以把這些人物畫得眉目生動,神采奕奕,仍舊不能不說是我們

王維《江干雪霽圖》

祖國優秀的歷史遺產。

寺院的壁畫，也有畫山水樹木的，畫飛禽走獸的。至於帝王宮殿以及貴族官僚的住宅中，則除掉畫普通的人物外，更是畫這些東西居多。相傳唐玄宗曾叫吳道玄和皇帝的本家李思訓在興慶宮的牆壁上畫了嘉陵江的山水；還畫了五條龍，每到陰雨的時候，就好似要飛動的樣子，可見畫得是多麼逼真了。

李思訓也是當時的一位大畫家，他的兒子李昭道也能畫，都是中國繪畫史上的重要人物。

住在長安的西域人中，也出現了幾個大畫家，其中最有名的是于闐國人尉遲乙僧。他傳入了西方的繪畫技術，畫人物畫花鳥能夠分別光綫的明暗，畫成的東西好像凸出的一樣。吳道玄的畫也很受他的影響。

可惜這些名貴的作品，因為是畫在牆壁上和屏風上的，日子一久，牆壁倒了，屏風壞了，作品便無法保存了。所以到了今天，唐代名畫保存下來的是那麼少。

中國人對於寫字一向很講究，因此書法在中國一向也被認為是一種藝術。

唐代的書法家特別多。我們今天學習書法，要臨帖，臨的是虞世南、歐陽詢、褚遂良、顏真卿、柳公權等人寫的字，這些人都是唐代最有名的書法家。

當時長安城內要立什麼紀念性的碑刻，或者人死了，要立墓碑，往往不惜重價請這些書法家來寫碑上的文字。一千多年來，這些石碑有的毀滅了，有的還保存着。

現在西安城裏，有一處房屋叫作碑林，裏面收集了許多唐代以及唐代以後的碑刻，保存着，不再讓它遭受損壞。碑林是公元1087 年北宋時候建立的，歷年來重修房屋，增添碑刻，到現在共有

顏真卿《多寶塔碑》　　　　柳公權《玄秘塔碑》

西安碑林博物館內景

六百六十七塊碑刻收藏在裏面。

　　虞世南、歐陽詢、顏真卿、柳公權等寫的碑，都在碑林裏，我們今天習字用的帖，有許多就是用紙從這些石碑上拓下來的。

　　碑林以外，西安城裏城外還散布着不少唐代的碑刻，例如褚遂良爲玄奘法師寫的一塊碑，就仍舊保存在大慈恩寺裏。

唐代以後的長安城

　　唐代的長安城，前後繁華了三百年光景，到了唐朝末年，遭受了一次空前的大破壞。

　　公元 904 年，有個大軍閥名叫朱全忠的，控制了中央的政權，強迫唐朝的皇帝遷都到洛陽去。遷都還不要緊，等皇帝一走，朱全忠就下令拆毀長安城裏的宮殿民房，運到洛陽去另蓋房屋。

　　繁華的長安城，被朱全忠這個軍閥破壞得荒涼不堪。在這年有個叫作韓建的軍閥來統治長安，看到實在破壞得不成樣子，就

唐興慶宮勤政務本樓遺址

以原來的皇城做基礎，重新修補成一個新城。

新城比原來的長安城小多了，它祇比原來的皇城稍微大一些。

以後中國的經濟發展重心，日漸偏向東南一帶，長安漸漸失去它的重要性，封建帝王也不再選擇它做國都，長安城好多年來一直沒有能夠恢復唐朝時候那麼繁華。

在明朝初年，長安城曾經重新進行過一次大修築，城壁增高了，修築了四個城門。在清代，爲了在這裏駐八旗軍隊，又在城裏添築了一座滿城。留到現在，就是今天的西安城。

敦煌千佛洞

敦煌——古代西北的大門

　　讀者們打開新中國的地圖,可以在西北找到一個狹長的省份。這就是屬於西北大行政區的甘肅省,我們這本小書裏要講的敦煌,就是在甘肅最西邊的一個縣份。

　　解放前,西北曾經是一個荒涼的地方,敦煌這個縣份自然也不例外。全縣的面積不算小,但是百分之九十以上都是沙漠,天空中經常吹起陣陣的寒風,有時走了幾十里路也找不到一個村落。

　　縣城是有的,一條黨河從南到北流過,縣城就建築在它的東邊。縣城附近一帶土地,靠着黨河的灌溉,還可以耕種;另外在黨河西邊有個小湖沼,叫作南湖,在它的附近也有一小塊土地可以耕種。在荒涼的沙漠中,祇留下這兩塊綠色的土地,出産着糧食,來維持居民的生活。

　　這種荒涼的地方,居民當然不會很多,全縣的人口還不到三萬,祇抵得上富庶省份的一個小鄉鎮。交通呢?也不方便。以前西北是沒有什麼鐵路的。外省人要到甘肅的省會蘭州去,有錢人可以乘飛機,錢不多的便祇好坐長途汽車。蘭州是西北的大都市,交通尚且這樣不方便,偏僻的像敦煌這種地方就更無從説起了。開汽車的公路倒有一條,可以通到蘭州,但是崎嶇不平,往來的人也很少。因此,好多年來,敦煌這個地方不很引起人們的注意,提到西北,蘭州還有人知道,知道敦煌的便不多了。

但在很早以前,敦煌却不是這個樣子啊! 當時敦煌不但是個重要的地方,而且還是祖國西北邊境的大門!

這段歷史,講起來可長啦!

原來在二千多年以前,現在甘肅蘭州以西一帶的地方,是歸北方的匈奴族統治的,而在黄河流域、長江流域廣大的地區,是漢族建立的西漢皇朝。這個西漢皇朝和匈奴進行着連年的戰爭,打敗了匈奴,把現在蘭州以西一帶地方收入了自己的版圖,公元前一世紀左右,在這裏設立了四個行政區域——當時叫作"郡":武威、張掖、酒泉,而敦煌也是其中的一個。

現在甘肅省的西邊,就是祖國最大的省份——新疆省①。在當時,這片廣大的地區也是不屬於西漢皇朝直接統治的。這裏建立着許多大大小小的國家,當時管它叫作西域。

西域這個地方,正好在亞洲的中部,當海上交通没有發達以前,我們祖國要和西方國家有往來,就必須從這裏經過。

我們祖國和西方的哪些國家有往來呢? 當時西方有些什麼大國呢? 在歐洲,羅馬是當時頂頂富强的大國,還有印度,在我們祖國的西南,也是有名的文明古國。我們祖先在當時和這些大國經常有往來,商人帶着我們祖國的特產,像絹啦、絲啦,運到這些國家去販賣,宗教徒爲了傳教,也經常不怕辛苦地往來奔走,在西域的土地上,留下了他們的足迹。

打開地圖,讀者們可以看到在新疆省的中部是一大片沙漠,叫作大戈壁,當然,在這沙漠裏,是不好行走的。當時要通過西域,祇有兩條大路好走:一條走大戈壁的北面,經過哈密、吐魯番

①編者注:1955 年 10 月 1 日成立新疆維吾爾族自治區。

玄奘譯經圖

和庫車；還有一條走大戈壁的南面，經過鄯善和于闐。走南路
的人要多些，特別是歷史上到印度去取經的佛教徒，像公元二
世紀三國時候的朱士行、六世紀初東晉時候的法顯，以及大家
知道的七世紀初唐朝時候的玄奘，都曾經過這裏。直到十四
世紀馬哥孛羅①從歐洲來到我們祖國，還是走過這條道路。這
南北兩條大路，是當時中西交通的要道，而它們會合的地點，
就在敦煌。在敦煌境內，當時有個重要的關口，名叫玉門關。
我們祖先從內地出發到西方國家去，必須經過敦煌，出了玉門
關，然後走南路、北路都可以。從西方國家到我們祖國來也是
一樣，不管走南路還是北路，必須經過敦煌，進了玉門關，纔好
到達內地。

　　讀者們可以想像，當時的敦煌，一定是個十分熱鬧的地方，每
天有一隊隊的商人和宗教徒騎着駱駝從這裏走過去，哪裏像後來
那麼荒涼！

---

①編者注：今譯馬可波羅。

　　這種情形，從西漢時候開始，一直繼續了一千多年的光景。當然，在這一千多年中間，變換了好多個朝代，敦煌這個地方，也曾經幾次脫離内地的封建皇朝，形成了獨立的局面：公元四世紀初統治敦煌的是所謂五胡十六國中的前涼、前秦、北涼以及西涼，公元八世紀末年又被吐蕃所攻陷，過了七十年纔由個名叫張義潮的把吐蕃打跑。以後張義潮和他的子孫就成爲敦煌的統治者。隨後，曹議金和他的子孫又代替了張家的統治，從公元十一世紀到十三世紀的時候，西夏又占領了這個地方。但是，敦煌始終没有失掉它的重要性，一千多年以來，始終成爲我們祖國西北邊境的大門。

　　直到公元十三世紀以來，海上的交通發達了，我們祖國和西方國家的往來多半改走了海路，沿海的大城市像廣州、泉州、寧波等一天天熱鬧起來，敦煌這個陸路交通的大站纔慢慢地冷落了。以後到了十五世紀中葉，明朝的統治者更拋棄了這個地方，把國境縮到長城西端的嘉峪關以内，直到十八世紀初年，清朝統治者纔把它重新收入版圖。

　　由於這五六百年以來，敦煌失去了它在中西交通上的重要地位，加上各個朝代的統治者對於西北的摧殘破壞，纔使敦煌這個地方顯得一片荒涼，叫人想不到它在過去曾經是一個那麼重要的城市。

鳴沙山和千佛洞

從西漢以來，我們祖國和西方國家的交通一天天發達，西方國家的文化也就慢慢傳入了我們的祖國。

讀者們知道，印度是佛教創始人釋迦牟尼誕生的地方，從公元前三世紀開始，佛教在印度就興盛起來，不但印度本地的居民很多信了佛教，而且還把這種宗教傳播到西域，現在新疆的庫車（當時叫作龜茲）、于闐等地方，當時都成爲了佛教在西域的大本營。

我們前面講過，當時中西交通有南北兩條大路，北路要經過庫車，南路要經過于闐，因此在庫車、于闐流行的佛教，也就很容易沿着南北兩條大路傳入了我們的祖國。

敦煌呢？又是這南北兩路會合的地方，是我們祖國古代西北邊境的大門，佛教沿着南北兩路傳入我們的祖國，首先要通過這個西北邊境的大門，然後再向全國各地廣泛地傳播。因此，敦煌這個地方和佛教的接觸最早，在很早的時候，當地的許多居民就信仰了佛教，佛教在這裏一天天地興盛起來。

佛教興盛的地方，一定是有許多寺院的，在這些寺院裏，有佛殿，有講堂，有寶塔，還有許多其他壯麗的建築。這是每個讀者都知道的。但是，在敦煌，卻很奇怪，這裏的佛教在當時雖然很興盛，卻並沒有給我們留下什麼壯麗的大寺院。

　　原因是我們所看到的那種壯麗的建築,已經不是寺院的最初形式了。這是由於我們所看到的佛教徒,往往是幾十幾百甚至幾千人聚集在一起,除掉自己念經修道,還要對外宣傳宗教,接待從外面來禮拜的信徒,因此需要建築壯麗的佛殿、講堂;同時,許多佛教徒的穿衣吃飯也得自己料理,因此除了佛殿、講堂外,還需要建築穀倉、厨房和食堂。在佛教最初興起的時候,情形便不是這樣了,當時佛教徒的生活很簡單,他們很少和外面打交道,多半住在深山裏,自己拜佛修道,口渴就到山澗裏去喝水,肚子餓了就托着一個鉢盂,到附近村子裏去化齋。因此,他們祇需在山壁上鑿個小小的洞窟,作爲自己住宿修道的場所,後來的那種壯麗的大建築,他們不需要,也沒有想到。

　　這種山上的石窟,就是最早的寺院的形式。以後佛教一天天發達起來,佛教徒多了,信仰佛教要"朝山進香"的人也多了,但是在很長的一段時間中,這種用洞窟作爲寺院的形式還沒有能够很快地改變過來。印度是這樣,西域的庫車和于闐也是這樣,在這些佛教興盛的地方,到處開鑿着這樣的石窟。佛教傳入敦煌後,也就把這種開鑿石窟的風氣帶了進來,在敦煌沒有建造壯麗的寺院,而要開鑿許多大大小小的石窟。

　　正好在敦煌的境内,有一座鳴沙山,是個開鑿石窟的好地方。

　　從現在的敦煌縣城向南走出十里路,就可以看到一座大山,這座山有一百多里長,横在敦煌縣城的南面,山脊都是像刀削一樣的峭壁,山裏的泉水很清,流成一個十畝大小半月形的池子,當地人叫它作月牙泉。

　　讀者們不要忘記,敦煌附近是一片沙漠,大風刮起來,沙粒一顆顆吹到半空,到處飄颺,大部落到這座山上,日子一久,山上就蓋了一層厚厚的沙土,人跑上山,沙土就會一塊塊坍下來。

　　因爲沙土坍下來有響聲，因此當地居民就把這座大山叫作鳴沙山。有些古書裏甚至把這個現象夸大了，説人馬上山，山上的沙土就會發生打雷似的吼聲，於是把山上的沙土叫作神沙，給這座山加上了許多神話。

　　當印度的佛教經過西域傳到了敦煌，敦煌的居民就選擇了這座神秘的鳴沙山，在山上開鑿石窟，把它變成了佛教的聖地。

　　鳴沙山的東端，離開現在的敦煌縣城大約三十多里的一帶山壁上，有着許多大大小小的石窟，當地居民管它叫作千佛洞。這就是當時佛教傳到敦煌後所開鑿的，當時叫它莫高窟。

　　這個千佛洞究竟是什麽時候開始開鑿的，我們今天已經不很清楚了。現在千佛洞裏有一塊殘破的碑刻，是公元七世紀末唐朝初年時候的東西，根據上面的記載，説這個莫高窟是在公元 366 年五胡十六國的前秦時候開鑿的。據説，當時有個名叫樂僔(zūn)

莫高窟外景

的佛教徒，在這裏開鑿了第一個石窟，以後，繼續開窟的人愈來愈多，莫高窟纔成了佛教的聖地。

　　但是在千佛洞的某個石窟裏，又有唐朝末年時候人所寫的一段記載，裏面説到有個名叫索靖的曾經在這裏題過字，把這莫高窟稱爲“仙巖”。我們知道，索靖是西晉時候的書法大家，死在公元303年，足見莫高窟在公元303年以前，已經開鑿了許多石窟，成爲了佛教的聖地，否則索靖決不會到這裏來題字，而且稱它爲“仙巖”了。

　　因此，我們可以想像，這個千佛洞的創造不一定會是樂傅，在樂傅以前，公元三世紀末四世紀初的時候，已經有人在這裏開鑿石窟了。

　　大家知道，我們祖國今天保存下來的佛教石窟，除掉這個敦煌的千佛洞外，最有名的是山西大同的雲岡和河南洛陽的龍門。但是這兩個地方的石窟都是在公元五世紀北魏時候開鑿的，比千佛洞要晚了一百多年，其他各地的佛教石窟，就開鑿的時代來講，也没有一個比得上千佛洞那麼早的。這並没有什麼奇怪，因爲敦煌正是最早接受佛教的地方，因此開鑿石窟，也就必然趕在其他各地的前面了。

晚清時期的莫高窟第 96 窟

　　自從西晉時候鳴沙山上開鑿了石窟，以

後經過五胡十六國、北魏、西魏、北周、隋、唐、五代、宋、元以至清朝，一千多年以來，信仰佛教的人們都先後到這裏來開鑿石窟。西北一帶，每年總有不少佛教信徒到這裏來"朝山進香"。在一片荒涼的沙漠裏，祇有這個千佛洞還没有被佛教信徒們所忘記。

千佛洞的遭劫

好多年來，千佛洞祇是西北沙漠中的一個佛教聖地，沒有引起人們的特別注意。

可是，意想不到的事情終於發生了，公元 1900 年，也就是八國聯軍打進北京的那一年，在千佛洞裏發現了驚人的奇迹。

這個奇迹是當時主持千佛洞的王道士所發現的。本來，千佛洞是佛教聖地，主持的人照理應該是佛教徒！不知爲了什麼緣

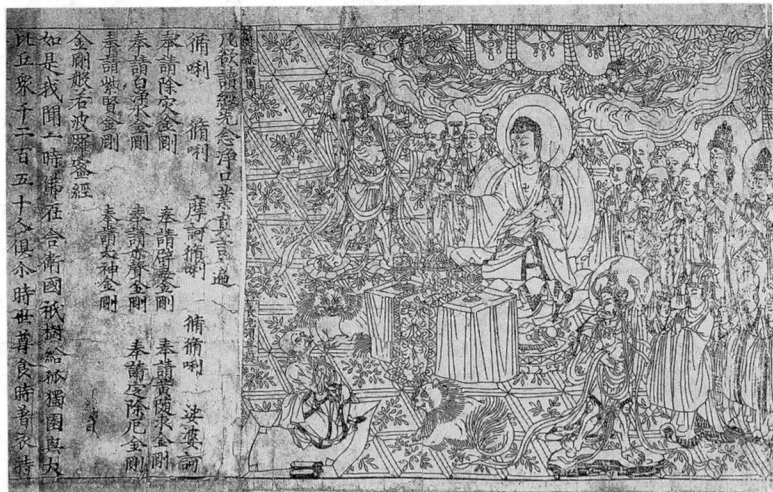

唐　寫經紙（甘肅敦煌藏經洞發現）

故，從十九世紀中葉起，就换了道士來主持。這時候的主持王道士，名叫圓籙，是湖北麻城人。他雖然毫無學問，對於佛教，甚至道教都是一竅不通，但是對於募化修廟的事情，却是很感興趣的，當時千佛洞的好多洞口都被沙土堵塞了，他發了願心，要把它打掃乾净。

在 5 月 26 日那天，王道士正在打掃某一個石窟的時候，忽然發現石窟的墙壁上有些破裂，裏面隱隱約約地好像藏着許多東西。王道士馬上把墙壁挖開，跑進去一看，原來裏面另外有一小間石室，堆滿着許多卷子，一共有兩萬多件，打開來一看，有的寫着字，有的畫着畫。

起初，王道士還不知道這些東西寶貴，隨便把它送人。後來，被敦煌的知縣汪宗翰知道了，這個知縣念過書，曉得這些卷子是很古的東西，就向王道士討了一些。另外大批的呢，有人建議運到省城蘭州去保存，但是一算運費要幾千兩銀子，没有人肯出這筆費用。到了 1904 年的春天，這些糊塗的滿清官僚就下道命令，叫王道士把這些卷子封存了事。

滿清官僚是糊塗蟲，可是他們的主子——帝國主義者却不像他們那麽糊塗。早在 1879 年的時候，就當時匈牙利的什麽地學會會長洛克濟等來到我國的西北，藉口調查地質，實際上偷偷地進行文化間諜的活動，他們看到千佛洞的古迹很多，回到歐洲後，告訴了其他許多帝國主義分子。其中有一個名叫斯坦因的匈牙利人，聽了洛克濟的話，首先起了野心。

斯坦因這個傢伙，是英帝國主義所雇傭的文化間諜，專門派來我國西北一帶進行非法活動的。1907 年 3 月，他特地來到敦煌。這時候，王道士發現古代卷子的事情已有很多人知道了，斯坦因這個傢伙當然也聽到了這個消息，於是，他的野心更加大了

斯坦因(右)和王圓籙(中)、蔣孝琬合影

起來，他已經不滿足於一般的間諜活動，而是存心要來劫奪這批寶貴的古物了。

他帶着一個名叫蔣孝琬的中國翻譯，親自去找王道士，不巧，王道士出遠門化緣去了。但是他賊心不死，在 5 月 21 日那天，來到千佛洞，搭起帳篷住了下來，終於等到了王道士。

斯坦因和王道士一見面，就拿金錢來向王道士引誘，要王道士賣給他封存起來的卷子。起先，王道士還有些不敢，他怕當地的滿清衙門會要干涉。可是，斯坦因哪裏肯放鬆？加上蔣孝琬這個走狗在旁邊出力拉攏，王道士終於動搖了，他打開那間堆存着卷子的石室，讓斯坦因和蔣孝琬進去看看貨色。

斯坦因進去一看，歡喜極了，卷子一層層地亂堆在地上，足足有丈把高，他馬上叫王道士替他一捆一捆地搬出來，以便仔細挑選，當天，斯坦因和蔣孝琬一直忙到半夜，把一大捆挑好的卷子帶回帳篷裏。

這三個傢伙偷偷摸摸地忙了七天工夫。不知怎樣，王道士忽然又後悔起來，——大約是怕衙門裏追問起來不好回答罷？把石室的門重新上了鎖，自己跑開表示不幹了。可是，在這七天中被斯坦因弄到手的卷子已經足足有九千件左右，其中完整無缺的就有三千多，裝滿了二十九個箱子——二十四箱是抄寫的卷子，五箱是繪畫和其他藝術品。

最後，王道士也回來了，斯坦因給了他五百兩銀子，使這個貪財的傢伙重新感到十分滿意！

斯坦因把這掠奪來的二十九箱的寶物，得意洋洋地運回英國，陳列在倫敦的不列顛博物院。

俗話説："禍不單行。"在千佛洞遭了斯坦因這個文化間諜劫掠後的第二年——1908 年的春天，又有一個法帝國主義分子名叫伯希和的來到了敦煌。

伯希和在挑選卷子

伯希和來到敦煌，不用説，和斯坦因是抱着同一個目的——要劫掠千佛洞裏的卷子。王道士呢？他盜賣古物已經有了經驗，因此這次交易很順利地談妥了。

伯希和在這裏住了三個多星期，每天到石室裏去挑選卷子，一共挑選了六千多件，還有大批的繪畫，裝滿了十多個箱子，最後把一個五十兩重的銀元寶送給王道士，作爲賄賂。以後這批卷子和繪畫，藏在法國的國家圖書館、魯佛博物院和吉美博物院。

伯希和的賊膽比斯坦因更大了，當他帶了這批贓物回國的時候，路過北京，居然地在六國飯店開了個展覽會，把贓物公開展覽。這一下，叫當時北京城裏的一些"學者"們從睡夢中驚醒起來了，他們到這時候纔知道在荒凉的沙漠裏，有着這許多珍貴古物，而且已被外國人拿走一大批了。當然，這些半殖民地社會中的

"學者"們，對於外國人是害怕的，他們沒有膽子扣留伯希和賊臟，祗好請求政府下道命令，把千佛洞裏剩下來的卷子，趕快運到北京保存。

魯迅先生曾經説過："中國公共的東西，實在不容易保存。如果當局者是外行，他便將東西糟完，倘是内行，他便將東西偷完。"這幾句話，毫不容情地揭穿了半殖民地社會中官僚"學者"們的嘴臉。當這批卷子在 1910 年運往北京的路上，先經過甘肅省内大小官僚們一次次的偷盗，到達北京的時候，祗剩下八千六百多卷了。

可是，即使這八千六百多件卷子，也還没有馬上讓公家接收保存，暫時寄在一個名叫李盛鐸的官僚家裏，這個官僚對於古物很"内行"，他把其中認爲較好的又偷了一大批。并且爲了要掩蓋他偷竊的罪行，就把一個長的卷子撕成幾段，湊足原來八千六百多卷的數目。糊裏糊塗地送進了當時的京師圖書館——現在北京圖書館的前身。

卷子運往北京的事情，王道士當然是很不願意的，因爲他需要留着這些卷子賣錢。但是他没有力量來違抗政府的命令，祗好在卷子没有運出之前，偷了一批藏起來，準備等待新的外國主顧。

新主顧是有的，在卷子運往北京的第二年——1911 年的冬天，日本帝國主義派遣的文化間諜也到達了敦煌。其中一個名叫橘瑞超，一個名叫吉川小一郎，兩個人鬼鬼祟祟地找到王道士，第一次花了三百兩銀子，向王道士騙到一百多件卷子，第二次再花五十兩銀子，又騙到二百件卷子。當時我國東北的旅順口已經被日本帝國主義所侵占，這三百多件卷子就都藏在旅順博物館。

新主顧走了不久，老主顧斯坦因又再度來臨。這是 1914 年的事情，當時滿清政府已經被推翻，但是政權仍舊掌握在帝國主義的奴才——北洋軍閥的手裏，因此這個帝國主義分子照樣可以施展他劫掠古物的手段。他從王道士手裏騙到最後一批剩餘的卷子，還有六百多件，足足裝滿五大箱，運回了英國。

千佛洞裏發現的兩萬多件古代的卷子，經不起這些帝國主義分子幾次的劫掠，不到十年工夫，就弄得四分五散。留在我們祖國的，除掉北京圖書館裏的一批外，就没有好多了，而且這些還都是帝國主義分子挑剩下來的貨色。至於最精美的一大批，都被搶到英國和法國去了。李盛鐸偷竊的一批，後來也賣給日本人了。這些帝國主義者霸占了我們祖國的古物，并且説：衹有他們的"學者"纔有資格研究這些東西，中國人是不配研究的！

搶奪了人家的東西，還要説出這種無恥的話，帝國主義者就是這樣凶惡、這樣不要臉！

兩萬多件卷子

這兩萬多件卷子,究竟是什麼東西呢?爲什麼我們要把它們當作十分珍貴的古物,而認爲不應該讓帝國主義者把它們搶去呢?

要説明這個問題,首先要請讀者們回憶一下紙的發明史。

大家知道,紙是我們祖先發明的,是我們祖國古代的四大發明之一。在没有發明紙以前,我們祖先用削好的竹木片——叫作"竹簡"和"木簡"的來寫字,有時也用一種叫作"帛"的絲織品來寫字。當時讀的書,也就是抄在這種帛和竹木簡上面的。到了一世紀左右,我們祖先把紙發明成功了,纔慢慢地改用紙來寫字,把紙裁成長條,用毛筆把書抄上去,一條紙抄完,再貼上一條,這樣好

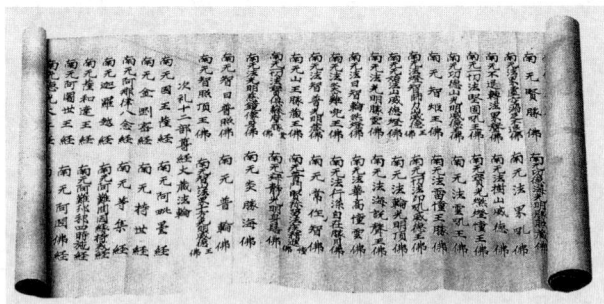

唐　寫經紙(新疆吐魯番哈拉和卓出土)

幾條貼在一起，就成爲一卷書。平時卷好，要讀的時候再把它放開來。

在印刷術沒有發明的時候，我們祖先讀的書，都是這種一卷卷的手抄本。千佛洞裏發現的卷子，絕大部分都是這種古代手抄的書籍。

千佛洞裏發現的這些古代書籍，有許多都注明了抄寫的年月，其中最早的有公元458年（北魏太安四年）時候的抄本，最遲的也是公元995年（北宋至道元年）時候的抄本。這些手抄本，大約是千佛洞開鑿不久以後，主持的佛教徒陸續收集收起來的。以後一代代傳下去，手抄本收集得越來越多。到了十世紀末年，北宋和西夏在這一帶打仗，主持千佛洞的佛教徒怕它遭到破壞，便把它和許多佛畫、佛幡之類，統統封閉在這間石室裏，經歷了九百多年，一直沒有人知道，直到王道士打掃石窟的時候，纔無意中把它發現出來。

讀者們要知道，在這批手抄本沒有發現以前，我們所能看到的中國古書，最早也不過是公元十一世紀北宋時候的東西，這些已經都是用雕版印刷的書籍了。至於雕版印刷

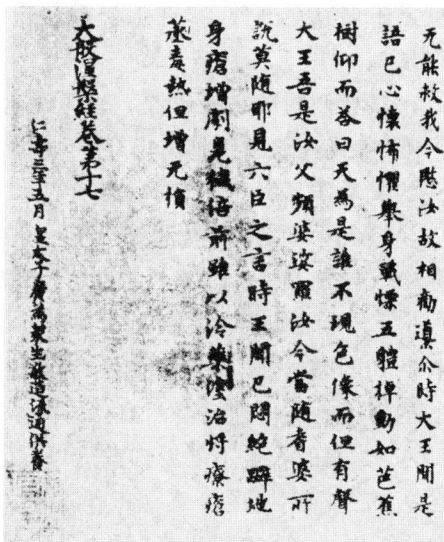

隋 《大般涅槃經》寫本（局部）。此爲隋煬帝做太子時寫經，經後落款爲"仁壽三年五月皇太子廣爲衆生敬造流通供養"

没有發明的時候，我們祖先所讀的書是什麼樣子，就幾乎没有辦法知道。現在呢？千佛洞裏居然發現了雕版印刷發明以前的手抄本，而且發現的數量是這麼多，這難道還不值得我們注意嗎？

再就這些手抄本的内容來説，也是非常豐富的，而且有許多都是已經失傳了好久的東西，現在重新發現出來，使我們研究古代學術時可以獲得了不少的幫助。

這些手抄本中，最多的是佛教經典，當然，這是因爲千佛洞本是佛教聖地的緣故。可是其他各種宗教的經典，在這裏發現的居然也有不少，像道教啦，景教啦，摩尼教啦之類。其中尤其是景教和摩尼教，都是曾經在我國古代流行過的，他們的經典，很早以前就差不多完全失傳了，在千佛洞發現的手抄本中，居然還保存了好幾種。

讀者們對於宗教或者不感到興趣，那麼讓我們來談談别的東西吧，因爲在這些手抄本中，除了大量的宗教經典外，還有不少古代的文學作品呢！

讀者中間有聽過“説書”的吧？要知道，這種民間藝術，並不是今天纔有的，它的來源很久了，倒數上去，在元、明兩朝，叫作“平話”，在宋朝，叫作“説話”，在唐朝，叫作“俗講”。這種“俗講”，在起初的時候，是由佛教徒在寺院裏講的，講的内容也多偏於佛教的宣傳；日子久後，除了宣傳佛教以外，還選擇了其民間故事作爲題材，講的人也不限於佛教徒，慢慢地演變到“説話”、“平話”和今天的“説書”。從事這種工作的藝人，都有講説的底本，這種底本，在宋、元、明幾朝叫作“話本”，在唐朝叫作“變文”。“話本”流傳到今天的還不少，“變文”呢，幸虧千佛洞的這批手抄本中還保存了一些，像什麼“孟姜女變文”啦，“伍子胥變文”啦，以及專門宣傳佛教的“大目連冥間救母變文”等等，使我們可以看到民間藝術發展的情形。

除掉這些民間藝術的"變文"外，在這些手抄本中，還有新歌等古典文學的作品。尤其是有首叫作《秦婦吟》的長詩，是九世紀末年一位文學家韋莊所寫的，過去大家認爲這首長詩早已失傳，想不到在這批手抄本中會重新發現出來。這首詩裏面描寫唐朝末年黃巢占領長安的情況，還是研究農民起義的重要史料呢！

還有好些書籍，都是一向認爲已經失傳，而在這批手抄本中發現的。例如在儒家的經典中，有部叫作《尚書》的，其中搜集了古代的許多重要文告，研究古代歷史的人都要用到它。它有兩種不同的本子，一種叫《今文尚書》，一種叫《古文尚書》，後來，《今文尚書》失傳了，《古文尚書》的文字也在八世紀唐玄宗時代經過了改寫，有了很多出入。這次在千佛洞發現的手抄本中，居然還保存着一卷《古文尚書》的殘本，是沒有改寫過的，使我們重新看到了這部古書的真面目。此外，像晉朝時候孔衍所寫的《春秋後國語》，是講古代歷史的著作；唐朝時候的《水部式》，是有關當時海運的文獻；《諸道山河地名要略》和《貞元十道錄》，是唐朝的地理書；《沙州都督府圖經》和《西州圖經》，更是專門講述西北地理的著作。這些古書，在宋朝以後便沒有人看到過了，可是在千佛洞的手抄本中還保存了一些殘本。

還有許多古代民間的通俗書籍，像給兒童讀的《太公家教》，治病用的《療服石醫方》、《食療本草》，占卜用的《周公卜法》、《孔子馬頭卜法》，以及公元十世紀時候的曆本，買牛、賣屋、借貸粟麥等的契約。這些東西，都是向來沒有人知道的，現在發現了，使我們對於古代人民的生活，可以有進一步的了解。

上面這些，都是我們祖先的手抄本，此外在這大批的手抄本中間，還夾雜了好幾種雕版印刷的書籍。我們知道，雕版印刷是

莫高窟發現的《金剛經》

世界上最早的印刷術,這是在七世紀初年隋朝時候由我們偉大的祖先發明的,到了宋朝,雕版印刷的書籍就代替了手抄本,廣泛地在社會上流通了。但是,我們前面已經講過,過去我們所能看到的雕版印刷的古書,最早也不過是北宋時候的東西,北宋以前的呢,幾乎誰也沒有見到過。現在可好了,千佛洞裏發現的這幾種雕版印刷的書籍,都是唐朝末年和五代時候的東西,其中有一卷《金剛經》,是公元 868 年(唐朝咸通九年)所刊印的,在現存的我國古代雕版印刷品中,可能是最早的一種了。

當然,在千佛洞的這批書籍中,珍貴的東西多得很,這裏給讀者們介紹的衹是其中一小部分,而且衹限於漢文的書籍。在這些手抄本中,還有一部分是用古代西域一帶通行的其他各種文字寫成的,其中有梵文、康居文、于闐文、龜茲文、回鶻文、西藏文等等。大家想一想,千佛洞這批古書的內容是多麼豐富啊!

可恨的是,這些珍貴的書籍,大部分都被帝國主義者搶去了。尤其是許多最精美的,像我們前面所提到的那些,現在大部都陳列在英、法等國的圖書館博物館裏面,我們自己反而衹能看到一些影印的複製品。

石窟和塑像

千佛洞裏的書籍，好的都被帝國主義者搶去，剩下來的八千多卷也都運到北京，現在千佛洞裏是一卷也不剩了。

但是，讀者們不要認爲千佛洞就此失去了它的價值。要知道，這些書籍不過是寶藏的一小部分，整個千佛洞裏，珍貴的藝術品不知還有多少呢！

單就開鑿這些石窟來說，便是一件了不起的大工程。從公元五世紀北魏時候開始，一直到十四世紀元朝時候爲止，整整一千年中間，始終不斷地有人在這裏開鑿石窟。據說，在唐朝時候，這裏開鑿的石窟已經有一千多個了，以後有些遭到了破壞，也有些經過修理添加，直到今天，有壁畫的石窟，還保存了四百六十九個，連續了二里路左右。

讀者們，這麼多的石窟連續在一起，是很難得看到的。在我們祖國的境土上，山西的雲岡、河南的龍門以及其他好些省份雖然也開鑿過這樣的石窟，但是就數量來說，沒有一處能夠比得上這裏，即使在全世界上，恐怕也找不出第二個地方有這麼多的石窟！

何況，這四百六十九個石窟，都是各個時代先後開鑿的。其中北魏有二十二個，隋代有九十個，唐代有二百零六個，五代有三十二個，北宋有一百零三個，西夏有三個，元代有八個，清代有五個，每個時代開鑿的石窟，無論在構造上，裝飾上，都有種種的不同，五光十色，讓看的人不會發生單調乏味的感覺。

我們先從北魏時候的石窟看起吧，這在千佛洞是較早開鑿的一批。它的式樣，大約可以分成兩種：一種是正方形，從外面走進去，可以看到裏面鑿了一個石柱，石柱是四方的，每一面都鑿出佛龕，裏面塑着佛像。還有一種雖然也是正方形，但是裏面的構造却不相同，它沒有鑿石柱，而是在正面的石壁上鑿了一個大佛龕，左右兩面也鑿出幾排小佛龕，裏面塑着大小不一的佛像。

這兩種式樣，當然都是仿照印度的。可是，我們祖先並不是把人家的式樣原封不動地搬過來就算了，在這些式樣中，還加進了我國固有的建築風格，做了許多改造的工作。譬如説，在印度，一個大石窟裏還需要鑿出許多小石窟，好讓一心修道的佛教徒長期住宿在裏面，但是，在我國，佛教徒不需要住在石窟裏，因此這些小石室便可省掉了。另一方面，我們祖國的房屋，通常都是用木材建築的，屋脊蓋成人字形，人在屋子裏，可以看到屋脊下面一排排的椽子。我們聰明的祖先想到了這一點，於是在這些石窟裏面也鑿成人字形的屋脊，而且鑿出椽子的形式，使人們走進去，覺不出是到了山洞。

以後，到了隋代，石窟的樣子開始起了變化。有的雖然在窟裏仍舊鑿了石柱，但是在窟頂已經不鑿椽子，而改用顏色畫成椽子的樣子，不但省了人工，反而更爲美觀。有的索性連石柱也不用，衹在中間鑿成一個石壇，上面塑着佛像。至於北魏時候那種不用石柱衹在正面壁上鑿個大佛龕的式樣，這時候還保存着，不過佛龕鑿得更要深一些。以後這種形式繼續發展下去，正面壁上的大佛龕鑿得越來越深，就成爲了唐代石窟的主要形式。

五代宋初的時候，敦煌歸入了曹家這個封建領主的統治，曹議金和他的子孫叫人在這裏開鑿了好些石窟。這些石窟的式樣，和過去的又有不同，窟裏面鑿出一面像屏風一樣的石壁，石壁前面連着一個大石壇，靠着這個石屏風塑了一個佛像，在石壇上還塑了許多小佛像。讀者們有沒有到過大寺院裏去過？在大寺院裏總有個大雄寶殿，殿的中間攔着一個磚頭砌成的牆壁，屏風正面塑個大佛像，背

敦煌莫高窟第 419 窟隋代造像

後塑個腳踏鼇魚的南海觀音，這種情形和千佛洞裏的石屏風很相像，也許就是由這種石屏風演變而來的呢。

我們今天到寺院裏去，看到許多大小的佛像，這些佛像小的用木雕，大的用泥塑，千佛洞裏的佛像呢，就時代上講，雖然很古老，但是在質地上也還和今天寺院中的沒有什麼區別，不過不用木雕，却是泥塑的罷了！

讀者中也許有到過雲岡，或者到過龍門的，雲岡和龍門的佛像不都是用山石鑿成，甚至就鑿在石壁上的嗎？千佛洞爲什麼不這樣做呢？原因很簡單，這座鳴沙山的石質比較粗，鑿個洞窟還可以，要想用它鑿成佛像便不行。祇好改用泥塑了。

這種泥塑的佛像，在每個寺院裏都可以看到，好像沒有什麼希奇，可是，讀者們要知道，今天寺院裏的佛像，最多祇是幾百年內塑成的東西，假如要找個時代比較早的，例如唐代時候的佛像吧，就很困難了。除了在蘇州甪（lù）直鎮的保聖寺裏，還保存着幾

個殘缺不全的佛像,相傳是唐代的作品外,誰有辦法再能找到唐代的塑像呢? 更不用說唐代以前的了!

可是,讀者們不用着急,我們的千佛洞不是有二百零六個唐代的石佛嗎? 這些石窟中的佛像,不都是道道地地唐朝時候所塑成的嗎? 而且不祗唐朝,北魏的也有了,以後五代、宋、元各朝的也有了。這裏的佛像總共有一千七百二十七尊之多(滿清時候所塑的六百八十四尊還没有算在裏面),好像開了一個歷代塑像的展覽會。

這些佛像,不但塑得十分壯嚴,十分生動,而且和它的那些石窟一樣,一個時代有一個時代的作風:北魏時候所塑的都很清秀,唐朝時候所塑的都很雄偉。同時這些佛像已經不完全是印度的式樣了,不但慢慢地改用了我們祖國的衣服裝飾,甚至面貌也逐漸塑得和我們中國人很相像了。

唐　泥塑供養菩薩

這些都是塑在佛龕裏或是石壇上的佛像。還有許多佛像,不是用手塑成,而是事先做了一個木頭的模子,用泥捏進去,取出後就成爲一個個小佛像,把它貼在石壁上。這種小佛像,在北魏的石窟裏,就可以發現不少。

這些大大小小的佛像,在解放以前,一向不被人注意,大家認爲這些都是匠人的作品,没有什麽藝術上的價值。其實,匠人不正是最有智慧的勞動人民嗎! 在唐代時候,有一位名叫楊惠之的,他本來學繪畫,後來改行去塑佛像,獲得了很大的成就,當時社會上把他和吴道子同等推重。吴道子想來大家都知道,他是我國古代著名的大畫家,而楊惠之的塑像居然可以和他的繪畫並駕齊驅,足見塑像這個工作,不是一件簡單的事情了。千佛洞裏的佛像,都是我國古代勞動人民智慧的結晶,是極有價值的藝術品,我們今天應該好好愛護纔對呢。

壁畫和佛教故事

愛好藝術的讀者們！假如我們走進千佛洞，一定會感到異常興奮，因爲不但泥塑的佛像是那麼壯嚴生動，而且在四周的石壁上到處畫着美麗的圖畫，使我們看了又看，再也不忍離開。

石壁上這些美麗的圖畫，我們通常叫它作"壁畫"，它是各個時代畫家們的創作。這些創作充滿了四百六十九個石窟，假如把它們統統連接起來，將要有五十里路長，即使匆匆地看一遍，恐怕起碼也得花費一個星期的功夫。讀者們想一想，千佛洞這個天然的美術館，是够多麼的偉大啊！

對於這樣偉大的美術館，讀者們很想去看一看吧！不過，遠道的讀者要到敦煌去，一時不見得能够去成功。因此，祇好在這本小書裏，把這些壁畫給讀者們作個簡單的介紹，好讓讀者們知道一些大概的情形。

唐　樂舞圖

　　首先，要給讀者們介紹一下壁畫的内容。没有問題，千佛洞既然是佛教的聖地，壁畫的内容當然也一定是以佛教爲中心，其中有各式各樣的佛像，還配着各式各樣的圖案和其他裝飾；而最引人入勝的，尤其是一種叫作“變相”的故事畫，上面畫着許多佛教中的著名故事，有人物，有樹木，有山水，顯得格外美麗奪目。

　　大家要知道，印度的文化發達得很早，因此佛教中流傳的故事也就特别來得豐富，畫進千佛洞壁畫裏的，大概可以分做三大類。

　　一類是用壁畫的方式，來替佛教經典宣傳。譬如有一種《阿彌陀經》，説西方有塊叫作净土的地方，是個極樂世界，衹要經常念“阿彌陀佛”，將來死後就可以到這極樂世界去享福。這種説法在唐朝時候獲得了許多佛教信徒的信仰，因此在唐代的石窟裏，就根據這種幻想畫了許多西方净土的美景，中間坐個阿彌陀佛，觀音和“勢至”兩個大士侍立在左右，四周環繞着他們的信徒，點綴着樓臺池沼和花鳥樹木。這種《阿彌陀經》的宣傳畫，我們叫它“西方净土變”。當然，壁畫中宣傳的不止這一種《阿彌陀經》，還有什麽“東方藥師變”、“彌勒净土變”、“維摩詰變”、“華嚴經變”、“法華經變”以及“金剛經變”等等，有人算過，一共有十七種之多。

　　故事畫中的另一類，是專門描寫釋迦牟尼生平事迹的。讀者們知道，釋迦牟尼是佛教的創始人，他一生的事迹都記載在幾部叫作《佛所行贊》、《佛本行經》之類的佛教經典中。當然，這些經典已經把這位佛教的創始人神化了，把他説得神通廣大，法力無邊，説他怎樣在得道前和魔王戰鬥，説他逝世時怎樣引起信徒的哀痛，以及以後怎樣再生説法的種種神奇事迹。這許多神話，都成爲了壁畫中的好題材。我們看到，在北魏的石窟中，這類壁畫占了一個很大的數量，以後隋唐和五代的石窟中也有好幾幅。在這類壁畫中,有幾幅畫着魔王向釋迦牟尼進攻的情形,魔王的軍隊是多麼凶惡啊！個個奇形怪狀,拿着刀槍弓箭,在空中旋轉呼喊,還有魔王的三個女兒,現出了一副妖媚的樣子,想來引誘釋迦牟尼,而釋迦牟尼呢？却安静地坐在中間,絲毫不動聲色。另外有幾幅畫着釋迦牟尼逝世的經過,信徒們難過得有的在拔自己的頭髮,有的在捶自己的胸膛,有的昏倒在地上不能起身,一片驚惶哀痛的景象,畫得非常生動。

佛教是相信輪回的,認爲人死後可以投胎轉世,因此,他們認爲釋迦牟尼這一生以前,已經活過了好多次,他們把印度的許多民間故事拉了進來,把傳説中好的主角説成是釋迦牟尼的前生,壞人便是魔王之類的前生,這種故事,在佛教中叫作本生故事。北魏和隋唐的石窟裏,有關這種本生故事的壁畫也有好多,我們把它和前面所講的釋迦牟尼事迹的故事畫區別開來,另外作爲一類。

捨身飼虎圖

這類本生故事的壁畫中,場面最偉大的要算一幅薩埵(chuí)那本生了。薩埵那是印度某個小國的王子,也就是釋迦牟尼的前生。有一天,他同兩個哥哥到山上去打獵,看見有一隻老虎,生了七隻小老虎,餓得没有東西吃。他的哥哥説:"這隻母老虎假

如再找不到吃的東西,恐怕就要吃她自己的孩子了!"薩埵那王子
聽了很難過,就決心犧牲自己的生命,來救活這些老虎。他叫兩
個哥哥先走,自己脱了衣服躺下來,讓老虎吃,誰知母老虎已經餓
得不行了,連吃人的氣力都没有。於是薩埵那王子想找一把刀來
割自己,刀找不到,就用一根乾竹子刺自己的脖子,讓血流了出
來。母老虎先舐了血,有了氣力,然後和七個小老虎一起把薩埵
那王子吃掉。這時候,兩個哥哥看不到薩埵那王子跟上來,起了
疑心,折回去一看,發覺了這件捨身救虎的事情,不免大哭一場。
最後,收拾了薩埵那王子的骸骨,在那裏立了一座七寶塔。

　　還有一幅是九色鹿王本生的故事。據説,曾經有一個九色的
鹿王,在江邊遊戲,看見一個人跌下水,連忙游水過去把他背上岸
來。這個人得了活命,向鹿王拜謝,自願做鹿王的奴隸。鹿王説:
"我不能因爲這點事便累你一生! 將來假如有人想捉我時,你衹
要説聲没看見就好了。"那個人當然滿口答應下來。誰知,過了不
久,有個王后夢見了這個九色鹿王,她醒後要國王替她去捉九色
鹿,把鹿皮做衣服,鹿角做耳環。國王便出了賞格,誰能捉到九色
鹿的,賜給他土地和金銀。這時候,那個被鹿王救活的人起了貪
心:"土地和金銀多麽好,鹿死了和我有什麽相干!"於是他便把九
色鹿王的行踪告訴了國王,國王就帶兵去捉鹿王。鹿王還正在睡
覺,幸虧它的好朋友烏鴉把它叫醒了,鹿王一看國王已來到它的
面前,連忙跪下來,把那個被它救活的人忘恩負義的事情訴説了
一遍。國王一聽,覺得鹿王雖是畜生,良心可比人還好,於是不
但不殺死它,反而命令全國,聽憑鹿王到處行走,不准捕捉。王
后聽説國王放了九色鹿,一怒而死。那個忘恩負義的人呢? 生
了癩瘡,得到了報應。這個故事最後説,鹿王就是釋迦牟尼的
前生。

九色鹿王本生

　　除此以外,有關釋迦牟尼的本生故事還很多,畫進壁畫裏的也還有好幾個。

　　當然,不管鹿王的故事也好,薩埵那王子的故事也好,以及其他本生故事,釋迦牟尼和魔王的戰鬥故事、西方净土、彌勒净土之類,都是佛教裏的幻想和神話,讀者們自然不會相信真有净土、真有魔王,真有會講話的九色鹿,真有把好好的身體去餵老虎的王子,也不會相信世界上真有過這些奇事。這裏也不過是想通過上面所介紹的幾個例子,使讀者們大致了解一下千佛洞壁畫的主要内容,使我們知道這些壁畫不是簡單的東西,而是内容複雜具有高度藝術水平的美術品。

優秀的藝術遺產

千佛洞的壁畫，擴大了我們的眼界，使我們看到了中國繪畫的全部面貌。

記得在解放以前，小學中學裏有圖畫課，大學裏也有什麼藝術系。可是，那些圖畫課的內容，甚至藝術系裏所學的東西，差不多都是清一色從西方國家販來的貨色。至於我們祖國的繪畫，大家祇看到一些近代的山水畫，一幅宣紙上畫出幾個山峰，幾株大樹，小橋流水，再加上一個彈琴的雅士或是扶杖的老翁，顯得十分單調。因此，許多人認爲中國畫是落後的，今天已經沒有學習的價值，要學畫，就得向西方國家請教。

其實，這種看法是不正確的。我們承認，西方國家出過許多偉大的畫家，他們許多優秀作品，當然是值得我們虛心學習的。但是，這並不等於叫我們不學習自己祖國的東西。事實上，我們祖國曾經同樣產生過許多有名的大畫家，我們祖國在繪畫上有它獨具的光輝優秀傳統。

這個光輝優秀的傳統，不能由那種近代的山水畫來代表，因爲這種山水畫已經公式化，繪畫的題材嚴重地脫離了現實的生活，祇能代表一小部分人的沒落情調，從這裏決不能看到中國畫的全部面貌。要看中國畫的全部面貌，祇有到博物館去，看幾幅唐宋時代名畫家的作品。唐代的作品，主要是畫人物，山水花鳥

唐　帝王圖

不過是陪襯。宋代以後，人物雖然退步，讓山水花鳥占了主要的
地位，但是這些山水花鳥，大部分還是生氣勃勃，不像近代那些不
高明的山水畫，顯出一副乾癟的模樣。當然，這些宋名家的作品，
保留到今天的太少了，那麼，就請看敦煌的壁畫吧！它的題材是
多麼廣泛，儘管是一些宗教宣傳畫，可是裏面有人物，有房屋，同
時也有樹木花草、高山流水，非但沒有因爲宗教宣傳的目的而脫
離了現實，恰恰是充分地反映了當時社會上的現實生活，因此，這
些壁畫，雖然祇是一些無名畫家的作品，但是它和唐宋時代名畫
家的傑作一樣，都是真正地代表着中國繪畫的光輝傳統，是我們
祖先所留下來的最優秀的藝術遺産。
　　讓我們看一看這些壁畫的色彩吧！是多麼地光輝奪目啊！
在北魏的石窟裏，最喜歡用一種藍顔色，讓人家看上去感到異常清醒舒服。隋唐五代的作品顏色繁複了，但是看上去並不叫人感到有絲毫的雜亂和渾濁；相反的，用這種濃豔的色彩，畫出一幅幅五光十色繁複富麗的圖畫，正是表現着一種充沛的活力。有人研究過，這些壁畫所用的顏色，有什麼煙煤、高嶺土、赭石、石青、石綠、朱砂、鉛粉、鉛丹、靛青、梔黃、紅花等十一種原料。其中有些並不是敦煌的土產，要從很遠的地方運來，還有好幾種在製造時都需要經過複雜的手續，所有這些，當時在千佛洞裏工作的畫家們都能辦到了。可見我們祖先在繪畫的色彩上着實下過一番研究功夫，決不像近代那些公式化的山水畫，衹用些水墨敷衍一下就了事的。

　　再説這些壁畫的布局吧！很多都是別出心裁，叫人看了毫無千篇一律，平板呆滯的感覺。譬如：我們在上面講過的那些本生故事畫，是要在一幅畫中畫出故事全部內容的，這件事情看來是很不容易，但是我們祖先有他的辦法。他們畫了許多山水樹石，把整個一幅畫分隔成好多段，在每一段的空白地方，畫出這個故事一個場面。就薩埵那本生故事來説，在壁畫上一共分了十三段，從三個王子在出獵前向父王告別起，直到造七寶塔爲止，好像今天的連環圖畫一樣，任何人看了這幅圖畫，都能了解故事全部內容。這種通俗的形式，是最受人民大衆歡迎的。

　　即使是一些佛像吧，我們祖先也能把它畫得變化生動，叫人看了不會産生單調乏味的感覺。例如北魏時候流行一種"賢劫千佛"的壁畫，在大塊的石壁上，要畫出一排排無數的小佛像。這種題材是最不易討好的，弄得不好，便會變成印板似的東西，叫人看了生厭。於是我們祖先在這裏又顯出他的聰明了。千佛的位置雖然不好更動，但是顏色總是可以隨意調配的，我們祖先就在這方面下功夫，儘量變化各個佛像的色彩，但是整個看上去又顯得

唐　都督夫人太原王氏供養像

非常統一調和。這種高明的技術,決不是没有本領的人所能辦到的。

這些壁畫,往往不是佛教徒自己叫人畫的,而是一些信徒們,爲了表示自己的虔誠,花了錢請人在石窟裏畫上這些佛像、經變、本生故事之類,附帶畫上自己全家男女老幼,希望能够得到佛菩薩的保佑。這些信徒們自己的畫像,我們叫它"供養人像",通常畫在大幅壁畫的下方,往往一連串有好多個。其中有些是官僚封建主們花錢叫人畫的,場面更爲熱鬧,不但把他們全家老幼統統畫進去,甚至畫出他們出巡或是出獵的情況。例如唐朝末年敦煌統治者張義潮的出行圖和宋國夫人的出行圖之類,上面有車子,有馬隊,侍衛的人有的拿着兵器,有的掮(qián)着大旗,中間還夾雜着許多人在表演雜技,唱歌跳舞。我們從這些圖畫中,不但可以體會到封建主在當時的威風,並且可以看到當時的衣服裝飾,習慣愛好,使我們對於古人的生活,獲得更多的了解。

除掉這些大幅壁畫外,整個石窟幾乎到處都點綴着美麗的圖畫。其中最引人注目的,尤其是一種叫作"飛天"的人像,這種飛天是我們祖先想像中的仙人,經常在半空中忽上忽下地飛來飛去。讀者們知道,西方國家的耶穌教徒也是相信這種仙人的,他

唐　河西節度使張義潮統軍出行圖

唐　宋國河内郡夫人宋氏出行圖。宋氏是河西節度使張義潮的
夫人，此圖描繪的是宋氏夫人春游的情景

們把這種仙人叫作"天使"，在耶穌教的宣傳畫裏，這種天使是生
了一對翅膀的人物，他們用這一對翅膀來表示天使和凡人的不
同。在我們祖國，道教徒也是相信有仙人的，在道教的圖畫裏，往
往在仙人的脚下畫上一堆雲彩，用這雲彩表示仙人能够騰雲駕
霧，和凡人不同。可是，我們祖先在創作飛天的時候，所用的辦法
比上面這些更加巧妙了。我們祖先並沒有在飛天的背上加翅膀，
也沒有在飛天的脚下添雲彩，祇在飛天的身上畫了兩根飄帶，兩
根飄帶一轉一折，便把這個上下飛騰的身子運用自如地飄忽在空
中了。這種方法，是多麽地簡潔、靈巧，多麽富於想像力。

這些圖畫不僅布滿在石窟的墻壁上，甚至，一直畫到了石窟的窟頂上。尤其在窟頂的中心,通常畫成一方美麗的"藻井"。這種藻井的式樣很多,往往中心是一朵蓮花,四周點綴着佛像、花草,顯得既大方,又美觀,每個藻井都是極好的圖案畫。

以上這些壁畫,現在都保存在千佛洞的四百六十九個洞窟裏。雖然經歷了好幾個世紀的歲月,大致上還没有遭到什麼損壞,僅僅是某些顏色變了質,像有些人像的臉孔本是粉紅的,由於日子隔得太久,就變成了茶褐色。因此,我們可以想像,這些壁畫在當初一定比今天更美麗,更逼真。

當初在千佛洞裏,除了這些美麗的壁畫外,還有許多佛畫和佛幡。王道士在發現古代的手抄本時,這種佛畫、佛幡也連帶地發現了一大批。可惜,都叫斯坦因、伯希和這些文化間諜搶走,今天留在祖國的已經没有幾件了。

夜半逾城。描繪釋迦做太子時夜半乘馬逾城,入山修行的情景

這些佛畫、佛幡的内容,和壁畫大致相同。其中最多的是單尊的佛像和神像,像文殊菩薩、觀音菩薩以及四大天王之類。但是也有許多大幅的經變,包括"西方净土變"、"東方藥師變"等名目。至於有關釋迦牟尼生平事迹的繪畫,多數畫在佛幡上,從上到下分成好多格,連續起來也像一套連環畫。

我們前面所講的壁畫,是

在石壁上塗了一層泥，刷上石灰，然後塗上顏色的，至於佛畫、佛幡，則有的畫在紙上，有的畫在透明的薄絹和麻布上，還有一些不用筆畫，而是絲綉的。我們偉大的祖先，是多麼多才多藝啊！

西千佛洞和萬佛峽

　　讀者們看了千佛洞裏這麼多的藝術品，假如還有興致，那麼不妨再看一看鄰近的兩個古迹——西千佛洞和萬佛峽。

　　讓我們先看西千佛洞吧，因爲從千佛洞到這裏，比到萬佛峽格外要近些。

　　這本小書一開始的時候，就對大家講過，在敦煌境内有一條黨河，從南到北流過敦煌城邊。它的兩岸有許多山崖，西千佛洞就在它北岸的一個山崖上面，這裏正在敦煌縣城的西南面，離開縣城大約有七十五里光景。

西千佛洞外景

　　從西千佛洞的名稱看來，讀者們就可猜到它的性質和千佛洞一樣，佛教徒在這裏開鑿了許多石窟，留下了許多佛教的古迹。

　　西千佛洞是在什麼時候開始開鑿的？我們今天已經不很清楚了。有的古書曾經提到這個地方，説在漢代已經有人在這裏開鑿石窟了。這話是否可靠，我們無法斷定。不過由此可以推測它開鑿的時代不會晚，也許是和千佛洞的開鑿同時。

　　不知什麼緣故，這裏的石窟自從開鑿以來，始終沒有千佛洞那麼熱鬧。千佛洞的石窟逐年有增加，直到現在爲止，有壁畫的還有四百六十九個之多。至於西千佛洞，根據前幾年的調查，有壁畫的石窟保存到今天的，祇有十六個。

　　在這十六個石窟中，一個已經完全塌壞了，一個也塌了一半，還有六個因爲離開地面高，沒有長梯就無法爬上去。可以進去看的有八個，其中五個是北魏時候開鑿的，兩個是唐代的，一個可能也是北魏的。

　　這些石窟，和千佛洞的很相像。有的在窟的中心鑿了方柱，有的在窟的後壁鑿成大佛龕，佛龕裏和方柱的四周塑了許多佛像。壁畫的内容以"賢劫千佛"爲主，同時也有畫着釋迦牟尼生平事迹的。大幅壁畫的下面，畫了許多"供養人像"，這些"供養人"有的駕着車，車轅很長，上面有支柱，想來是北魏時候流行的形式。

　　西千佛洞大致的内容，就是這樣。至於萬佛峽，情形和西千佛洞也差不多。

　　萬佛峽離開千佛洞比較遠，它已不屬敦煌縣管轄，而是在敦煌東面的安西縣境内了。

　　安西境内有條踏實河，它和敦煌的黨河一樣，兩岸也有許多山崖。萬佛峽就在縣城南面一百四十里外，踏實河西岸的山崖

耕稼圖（榆林窟壁畫）

上。河水汹涌地在中間流過去，山崖上點綴着許多石窟。尤其在春末夏初的時候，兩岸長滿了綠柳雜花，就風景而論，似乎還勝過千佛洞。

這裏的石窟，是在什麼時候開始開鑿的，我們今天同樣無法知道。不過從石窟的式樣來推測，大約和千佛洞開創的年代不會相去太遠。在當初，這裏叫作榆林窟，萬佛峽是後來的名稱。保存到今天的石窟有四十個，其中有壁畫的是二十個。

這些石窟，有北魏的，有隋、唐、五代的，有的還經過了宋、元人的重修。内容大致和千佛洞相仿佛。所特別的，有些"供養人像"的上面題了西夏的文字，因此曾經有人猜測這些"供養人像"可能是西夏時代的作品。不過根據最近的研究，這種猜測不一定靠得住，因爲西夏文字在這裏曾經通行得很久，即使西夏被元朝滅亡後，這裏還通行着西夏文字，從"供養人像"的裝飾來看，這些壁畫應該是元代的作品。

　　萬佛峽和西千佛洞，在藝術上和千佛洞是同屬一個系統的，它們和千佛洞一樣，都是我們祖先留給我們的珍貴藝術遺產。我們決不能因爲它們石窟的數量少，壁畫的內容也沒有千佛洞豐富，就不去注意，不加愛護。

婚禮圖（榆林窟壁畫）

敦煌回到了人民的手裏

敦煌千佛洞的石窟、塑像和壁畫,現在都是我們祖先遺留給我們的優秀的藝術遺産,論理我們應該好好地加以愛護。可是,反動派是不管這些的,他們對待這些藝術遺産的態度是讓它遭受破壞,讓它被帝國主義分子任意盜竊。祇有人民,纔真正能够愛護這些珍貴的藝術遺産。

斯坦因、伯希和、橘瑞超之流來得早,他們趁當地人民還没有

莫高窟九層樓(第 96 窟)今貌

注意到這個藝術寶庫的時候，搶走了我們最寶貴的手抄本。以後，美帝國主義也眼紅了，派了個名叫華爾納的文化間諜，企圖來進一步地洗劫這個寶庫。

華爾納第一次在 1923 年到達千佛洞，這時候，洞裏的手抄本已經搬光了，這個傢伙就看中了壁畫。他準備了大幅的洋布，上面塗着化學藥品，按在壁畫上，用力一擦，壁畫上面一層的彩色就全部黏到布上了。他花七十兩銀子買通了王道士，就改用這種方法，剝下了二十多塊的唐代壁畫，還連帶偷去了幾尊佛像運回了美國。讀者們想一想，這種破壞古物的辦法，是多麼惡毒啊！

可是，儘管帝國主義分子的辦法惡毒，終於敵不過中國人民的鐵拳。千佛洞的幾次遭劫，教育了當地的人民，他們知道帝國主義分子是貪得無厭的，衹有大家緊緊地團結起來，纔能保護千佛洞的寶藏，不使它被帝國主義分子搶光。因此，在發覺了華爾納盜竊壁畫的罪行後，大家感到無比的憤怒，向縣長質問，向王道士質問。等到華爾納第二次再來盜竊的時候，就非碰釘子不可了。

這一次是在 1925 年，華爾納這批傢伙的野心更大了，他們想大規模地來盜竊北魏的壁畫。哪知道，先頭部隊剛到敦煌，就遭到當地人民堅決的反對，不許這批盜竊犯在千佛洞住宿。華爾納又想到萬佛峽去，要求在那裏停留一個月，當地人民也堅決不答應。最後，這批盜竊犯在人民的嚴密監視下，一無所得，衹好狼狽地滾回了美國。

讀者們，人民的力量偉大不偉大呢？沒有他們，千佛洞裏壁畫和佛像恐怕都要變成美國博物館裏的陳列品了吧！千佛洞、西千佛洞和萬佛峽的藝術品還能完整地保存到今天，都是當地人民和帝國主義鬥爭的結果！

可是,對於當地人民保存下來的這許多藝術品,當權者還是絲毫不關心。由於一些有良心的學者們的再三建議,在 1944 年,國民政府的教育部纔勉强設立了一個敦煌藝術研究所。這個研究所的一些藝術工作者們,長期住在千佛洞裏,不辭辛苦地臨摹壁畫,進行着研究的工作。可是,經費呢,少得可憐。

千佛洞要放射它的光芒,祇有在它歸到了人民手裏的時候。

這個時候終於到來了。1950 年,英勇的中國人民解放軍向大西北進軍,解放了敦煌。國民政府沒有辦法也沒有可能把這些珍貴的藝術品搶走,千佛洞完整地歸了人民的手裏。

西北軍政委員會文化部文物處初步接管了敦煌藝術研究所。1951 年,改組成立敦煌文物研究所,直接由中央人民政府文化部文物局領導,經費增加了,還成立了考古組,研究工作也開展起來了。

五代　揚場圖(壁畫局部)

　　這一年的 4 月裏,在北京舉辦了一個敦煌文物展覽會,展出了九百多件壁畫的臨本,以及過去被帝國主義們所劫掠的古物的照片材料。讓廣大人民懂得敦煌千佛洞在藝術上的重大價值,進一步認識帝國主義分子劫掠我國古物的罪行,教育廣大人民應該怎樣愛護祖國的藝術遺産,繼承這優良的藝術傳統。

　　正如敦煌文物研究所工作同志們所説的:"隨着中國革命的勝利,中華人民共和國的建立,國家政權屬於人民了,古代的優秀文化藝術遺産,曾長期被埋没,被冷落,被帝國主義者掠奪侵占破壞,蒙蔽了它的光芒的,也開始回到人民的手裏,成爲廣大人民的共同財富,重新放射出它應有的光芒了。敦煌壁畫,原來是勞動人民辛勤創造的成果,我們尊重它,不止是在這一點,重要的還是要繼承這一優良的藝術傳統,從這裏汲取營養,獲得借鑒,來創造新的人民美術。"